Die perfekte Ehe

Samael Aun Weor

Verlag Heliakon

Verlag Heliakon

Übersetzung aus dem Spanischen
Originaltitel: El Matrimonio Perfecto
Übersetzer: Osmar Henry Syring

Druck und Vertrieb: BoD - Books on Demand

Umschlaggestaltung: Verlag Heliakon
Titelbild: Pixabay (geralt)

www.verlag-heliakon.de
info@verlag-heliakon.de

ISBN: 978-3-943208-26-9

Die Deutsche Nationalbibliothek verzeichnet diese Publikation in der Deutschen Nationalbibliografie; detaillierte bibliografische Daten sind im Internet über www.dnb.de abrufbar.

Inhaltsverzeichnis

Einführung

Dieses Buch habe ich für wenige geschrieben. Ja, ich sage bewusst für wenige, denn die meisten werden es weder annehmen noch verstehen, noch lesen wollen.

Das Erscheinen der ersten Ausgabe dieses Buches „Die Perfekte Ehe" rief bei den Schülern der diversen Schulen, Logen, Religionen, Orden, Sekten und esoterischen Gesellschaften große Begeisterung hervor. Die Begeisterung resultierte schließlich in der Gründung der gnostischen Bewegung. Die auf dem Verständnis der wenigen basierte. Heute ist diese Bewegung international verbreitet.

Viele Schüler des Okkultismus studierten dieses Buch – wenige verstanden es. Viele traten aus Begeisterung über das bezaubernde Thema der Perfekten Ehe in die Reihen der gnostischen Bewegung ein. An den Fingern einer Hand kann man heute jene zählen, die der gnostischen Bewegung treu blieben. Viele schworen der Gnosis Treue, aber in Wirklichkeit brachen fast alle ihre Schwüre. Einige schienen wahrhafte Apostel zu sein, und es erschien uns geradezu ein Sakrileg, an ihnen zu zweifeln; dennoch mussten wir im Laufe der Zeit mit größtem Schmerz feststellen, dass auch sie Verräter geworden waren. Um sich von der gnostischen Bewegung zurückzuziehen, genügte es oft, dass diese falschen Brüder ein anderes Buch lasen oder einem anderen Vortragenden in der Stadt lauschten.

In diesem Kampf um das neue Wassermannzeitalter, das am 4. Februar 1962 zwischen zwei und drei Uhr nachmittags begann, mussten wir lernen, dass der Abyssos voll von ehrlich Irrenden und Menschen voll guter Absichten ist.

Die Perfekte Ehe und der kosmische Christus stellen die Synthese aller Religionen, Schulen, Orden, Sekten, Logen, Yogasysteme usw. dar. Es ist zutiefst bedauerlich, dass so viele, die die Praxis der Synthese kennenlernten, diesem Weg nicht treu bleiben und in das unwegsame Gestrüpp des Labyrinths der Theorien zurückfallen.

Nach der Überlieferung befand sich im Zentrum des Labyrinths die Synthese, das heißt das Labarum des Tempels. Sprachetymologisch stammt das Wort Labyrinth von Labarum. Dieses Labarum war eine doppelte Axt, Symbol der sexuellen Kraft, männlich-weiblich. Wer die Synthese findet und aus diesem Zentrum wieder in die verworrenen Gänge der Theorien des Labyrinths des Verstandes zurückkehrt, begeht wohl die größte aller Dummheiten. Christus und die Sexualmagie stellen die religiöse Synthese dar.

Beim vergleichenden Religionsstudium werden wir feststellen, dass wir im Grunde bei allen Schulen, Religionen und esoterischen Sekten den Phalluskult finden.

Denken wir an Peristera, die Nymphe aus dem Gefolge der Venus, die aus Liebe in eine Taube verwandelt wurde. Erinnern wir uns der wundervollen Venus, denken wir an die Prozessionen des Gottes Priapus im kaiserlichen Rom der Cäsaren, bei denen die Tempelpriesterinnen voll Ekstase majestätisch einen übergroßen Phallus aus heiligem Holz mit sich trugen.

Freud, der Begründer der Psychoanalyse, sagt mit vollem Recht, dass die Religionen einen sexuellen Ursprung haben.

In der perfekten Ehe finden sich die Mysterien des Feuers. Alle Feuerkulte sind absolut sexuell. Die Vestalinnen waren echte Priesterinnen der Liebe; mit ihrer Hilfe erreichten die unverheirateten Priester die Adeptschaft. Es ist bedauerlich, dass die modernen Vestalinnen (die Nonnen) den Schlüssel der Sexualmagie nicht mehr kennen. Leider haben auch die modernen Priester diesen geheimen Schlüssel der Sexualität vergessen. Schmerzerfüllt sehen wir, wie viele Yogis den höchsten Schlüssel des Yoga, die Sexualmagie, die höchste Synthese aller Yogasysteme, ignorieren.

Die Menschen empfinden Grausen, wenn sie von der Sexualmagie hören. Aber sie empfinden kein Grausen, wenn sie sich allen sexuellen Raffinessen und fleischlichen Leidenschaften hingeben.

Hier findet sich die Synthese aller Religionen, aller Schulen und Sekten. Unsere Lehre ist die Lehre der Synthese.

In der tiefen Nacht der Jahrhunderte existierten bereits überaus mächtige Zivilisationen und grandiose Mysterien. Niemals fehlten in den Tempeln die Priesterinnen der Liebe. Mit ihnen praktizierten jene die Sexualmagie, die sich zu Meistern der Weißen Loge entwickelten. Der Meister muss durch die Sexualmagie in uns geboren werden.

Im sonnigen Land Kern, im alten Ägypten der Pharaonen, wurde jeder mit dem Tod bestraft, der das große Arkanum (die Sexualmagie) preisgab. Er wurde enthauptet, das Herz wurde ihm aus dem Leib gerissen und seine Asche in alle vier Winde verstreut.

Im Land der Azteken blieben die männlichen und weiblichen Aspiranten für die Adeptschaft zusammen, tauschten Zärtlichkeiten aus, liebten sich, praktizierten Sexualmagie innerhalb der Hallen der Tempel. Wer den Kelch des Hermes bei diesen heiligen Tempelpraktiken verschüttete, wurde enthauptet, weil er die heiligen Tempelhallen entweiht hatte.

Alle Systeme der inneren Selbsterziehung lehren als letzte praktische Synthese die Sexualmagie. Die letzte Synthese aller Religionen, aller esoterischen Kulte ist die Sexualmagie (das Arkanum A.Z.F.).

Bei den Mysterien von Eleusis fanden Nackttänze und andere wundervolle Rituale statt. Die Sexualmagie war die Grundlage dieser Mysterien. Niemand dachte an Schweinereien, denn die Sexualität wurde zutiefst verehrt. Die Eingeweihten wissen, dass in der Sexualität der Dritte Logos arbeitet.

Wir haben dieses Buch völlig klar geschrieben. Wir haben entschleiert, was bislang verschleiert war. Wer sich verwirklichen will, kann es jetzt; hier ist die Anleitung, hier ist die vollständige Lehre. Ich wurde schikaniert, gedemütigt, verleumdet, verfolgt, weil ich den Weg der Perfekten Ehe lehre; es kümmert mich nicht; anfangs empfand ich Schmerz über den Verrat und die Verleumdungen. Jetzt aber habe ich mich gestählt und die Verleumdungen und der Verrat schmerzen mich nicht mehr. Nur zu gut weiß ich, dass die Menschheit die Wahrheit hasst und die Propheten tödlich verabscheut. So ist es nur normal, dass man mich hasst, weil ich dieses Buch geschrieben habe.

Wir verfolgen nur ein Ziel, ein einziges: die Christifizierung. Es ist unerlässlich, dass sich jeder Mensch christifiziert. Es ist unerlässlich, den Christus zu inkarnieren.

In diesem Buch haben wir die christischen Mysterien entschleiert. Wir haben das christische Prinzip erklärt. Wir haben alle Menschen eingeladen, dem Pfad der perfekten Ehe zu folgen, um die Christifizierung zu erreichen. Wir haben erklärt, dass Christus kein Individuum ist, sondern ein kosmisches, unpersönliches Universalprinzip, das durch die Sexualmagie von jedem Menschen assimiliert werden muss. Für die Fanatiker ist all dies natürlich ein Skandal, aber Wahrheit bleibt Wahrheit und wir müssen die Wahrheit sagen, selbst wenn es uns das Leben kostet.

Die Lehren des Zend Avesta enthalten, ähnlich der grundlegenden Lehre des ägyptischen Totenbuches, das Christusprinzip. Die Ilias des Homer, die hebräische Bibel, die Edda der Germanen und die sibyllinischen Bücher der Römer enthalten das gleiche Christusprinzip. Es kann daher ausreichend dargelegt werden, dass Christus vor Jesus von Nazareth existierte. Christus ist keine Einzelperson. Christus ist ein kosmisches Prinzip, das wir durch die Sexualmagie in unsere eigene Natur aufnehmen müssen, in unsere physische, psychische, somatische und spirituelle Natur.

Christus ist bei den Persern Ormuz, Ahura-Mazda, der furchtbare Feind Ahrimans, des Satans, den wir in unserem Inneren tragen. Bei den Indern finden wir Christus als Krishna und das Evangelium Krishnas ist dem Evangelium des Jesus von Nazareth sehr ähnlich. Bei den Ägyptern ist Christus Osiris. Wer dieses Osiris-Prinzip inkarnierte, war tatsächlich ein Osirifizierter. Bei den Chinesen ist Fu-Xi der kosmische Christus. Er verfasste das I Ging, das Buch der Gesetze und Wandlungen und ernannte die Minister des Drachens. Bei den Griechen wurde Christus Zeus, Jupiter, der Vater der Götter genannt. Bei den Azteken ist Quetzalcoatl der mexikanische Christus. In der germanischen Edda ist es Baldur, der Christus, der von Hödur, dem Gott des Krieges, mit einem Pfeil aus Mistelholz ermordet wurde, usw. Wir können den kosmischen Christus in zahllosen archaischen Büchern und Überlieferungen finden, die alle Tausende von Jahren vor Jesus von Nazareth entstanden sind. Dies zeigt uns mit aller Deutlichkeit, dass Christus ein kosmisches Prinzip ist, das in den Grundzügen aller Religionen enthalten ist.

Im Grunde gibt es nur eine einzige kosmische Religion. Diese Religion nimmt unterschiedliche Erscheinungsformen an, je nach Zeitalter und den Bedürfnissen der Menschheit. In diesem Licht sind alle Religionskriege völlig absurd, denn im Grunde sind alle Religionen lediglich Modifikationen der kosmischen universellen Religion.

Von diesem Standpunkt aus bekräftigen wir nochmals, dass sich das vorliegende Buch gegen kein Denksystem, keine Religion oder Schule wendet. In diesem Buch übermitteln wir der Menschheit lediglich einen Schlüssel, ein sexuelles Geheimnis, mit dem jedes Lebewesen das christische Prinzip assimilieren kann, das die Grundlage aller großen Religionen der Welt bildet.

Wir erkennen Jesus – Iesus – Zeus – Jupiter als den neuen Übermenschen an, der das Christusprinzip gänzlich assimilierte und sich in der Tat zu einem Gottmenschen verwandelte. Wir sollten ihm nachfolgen. Er war ein vollkommener Mensch, ein wahrer Mensch im wahrsten Sinne des Wortes. Durch die Sexualmagie gelang es ihm, das universale, kosmische Christusprinzip vollkommen zu assimilieren. Die wenigen, die wirklich verstehen, sollten das Evangelium Johannes (Kap. 3:1-21) studieren. Der Suchende wird darin die „Perfekte Ehe“ finden, die reine und echte Sexualmagie, wie sie von Jesus gelehrt wurde. Natürlich wurden die Belehrungen verschlüsselt gegeben, aber der Verstehende wird sie intuitiv erfassen.

Die moderne Menschheit hat den Fehler begangen, den großen Meister Jesus von allen seinen Vorgängern zu trennen, die gleich ihm die Christifizierung erlangten. Dies gereicht der gegenwärtigen Menschheit sehr zum Nachteil. Wir müssen immer besser verstehen, dass alle Religionen letztlich nur eine einzige Religion darstellen. Maria, die Mutter Jesu, ist dieselbe wie Isis, Juno, Demeter, Ceres, Maya, usw., die kosmische Mutter oder Kundalini (das sexuelle Feuer), aus der der kosmische Christus immer wieder geboren wird.

Maria Magdalena ist dieselbe wie Salambo, Matra, Ischtar, Astarte, Aphrodite und Venus, mit der wir Sexualmagie praktizieren müssen, um das Feuer zu erwecken.

Die Märtyrer, die Heiligen, Jungfrauen, Engel und Cherubinen sind die Götter, Halbgötter, Titanen, Göttinnen, Sylphiden, Zyklopen und Götterboten der heidnischen Mythologien.

Alle religiösen Grundlagen des Christentums sind heidnisch. Wenn die gegenwärtigen religiösen Einzelformen verschwinden, werden sie durch die neuen Religionsformen der Zukunft assimiliert.

Auch die Unbefleckte Empfängnis muss verstanden werden. Wir müssen wissen, dass nur durch die Perfekte Ehe der Christus im

Herzen des Menschen geboren werden kann. Das Erwecken des Feuers der Kundalini oder des Feuers des Heiligen Geistes ist dringend notwendig, um den Christus zu inkarnieren. Wer Kundalini erweckt, verwandelt sich wie Ganymed in den Adler des Geistes, um in den Olymp aufzusteigen und den unaussprechlichen Göttern zu dienen.

Es ist zutiefst zu bedauern, dass die katholischen Priester so viele Dokumente und wertvollste geistige Schätze der Antike zerstörten. Glücklicherweise fiel nicht alles der Zerstörung zum Opfer. Während der Renaissance entdeckten mutige Priester einige wunderbare Bücher. So konnten Dante Alighieri, Boccaccio, Petrarca, Erasmus, usw., trotz der Verfolgungen durch den Klerus, berühmte Werke wie zum Beispiel Homers Ilias und Odyssee übersetzen. Beide Bücher sind großartige Werke der okkulten Wissenschaften und der Sexualmagie. Sie übersetzten „Äneis“ des Vergil, „Theogonie“, „Werke und Tage“ von Hesiod, die „Metamorphosen“ des Ovid sowie Werke von Lucretius, Horaz, Tibullus, Titus Livius, Tacitus, Apuleyus, Cicero, u.a.m.

Alles ist reiner Gnostizismus. Es ist bedauerlich, dass einige Unwissende die Gnosis verlassen haben, um Systemen und Methoden zu folgen, die die Sexualmagie und „die Perfekte Ehe“ nicht kennen.

Wir haben alle geistigen Schätze der Gnosis untersucht und alle archaischen Religionen genauestens geprüft. Dabei haben wir den höchsten Schlüssel der Sexualmagie als Grundlage aller Kulte entdeckt. Jetzt überbringen wir diesen Schatz, übergeben diesen Schlüssel der leidenden Menschheit. Viele werden dieses Buch lesen, aber nur wenige werden es verstehen.

Dieses Buch handelt ausschließlich von Sexualmagie. Wer sich daran gewöhnt hat, Tausende von Büchern aus reiner intellektueller Neugierde zu lesen, wird fraglos an der Gelegenheit vorübergehen, dieses Buch gründlich zu studieren. Es genügt nicht, dieses Buch einfach durchzulesen.

Wer so denkt, irrt sich. Dieses Werk muss gründlich studiert und in seiner ganzen Tragweite verstanden werden. Nicht nur mit dem Intellekt, sondern in allen Niveaus des Verstandes. Der Intellekt ist nur ein kleiner Teil des Verstandes. Der Intellekt ist nicht der ganze Verstand; wer dieses Buch nur mit dem Intellekt begreift, hat in

Wirklichkeit überhaupt nichts begriffen. Nur durch die innere Meditation kann es in allen Niveaus des Verstandes wirklich verstanden werden.

Die praktische Sexualmagie ist dringend notwendig, um die Christifizierung zu erreichen. In diesem Buch findet der Leser den höchsten Schlüssel für die innere Selbstverwirklichung.

Wir sind gegen keine Religion, Schule, Sekte oder Loge, da wir sehr wohl wissen, dass alle Religionsformen Manifestationen der großen, unendlichen kosmischen universellen Religion sind, die in jedem Atom des Kosmos latent vorhanden ist.

Wir lehren nur die Synthese aller Religionen, Schulen, Orden, Logen und Glaubensrichtungen. Unsere Lehre ist die Lehre der Synthese. Sexualmagie wird im esoterischen Christentum praktiziert; Sexualmagie wird im Zen Buddhismus praktiziert. Sexualmagie wird bei den eingeweihten Yogis praktiziert. Sexualmagie wird bei den mohammedanischen Sufis praktiziert.

Sexualmagie wurde in allen Einweihungsschulen von Troja, Ägypten, Rom, Karthago und Eleusis praktiziert; Sexualmagie wurde bei den Mysterien der Mayas, der Azteken, Inkas, der Druiden, usw., praktiziert.

Die Synthese aller Religionen, Schulen und Sekten ist die Sexualmagie und der kosmische Christus. Wir lehren die Doktrin der Synthese. Diese Doktrin darf niemals gegen die verschiedenen Religionsformen gerichtet sein. Unsere Lehren sind in allen Religionen, Schulen und Glaubensrichtungen enthalten. Wenn sich der Leser der Mühe unterzieht, alle Religionen der Welt zu studieren, wird er den Phallus und den Uterus als die Synthese aller Mysterien entdecken. Uns ist keine Religion oder Mysterienschule bekannt, in der der kosmische Christus und die Mysterien der Sexualität nicht zu finden sind.

Die Lehre von der Synthese kann niemandem schaden, weil sie die Synthese von allem ist. Wir laden die Anhänger aller Kulte, Schulen und Glaubensrichtungen ein, ein vergleichendes Studium der Religionen durchzuführen. Wir laden die Studierenden der diversen Systeme innerer Selbsterziehung ein, den sexuellen Esoterismus aller geheimen Mysterienschulen zu studieren.

Wir laden alle Yogis ein, das Tantra-Yoga und den weißen Tantrismus Indiens zu studieren, ohne den kein Yogi die absolute Befreiung erreichen kann. Die Sexualmagie und der Christus sind die Synthese aller esoterischen Studien, wie auch immer der Name, die Religionsformen und das Erziehungssystem sein mögen.

Die Angriffe, Verfolgungen, Anathemas, Exkommunikationen, usw., denen wir ausgesetzt waren, sind auf Unwissenheit und fehlendes Studium zurückzuführen.

Jede Religionsform, jedes esoterische System wird durch die Synthese bereichert. Die Synthese kann niemandem schaden. Dies ist die Doktrin der Synthese. Wir lieben alle Religionsformen aufrichtig; wir wissen, dass sie liebevolle Manifestationen der großen kosmischen universellen Religion sind.

In der Perfekten Ehe entdecken wir die höchste religiöse Synthese. Gott ist Liebe und Weisheit. In Christus und in der Sexualität ist die vollkommene Synthese aller Logen, Orden, Schulen, Sekten, Systeme und Methoden der inneren Selbstverwirklichung sowohl im Osten als auch im Westen, im Norden genau so wie im Süden.

Paz Inverencial.
Samael Aun Weor

1. Die Liebe

Gott als Vater ist Weisheit.

Gott als Mutter ist Liebe. Gott als Vater wohnt im Auge der Weisheit. Das Auge der Weisheit befindet sich zwischen den Augenbrauen.

Gott als Liebe befindet sich im Tempel des Herzens. Weisheit und Liebe sind die beiden tragenden Säulen der großen Weißen Loge.

Lieben, wie wunderbar ist es, zu lieben. Nur große Seelen können lieben und wissen zu lieben.

Liebe ist unendliche Zärtlichkeit. Liebe ist das Leben, das in jedem Atom und in jeder Sonne pulsiert.

Die Liebe kann man nicht definieren, ist sie doch die göttliche Mutter der Welt; sie ist das, was wir fühlen, wenn wir wirklich verliebt sind.

Liebe fühlen wir in der Tiefe des Herzens; es ist ein tiefes, köstliches Erlebnis; ein alles erfassendes Feuer, ein göttlicher Wein, eine Begeisterung ohnegleichen, in die man eintaucht. Ein kleines parfümiertes Tüchlein, ein Brief, eine Blume, geben den Tiefen der Seele Anlass zu großer Unruhe, zur ekstatischen Freude und wonnigen Lust.

Niemand konnte je die Liebe definieren; sie muss erlebt, gefühlt, empfunden werden. Nur große Liebende wissen wirklich, was das Gefühl, das Liebe genannt wird, wirklich ist.

Die Perfekte Ehe ist die Verbindung zweier Wesen, die wahrhaft lieben können. Damit wahrhafte Liebe entsteht, müssen Mann und Frau sich auf allen sieben großen kosmischen Ebenen zutiefst verehren.

Wahrhafte Liebe verlangt eine wirkliche Verbindung der Seelen in allen drei Sphären: der Sphäre des Gedankens, des Gefühles und des Willens.

Wenn beide Wesen in Gedanken, Gefühlen und in ihrem Wollen in engstem geistigen Gleichklang schwingen, dann wird die Perfekte Ehe auf den sieben Ebenen des kosmischen Bewusstseins verwirklicht.

Es gibt Menschen, die auf der physischen und ätherischen Ebene verheiratet sind, nicht aber auf der astralen. Andere wieder sind auf der physischen, ätherischen und astralen Ebene verheiratet, aber nicht auf der Mentalebene; jeder denkt in seinen eigenen Bahnen; die Frau hat eine Religion, der Mann eine andere; sie stimmen in ihrem Denken usw. nicht überein.

Es gibt Ehepaare mit großer Harmonie in Gedanken und Gefühlen, aber völlig entgegengesetzt in der Welt des Willens. Solche Ehepaare werden ständig streiten und sind nicht glücklich.

Die Perfekte Ehe muss auf den sieben Ebenen des kosmischen Bewusstseins verwirklicht werden. Es gibt Ehen, die nicht einmal die Astralebene erreichen, deshalb besteht keine sexuelle Anziehung; solche Ehen werden unweigerlich scheitern. Diese Art der Ehe besteht einzig und allein auf dem Papier der Eheformalität.

Einige Menschen leben auf der physischen Ebene mit einem bestimmten Partner in Ehegemeinschaft, während sie auf der Mentalebene eine Ehe mit einem anderen Partner führen. Sehr selten finden wir im Leben eine perfekte Ehe.

Um in wirklicher Liebe verbunden zu sein, bedarf es einer Affinität der Gedanken, der Gefühle und des Willens.

Wo berechnende Überlegungen eine Rolle spielen, gibt es keine Liebe. Leider riecht im heutigen modernen Leben die Liebe nach Bankkonto, nach Gütern und nach flimmernder Kinoleinwand.

In Heimen, in denen nur um Haben und Soll geht, gibt es keine Liebe. Wenn die Liebe das Herz verlässt, kehrt sie nur sehr schwer dorthin zurück. Liebe ist ein sehr scheues Kind.

Eine Ehe, die ohne Liebe und nur aufgrund wirtschaftlicher oder gesellschaftlicher Interessen geschlossen wird, ist in der Tat eine Sünde gegen den Heiligen Geist. Diese Ehen sind unweigerlich zum Scheitern verurteilt.

Verliebte verwechseln nur zu oft Begehren mit Liebe. Am Schlimmsten aber ist, dass sie heiraten im Glauben, sich wirklich zu lieben. Nach Vollzug des Sexualaktes, nach Befriedigung der Fleischeslust kommt die Ernüchterung, es bleibt die schreckliche Wirklichkeit.

Verliebte müssen, ehe sie heiraten, sich selbst analysieren, um zu wissen, ob sie einander wirklich lieben. Begierde wird leicht mit Liebe verwechselt. Liebe und Begierde sind zwei absolute Gegenpole.

Wer wirklich verliebt ist, ist fähig, den letzten Tropfen Blut für das geliebte Wesen zu geben.

Prüfe dich genau, ehe du heiratest. Bist du bereit, den letzten Blutstropfen für den geliebten Menschen hinzugeben? Wärest du imstande, dein Leben zu opfern, damit der geliebte Mensch weiterleben könnte? Überlege all dies, und meditiere.

Gibt es eine wirkliche Affinität der Gedanken, Gefühle und des Willens mit dem von dir geliebten Menschen? Denke daran, dass, wenn diese vollkommene Affinität nicht existiert, deine Ehe statt des Himmels auf Erden eine Hölle werden kann. Lass dich nicht durch die Begierde täuschen. Töte nicht nur die Begierde, sondern auch den letzten Schatten des Baumes der Begierde.

Liebe beginnt mit einem Blitz wonniger Sympathie, verdichtet sich mit unendlicher Zärtlichkeit und wird schließlich zur höchsten Verehrung.

Eine Perfekte Ehe ist die Verbindung zweier Menschen, die sich bedingungslos verehren. In der Liebe gibt es keine Pläne oder Bankkonten. Wenn du Pläne oder Berechnungen anstellst, bist du nicht verliebt. Überdenke alles, ehe du den großen Schritt tust. Bist du wirklich verliebt? Hüte dich vor der Täuschung durch die Begierde. Denke daran, dass die Flamme des Begehrens das Leben verzehrt und nur die furchtbare Realität des Todes bleibt.

Blicke tief in die Augen des geliebten Menschen, verliere dich im Glück seiner Pupillen, aber wenn du glücklich werden willst, dann lass dich nicht vom Verlangen hinreißen.

Verliebter Mann, verwechsle nicht die Liebe mit der Leidenschaft. Analysiere dich gründlich. Du musst wissen, ob sie auch im Geiste dein ist. Du musst wissen, ob ein wirklicher Gleichklang mit ihr auf den drei Ebenen der Gedanken, Gefühle und des Willens besteht.

Der Ehebruch ist die grausame Folge des Fehlens der Liebe. Die wahrhaft liebende Frau erleidet lieber den Tod, als die Ehe zu brechen. Der Mann, der die Ehe bricht, liebt nicht.

Liebe ist schrecklich göttlich. Die göttliche Mutter der Welt ist das, was Liebe genannt wird.

Mit dem gewaltigen Feuer der Liebe können wir uns zu Göttern verwandeln, um würdevoll ins große Amphitheater der kosmischen Wissenschaft einzutreten.

2. Der Menschensohn

„Gott ist Liebe, seine Liebe erschafft und schafft erneut."

Wonnige Worte der Liebe führen schließlich zum glühenden Kuss der Verehrung. Der Sexualakt ist die wahrhafte Substanzialisierung der Liebe in der psychophysiologischen Realität unserer Natur.

Wenn sich Mann und Frau sexuell vereinigen, wird etwas erschaffen. In diesen Momenten höchster Verehrung sind Er und Sie ein einziges androgynes Wesen, mit der Macht zu erschaffen wie die Götter.

Die Elohim sind männlich und weiblich. Mann und Frau in liebender sexueller Vereinigung sind während der höchsten Ekstase der Liebe ein wahrhaft furchtbar göttlicher Elohim.

In diesen Momenten sexueller Vereinigung sind wir tatsächlich im *Laboratorium Oratorium* der heiligen Alchemie.

Große Hellseher können in solchen Augenblicken das vereinte Paar von schrecklich göttlichem Glanze umgeben sehen. Wir sind in das heilige Reich, in das *Sanctum Regnum* der hohen Magie eingetreten. Mit diesen gewaltigen göttlichen Kräften können wir den Teufel, den wir in uns tragen, eliminieren und uns in große Hierophanten verwandeln.

In dem Masse, in dem sich der Sexualakt verlängert und die wundervollen Zärtlichkeiten der Ekstase zunehmen, fühlt man eine spirituelle, alles verzaubernde Sinnlichkeit. Wir laden uns mit universeller Elektrizität und universellem Magnetismus auf, schreckliche kosmische Kräfte werden in der Tiefe der Seele gespeichert; die Chakras des Astralkörpers beginnen zu leuchten und die mysteriösen Kräfte der großen kosmischen Mutter fließen durch alle Kanäle unseres Organismus.

Der glühende Kuss, die intimen Zärtlichkeiten, sie verwandeln sich zu wundervollen Klängen, die ergreifend in der Aura des Universums widerhallen. Es fehlen uns die Worte, jene Momente höchster Wonne zu beschreiben. Die feurige Schlange bewegt sich, die Feuer des Herzens werden entfacht und die furchtbar göttlichen

Strahlen des Vaters funkeln majestätisch auf der Stirn des sexuell vereinten Paares.

Wenn Mann und Frau imstande sind, sich vor dem Orgasmus zurückzuziehen, wenn sie in diesen Momenten höchsten Glücks die Willenskraft aufbringen, das animalische Ego zu beherrschen und sich vom Sexualakt ohne Samenejakulation, weder innerhalb noch außerhalb der Scheide noch sonst wo zurückzuziehen, dann haben sie einen Akt der Sexualmagie vollbracht, das was im Okkultismus Arkanum A.Z.F. Genannt wird.

Mit dem Arkanum A.Z.F. können wir dieses wundervolle Licht bewahren, all diese kosmischen Ströme, all diese göttlichen Kräfte. Dann erwacht Kundalini, das heilige Feuer des Heiligen Geistes in uns und wir verwandeln uns in schrecklich göttliche Götter.

Wenn wir aber den Samen ejakulieren, verlieren sich die kosmischen Ströme in den universellen Strömungen und in die Seelen der beiden Wesen dringt ein blutrotes Licht ein, die luziferischen Kräfte des Bösen, ein verhängnisvoller Magnetismus. Eros zieht sich weinend zurück, die Pforte zum Paradies des Gartens Eden schließt sich, die Liebe wird zur Desillusion; es folgt die Ernüchterung, die traurige Realität in diesem Tal der Tränen.

Wenn wir imstande sind, uns vor dem sexuellen Orgasmus zurückzuziehen, erwacht die feurige Schlange unserer magischen Kräfte. Die Kabbalisten sprechen von der neunten Sphäre. Die neunte Sphäre der Kabbala ist die Sexualität.

Der Abstieg in die neunte Sphäre war in den antiken Mysterien die größte Prüfung für die höchste Würde des Hierophanten. Jesus, Hermes, Buddha, Dante, Zarathustra, usw., sie alle mussten in die neunte Sphäre absteigen, um mit dem Feuer und dem Wasser zu arbeiten – Ursprung von Welten, Tieren, Menschen und Göttern. Jede wirkliche und legitime weiße Einweihung beginnt an diesem Punkt.

Der Menschensohn wird in der neunten Sphäre geboren. Der Menschensohn wird aus Wasser und Feuer geboren. Wenn der Alchimist im Magisterium des Feuers seine Arbeit beendet hat, empfängt er die venusische Einweihung. Die Vermählung der Seele mit dem Lamm ist das größte Fest der Seele. Der große Herr des Lichtes tritt in sie ein. Er wird menschlich, sie wird göttlich. Aus dieser

Mischung zwischen dem Göttlichen und dem Menschlichen entsteht das, was der Anbetungswürdige so treffend den *Menschensohn* bezeichnete.

Der größte Triumph der höchsten Anbetung ist die Geburt des Menschensohnes in der Krippe der Welt. Ein Mann und eine Frau, die sich gegenseitig lieben, sind wahrhaftig zwei Harfen in wunderbarer Harmonie, eine Ekstase der Herrlichkeit, das, was man nicht definieren kann, denn wenn man es definiert, verunstaltet man es.

Das ist Liebe.

Der Kuss ist die tiefe, mystische Weihe zweier Seelen, die sich verehren und der Sexualakt ist der Schlüssel, mit dem wir uns in Götter verwandeln. Götter! Oh Gott! Wisset, die ihr einander wahrhaftig liebt, dass Gott die Liebe ist. Lieben, wie wunderschön ist es zu lieben. Liebe nährt sich von Liebe; nur durch Liebe ist die alchemische Hochzeit möglich.

Jesus, der geliebte Meister, erlangte die venusische Einweihung im Jordan. Im Augenblick der Taufe drang der Christus durch die Zirbeldrüse in den Körper des anbetungswürdigen Jesus ein. Das Wort ward Fleisch geworden und wohnte unter uns und wir sahen seine Herrlichkeit als die des erstgeborenen Sohnes voll der Gnade und der Wahrheit.

Dem Wissenden gibt das Wort Macht, niemand sprach es außer Ihm, der es inkarnierte. In der Offenbarung (Off. 1,10-18) beschreibt der Heilige der Offenbarung den Menschensohn, den Sohn unseres Kusses, in folgenden Versen:

„Am Tag des Herrn wurde ich vom Geist ergriffen und hörte hinter mir eine Stimme, laut wie eine Posaune (das Wort). Sie sprach: Ich bin das Alpha und Omega, der Erste und der Letzte. „Schreib das, was du siehst, in ein Buch und schick es an die sieben Gemeinden: nach Ephesus (das magnetische Zentrum im Steißbein), nach Smyrna(das magnetische Zentrum der Prostata), nach Pergamon (das Sonnengeflecht im Bereich des Nabels), nach Thyatira (das magnetische Herzzentrum), nach Sardes (das magnetische Zentrum im Kehlkopf), nach Philadelphia (das Auge der Weisheit, das Zentrum der Hellsichtigkeit zwischen den Augenbrauen) und nach Laodizea (die Krone der Heiligen, magnetisches Zentrum der Zirbeldrüse). „Da wandte ich mich um, weil ich sehen wollte, wer zu mir sprach. Als ich mich umwandte, sah ich sieben goldene Leuchter und mitten unter den Leuchtern einen, der wie ein Mensch aussah; er war bekleidet mit einem Gewand, das bis auf die Füße reichte, und um die Brust trug er einen Gürtel aus Gold." (die Tunika aus weißem Leinen eines jeden Meisters, die Tunika der Herrlichkeit.)

Die sieben Leuchter, die der Heilige der Offenbarung sah, sind die sieben Kirchen der Wirbelsäule.

„Sein Haupt und seine Haare waren weiß wie weiße Wolle, leuchtend weiß wie Schnee, und seine Augen wie Feuerflammen. (Immer unbefleckt und rein). Seine Beine glänzten wie Golderz, das im Schmelzofen glüht, und seine Stimme war wie das Rauschen von Wassermassen. (Das menschliche Wasser, die Samenflüssigkeit). In seiner Rechten hielt er sieben Sterne (die sieben Engel, die die sieben Kirchen des Rückenmarks regieren). Und aus seinem Mund kam ein scharfes, zweischneidiges Schwert" (das Wort). Und sein Gesicht leuchtete wie die machtvoll strahlende Sonne. Und als ich ihn sah, fiel ich wie tot vor seinen Füßen nieder. Er aber legte seine rechte Hand auf mich und sagte: Fürchte dich nicht! Ich bin der Erste und der Letzte und der Lebendige. Ich war tot, doch nun lebe ich in alle Ewigkeit, und ich habe die Schlüssel zum Tod und zur Unterwelt."

Wenn der innere Christus in die Seele eindringt, verwandelt er sich in sie. Er wird zu ihr, sie zu ihm; er wird menschlich, sie wird göttlich. Aus dieser göttlichen und menschlichen alchemischen Mischung entsteht das, was unser anbetungswürdige Retter so treffend den *Menschensohn* nannte.

Die Alchimisten sagen, wir müssen den Mond in die Sonne verwandeln. Der Mond ist die Seele. Die Sonne ist der Christus. Die Verwandlung des Mondes in die Sonne ist nur mithilfe des Feuers möglich und dieses Feuer kann nur in der liebenden Gemeinschaft der „Perfekten Ehe" entfacht werden.

Die Perfekte Ehe ist die Verbindung zweier Wesen: eines, das mehr und eines, das besser liebt.

Der Menschensohn wird aus Wasser und Feuer geboren. Das Wasser ist der Samen. Das Feuer ist der Geist.

Gott erstrahlt über dem perfekten Paar.

Der Menschensohn hat die Macht über das lodernde Feuer, über die stürmische Luft, über die brausenden Wogen des Meeres und über die duftende Erde.

Der Sexualakt ist gewaltig; zu Recht sagt die Offenbarung: „Wer überwindet, den will ich machen zum Pfeiler in dem Tempel meines Gottes, und er soll nicht mehr hinausgehen.“

3. Der große Kampf

Im Buch Jeremias 21,8 lesen wir: „Siehe, ich lege vor euch zwei Wege: den Weg des Lebens und den Weg des Todes."

Mann und Frau können durch den sexuellen Kontakt und die Wonnen der Liebe und des Kusses sich zu Göttern oder zu Dämonen verwandeln.

Seit dem ersten Erwachen des Lebens tobt der große Kampf zwischen den Mächten des Lichtes und der Dunkelheit. Die verborgene Wurzel dieses Kampfes liegt in der Sexualität.

Es gibt eine sichere Interpretation der Mysterien der Sexualität: die weißen Magier vergießen niemals ihren Samen. Die schwarzen Magier vergießen ihn immer.

Die weißen Magier bringen die feurige Schlange unserer magischen Kräfte im Kanal der Wirbelsäule nach oben. Die schwarzen Magier bringen die Schlangenkraft nach unten in die atomare Hölle des Menschen. Götter und Dämonen leben in ewigem Kampf. Die Götter verteidigen die Lehre der Keuschheit. Die Dämonen hassen die Keuschheit. In der Sexualität liegt die Wurzel des Konfliktes zwischen Göttern und Dämonen.

Der große Kampf findet im Astrallicht statt. Das Astrallicht ist der Speicher aller vergangenen, gegenwärtigen und zukünftigen Formen der großen Natur. Das Astrallicht ist Azoth und das Magnesium der alten Alchimisten, der fliegende Drache der Medea, das INRI der Christen, das Tarot Böhmens. Das Astrallicht ist ein gewaltiges sexuelles Feuer aus dem Nimbus der Sonne und wird durch die Schwerkraft und das Gewicht der Atmosphäre auf der Erde festgehalten. Es ist die Sonne, die dieses herrliche, zauberhafte Licht anzieht und abstößt. Das Astrallicht ist der Hebel des Archimedes. Dieser weise alte Mann sagte: „Gebt mir einen festen Punkt und ich bewege das Universum."

Der Samen ist der flüssige Astralstoff des Menschen. Im Samen befindet sich das Astrallicht. Der Samen ist der Schlüssel zu allen Kräften und der Schlüssel zu allen Reichen.

Das Astrallicht besitzt zwei Pole, einen positiven und einen negativen. Die aufsteigende Schlange ist positiv.

Die absteigende Schlange ist negativ. Aufsteigend ist sie die bronzene Schlange, die die Israeliten in der Wüste heilte. Absteigend ist sie die Schlange der Versuchung des Gartens Eden.

Wenn wir fähig sind, mit unendlicher Zärtlichkeit und höchster Keuschheit zu verehren, zu lieben und zu küssen, steigt die Schlange nach oben. Wenn wir uns der glühenden Wollust hingeben und den Kelch verschütten, fällt die Schlange wahnsinnstrunken in die atomare Hölle des Menschen hinab.

Im Reiche des Lichtes wohnen jene Wesen, die sich verehren. In der Region der Dunkelheit leben jene Seelen, die sich mit dem Kelch der Wollust berauschen und ihn trunken vor Leidenschaft verschütten. Solche Seelen verbrennen im Feuer ihrer eigenen Lüsternheit.

Die Erde wird gelenkt von Christus und Jahve, die einander ewig bekämpfen. Christus ist der höchste der Götter.

Jahve ist der Herrscher der Dämonen.

Jahve ist jener schrecklich perverse Dämon, der Christus auf dem Gipfel des Berges in Versuchung führte, indem er ihm alle Reiche der Welt und ihre Herrlichkeiten zeigte und sprach: “Itababo. Das alles will ich dir geben, wenn du niederfällst und mich anbetest.” Da sprach Christus zu ihm: „Weg mit dir, Satan! denn es steht geschrieben: Du sollst anbeten den Herrn, deinen Gott, und ihm allein dienen.“

Jahve ist ein gefallener, schrecklich verdorbener Engel. Jahve ist der Genius des Bösen. Christus ist der Führer der großen weißen Loge und Jahve, sein Gegenpol, ist der Führer der großen schwarzen Loge.

Die Kräfte des Lichtes und der Dunkelheit leben in ständigem Kampf und dieser Kampf hat seine Wurzel in der Sexualität. Der Samen ist das Schlachtfeld. Im Samen kämpfen die Engel und die Dämonen einen Kampf auf Leben und Tod. Der Kern des großen Konflikts zwischen Engeln und Dämonen liegt in der Sexualität. Dort liegt das Problem. Dort liegt die Wurzel aller weißen und schwarzen Lehren. Christus hat sein Aktionsprogramm.

Jahve hat das seine. Die Auserwählten folgen dem Christus. Die große Mehrheit der Menschen aber folgt fanatisch Jahve.

Aber alle verstecken sich hinter dem Kreuz.

Im Astrallicht bekämpfen sich die Kolonnen der Engel und Dämonen. Jedem Engel steht ein Dämon gegenüber.

Jeder Mensch hat sein Doppel. Dies ist auch eines der Mysterien der Zwillingsseelen. Die Lamas sagen, dass Devadatta der Bruder und Rivale des Buddha war. Er ist der König der Hölle.

Das Doppel gleicht in allen Einzelheiten seinem Doppel. Die Doppel sind einander gleich, haben gleiche Tendenzen, mit den Unterschieden der Analogie der Gegensätze. Einem weißen Astrologen steht ein schwarzer Astrologe gegenüber. Lehrt ein Meister weiße Sexualmagie, wird sein Doppel schwarze Sexualmagie lehren. Die Doppel sind sich in allem ähnlich, jedoch gegensätzlich.

Die Physiognomie und der Körper der Doppel sind ähnlich, weil sie Zwillinge sind. Dies ist eines der großen Mysterien des Okkultismus. Jede weiße Seele hat ein schwarzes Gegenstück, eine gegensätzliche Seele, die ihr Widersacher ist und die sie bekämpft.

Liebe und Anti-Liebe bekämpfen einander ohne Unterlass. Anael ist der Engel der Liebe.

Lilith ist sein finsterer Doppelgänger. Lilith repräsentiert die Anti-Liebe. Im Altertum rief der große Theurge Iamblichos diese beiden Genien an und einem Flusse entstiegen zwei Kinder: die Liebe und die Anti-Liebe, Eros und Anteros, Anael und Lilith.

Die Menge, die diesem Wunder des Iamblichos beiwohnte, warf sich dem großen Theurgen zu Füßen.

Der Schüler des steinigen Pfades, der zum Nirvana führt, wird von Ekstase erfüllt, wenn er das Glück hat, Anael, den Engel der Liebe zu sehen.

Anael zeigt sich jenen, die ihn anzurufen wissen. Anael ist ein wunderschönes Kind der Morgenröte. In der Gegenwart dieses Engels der Liebe fühlen wir, wie die verlorene Unschuld des Paradieses zu uns zurückkehrt. Anaels Haar ist wie fließendes Gold, das auf seine Alabasterschultern fällt. Sein Antlitz hat die rosige Farbe der Morgenröte.

Anael kleidet sich in eine weiße Tunika und ist von unbeschreiblicher Schönheit. Anael ist der Engel der Musik und der Liebe, der Engel der Schönheit und der Zärtlichkeit, der süße Cupido der Verliebten, die Ekstase aller Verehrung.

Lilith, Anaels rivalisierender Bruder, ist sein verhängnisvoller Gegenpol. Lilith ist ein furchtbar, bösartiges Kind; er ist der höllische Engel der großen Enttäuschungen in der Liebe; der König der atomaren Hölle des Menschen.

Lilith kann dem Blick des Engels der Liebe nicht standhalten, aber er ist der Schatten dieses Engels. Lilith hat die Erscheinung eines schrecklich bösen Kindes. Die Haare von Lilith sind wirr und fahl, sein Gesicht ist bösartig und seine schwarz-blaue Tunika zeigt mehr als alle Worte jene Welt der Grausamkeit und Bitternis.

Anael repräsentiert den positiven Strahl der Venus. Lilith repräsentiert den negativen Strahl der Venus.

Die Traditionen der großen Kabbalisten sagen, dass Adam zwei Ehefrauen hatte: Lilith und Nahemah. Lilith ist die Mutter der Abtreibung, der sexuellen Degeneration, der Homosexualität, des Kindesmordes, der Pädophilen, usw.

Nahemah ist die Mutter des Ehebruches. Nahemah verführt durch den Zauber ihrer Schönheit und ihrer Jungfräulichkeit.

Wenn ein Mann seine Frau betrügt, die die Herren des Gesetzes ihm gegeben haben, erhält er ein luziferisches Zeichen zwischen den Augenbrauen. Wenn ein Mann eine Frau heiratet, die ihn nicht zusteht, wenn er durch diese Eheschließung ein Gesetz verletzt, ist dieser Fehler leicht erkennbar, da die Braut am Hochzeitstage kahl erscheint. Sie verdeckt ihr Haupt mit dem Schleier, damit man ihr Haar nicht sieht.

Eine Frau vollbringt diese Handlung instinktiv. Das Haar ist das Symbol der Tugendhaftigkeit der Frau und bei der Hochzeit Nahemahs ist es verboten, das Haar zu zeigen.

Das ist das Gesetz.

Die Engel des Lichtes und die Engel der Finsternis leben in einem ewigen Krieg. In der Sexualität ist die Wurzel des großen Kampfes zwischen den Mächten des Lichtes und der Finsternis.

Gemäß dem großen Gesetz hat jeder Planet zwei Polaritäten. Der positive Strahl des Mars wird durch Elohim Gibor repräsentiert. Der negative Strahl von Mars wird durch den Gegenpol dieses Elohim repräsentiert.

Dieser Gegenpol nennt sich Andramelek. Der perverse Dämon Andramelek ist zurzeit in China inkarniert.

Der höchste Führer des positiven Strahles des Mondes ist Jehova. Chavajoth ist seine genaue Antithese, sein rivalisierender Bruder. Jehova dirigiert den positiven Strahl des Mondes.

Chavajoth dirigiert den negativen Strahl des Mondes. Jehova lehrt die weiße Sexualmagie; Chavajoth lehrt die schwarze Sexualmagie.

Es gibt zwei Monde.

Den weißen Mond und den schwarzen Mond. In den zwei Monden werden die universalen weiblichen Kräfte der Sexualität repräsentiert.

Die Schöpfung entstand aus dem Evolutionsprozess des Klanges. Der Klang ist der Ausdruck der Sexualität. Die Engel erschaffen mit der sexuellen Kraft ihrer schöpferischen Kehle.

Durch die ständigen Evolutionsprozesse verwandelt sich der unmanifestierte ursprüngliche Klang in Energieformen aus dichter, stabilisierter Materie. Der unmanifestierte ursprüngliche Klang ist die subtile Stimme.

Der ursprüngliche Klang enthält die männlichen-weiblichen Sexualkräfte. Diese Kräfte vervielfältigen und werden komplexer in dem Maße, in dem wir in die schwierigen Abgründe der Materie eindringen. Der positive Pol des Klanges ist die wunderbare Kraft, die uns zum unmanifestierten Absoluten hinzieht, wo nur das Glück herrscht. Der negative Gegenpol des Klanges ist die Kraft der Finsternis, die uns in dieses Tal der Bitternis herabzieht. Der positive Pol ist solar, christisch und göttlich. Der negative Pol ist lunar und wird durch den Mond verkörpert. Der Schatten des weißen Mondes ist Lilith. Lilith ist der Ursprung der Unzucht. Der Ursprung der getrennten Individualität befindet sich in Lilith. Der Ursprung des *Ichs* ist der schwarze Mond. Der schwarze Mond ist Lilith.

Jehova arbeitet mit dem weißen Mond.

Chavajoth arbeitet mit dem schwarzen Mond. Die Erschaffung des phänomenalen Universums ist ohne die lunaren Kräfte nicht möglich; unglücklicherweise greifen die finsteren Mächte des schwarzen Mondes ein, die der Schöpfung schaden.

Die Sonne und der Mond repräsentieren den positiven und den negativen Pol des Klanges. Die Sonne und der Mond verursachen die Schöpfung. Die Sonne ist positiv und der Mond negativ. Die Sonne ist der Gatte und der Mond die Gattin; der Teufel Lilith tritt zwischen beide und schadet dem großen Werk. Wie oben so unten.

Der Mann ist die Sonne und die Frau der Mond. Lilith ist der Satan, der beide zur Unzucht verführt und in den Abgrund treibt. Lilith ist der schwarze Mond. Die dunkle Seite des weißen Mondes; der Ursprung des *Ichs* und der getrennten Individualität.

Jehova hat keinen physischen Körper. Chavajoth besitzt einen physischen Körper. Chavajoth ist zurzeit in Deutschland inkarniert. Er gibt sich als Kriegsveteran aus und arbeitet für die große schwarze Loge. In den inneren Welten kleidet sich der schwarze Magier Chavajoth in eine rote Tunika mit rotem Turban.

Aus einer dunklen Höhle verbreitet dieser Dämon die Mysterien der schwarzen Sexualmagie. In Europa hat er viele Anhänger.

Jehova lebt normalerweise in Eden. Eden ist die ätherische Welt. Jeder, der nach Eden zurückkehrt, wird durch Jehova empfangen. Das Tor zum Garten Eden ist die Sexualität.

In der Astralwelt gibt es Tempel des Lichtes und der Finsternis und wo das Licht heller leuchtet, verdichtet sich auch die Finsternis.

In Katalonien, Spanien gibt es einen prachtvollen Tempel im Jinas-Zustand. Das ist der Tempel von Montserrat. In diesem Tempel wird der Heilige Gral verwahrt; das ist der silberne Kelch, aus dem Jesus der Christus beim letzten Abendmahl den Wein zu sich nahm. In dem Heiligen Gral befindet sich das geronnene Blut des Erlösers der Welt. Nach der Legende fing der römische Senator Josef von Arimathäa in diesem Kelch das königliche Blut auf, zu Füßen des Kreuzes des Erlösers. Das Blut strömte aus den Wunden Christi und der Kelch füllte sich.

Im Tempel von Montserrat lebt eine Gruppe von Meistern der großen Weißen Loge. Dies sind die Ritter des Heiligen Grals.

In früheren Zeiten waren der Tempel von Montserrat und der Heilige Gral für die ganze Welt sichtbar. Später wurde dieser Tempel mit seinem Heiligen Gral unsichtbar. Der Tempel existiert im Jinas-Zustand. Der Tempel tauchte mit dem Heiligen Gral in den Hyperraum ein. Wir können ihn nur im Astralkörper oder mit dem physischen Körper im Jinas-Zustand besuchen.

Der physische Körper kann aus der dreidimensionalen Welt in die vierte Dimension versetzt werden. Durch weise Nutzung des Hyperraumes wird dies möglich. Bald wird die Astrophysik die Existenz des Hyperraumes nachweisen. Die eingeborenen Stämme Amerikas kannten die Wissenschaft des Jinas sehr genau. Die Ritter des Tigers in Mexiko konnten ihren physischen Körper in den Hyperraum versetzen. In Amerika gibt es zahlreiche Lagunen, Tempel und Berge im Jinas-Zustand. Der Tempel von Chapultepec in Mexiko befindet sich im Jinas-Zustand (er befindet sich im Hyperraum). Meister Huiracocha empfing seine Einweihung in diesem Tempel.

Jedem Tempel des Lichtes steht ein Tempel der Finsternis gegenüber. Wo das Licht am hellsten strahlt, dort verändert die Finsternis durch den Gegensatz ihre Erscheinung und wird dichter.

Die Ritter des weißen Grals müssen daher unweigerlich gegen die Ritter des schwarzen Grals kämpfen. Der Salon der Hexenkünste befindet sich in Salamanca, Spanien und ist der verhängnisvolle Gegenpol des Tempels von Montserrat.

Studieren wir diese eigenartige Analogie der Gegensätze. Der Tempel des weißen Grals ist ein prachtvolles Kloster des großen Lichtes. Der Tempel von Salamanca ist ein prächtiges Kloster der Finsternis.

Das Kloster von Montserrat hat zwei Stockwerke. Der Salon der Hexenkünste verfügt auch über zwei Stockwerke. Der Tempel von Montserrat wird von wunderschönen, duftenden Gärten umgeben.

Der Salon der Hexenkünste wird gleichfalls von romantischen Gärten umschlossen, in denen jede Blume einen tödlichen Duft verströmt. Beide Gebäude sind prachtvoll. In beiden Bauwerken spricht man nur das Beste über Wahrheit und Gerechtigkeit. In beiden

Tempeln herrschen Ordnung und Bildung. In beiden Tempeln wird von Heiligkeit und Liebe gesprochen. Dies wird den Leser erstaunen und er wird sich fragen: Wie ist es möglich, dass in den Tempeln des Bösen über Heiligkeit und Liebe gesprochen wird? Lieber Leser, lass dich bitte dadurch nicht beirren. Bruder bedenke, dass die Ritter des schwarzen Grals Wölfe im Schafspelz sind. Den Adepten der linken Hand gefällt es, den christonischen Samen zu ejakulieren, denn sie sind schwarze Magier. Ihre Philosophie ist die Philosophie des Unheils. Für sie ist alles Gute schlecht.

Alles Schlechte ist für sie gut. Für sie ist die Doktrin Jahves göttlich. Die Lehre Christi ist für sie diabolisch. Die Herren der Finsternis verabscheuen den Christus. Die Söhne des Abgrundes verabscheuen die göttliche Mutter. In ihren Regionen greifen sie jeden gewaltsam an, der die göttliche Mutter oder ihren geliebten Sohn anruft.

Wenn der Erforscher des Okkultismus in seinem Astralkörper in den Salon der Hexenkünste eintritt, entdeckt er einige wunderschöne, elegante Wendeltreppen, die ihn zum geheimsten Ort des Bereiches führen. Es handelt sich dabei um einen äußerst eleganten Salon, ausgestattet mit dem unglaublichsten Luxus der Herrensitze des 18. Jahrhunderts. Dort strahlen die Spiegel wie aus 1001 Nacht, die verzauberten Teppiche und die ganze bösartige Schönheit von Nahemach. Der Herr dieses Schlosses des Unheils ist Don Ramon Rubifero, Ritter des schwarzen Grals und entsetzlicher Dämon der Finsternis.

Wehe den Schülern, die den Salon der Hexenkünste besuchen. Die unheilvolle Schönheit Nahemachs verführt sie mit all der köstlichen Magie ihres Zaubers. Sie verfallen dem Abgrund, wo es nur Heulen und Zähneknirschen gibt. Sie wären besser nicht geboren oder bänden sich einen Mühlstein um den Hals, um sich damit im Meer zu ertränken.

Im Tempel von Montserrat erstrahlt das Licht der Herrlichkeit des silbernen Kelches mit dem Blut des Erlösers der Welt. Im Tempel von Salamanca strahlt die Finsternis des schwarzen Grals. Im Tempel von Montserrat werden kosmische Feste gefeiert. Im Tempel von Salamanca feiert man profane Bälle mit abscheulichen Hexensabbaten. Die Ritter des Heiligen Grals beten zu Christus und zur göttlichen

Mutter. Die Ritter des schwarzen Grals beten zu Jahve und dem unheilvollen Schatten der großen Mutter der Natur. Dieser Schatten heißt Santamaria. Das Reich der Santamaria ist der Abgrund. Der große Kampf zwischen den Kräften des Lichtes und der Finsternis ist so alt wie die Ewigkeit.

Der Kern des großen Kampfes ist die Sexualität. Die weißen Magier wünschen das Aufsteigen der Schlange.

Die schwarzen Magier wollen den Abstieg der Schlange. Die weißen Magier folgen dem Pfad der Perfekten Ehe.

Die schwarzen Magier gehen den Weg der Unkeuschheit und der Unzucht.

Es gibt Meister der großen weißen Loge.

Es gibt Meister der großen schwarzen Loge. Es gibt Schüler der großen weißen Loge.

Es gibt Schüler der großen schwarzen Loge.

Die Schüler der großen weißen Loge können mit ihrem Astralkörper bewusst und positiv reisen. Auch die Schüler der großen schwarzen Loge beherrschen Astralreisen.

Wir alle haben in unserer Kindheit Märchen über Hexen und Feen gehört. Oft erzählten uns unsere Großmütter Geschichten von Hexen, die zu mitternächtlicher Stunde auf ihren Besen durch die Lüfte reiten. Es mag vielen Studenten des Okkultismus, der Theosophie, der Rosenkreuzer unglaublich erscheinen, aber diese Hexen gibt es wirklich. Freilich reiten sie nicht auf ihren Besen, wie unsere Großmütter erzählten, aber sie reisen durch die Lüfte. Diese sogenannten Hexen können mit ihrem Körper aus Fleisch und Blut durch den Raum fliegen. Sie sind imstande, sich des Hyperraumes zu bedienen, um sich physisch von einem Ort zum anderen zu transportieren. Bald wird die Astrophysik die Existenz des Hyperraumes entdecken. Er kann auch durch die Hypergeometrie nachgewiesen werden. Wenn ein Körper in den Hyperraum eintaucht, dann sagt man, er sei in den Jinas-Zustand eingetreten. Jeder Körper im Jinas-Zustand überwindet das Gesetz der Schwerkraft.

Dann schwebt er im Hyperraum.

Es gibt Volumen und Hypervolumen. Besagte Hexen bewegen sich innerhalb des Hypervolumens des gekrümmten Raumes, in dem wir leben. Die Krümmung des Raumes gehört nicht nur dem Planeten Erde an.

Die Krümmung des Raumes entspricht auch dem unendlichen, gestirnten Universum. Wenn Zyklone an sich einen Beweis der Rotationsbewegung der Erde darstellen, ist es nur klar und logisch exakt, dass die Rotation aller Sonnen, Konstellationen und Welten ein konkreter Beweis für die Krümmung des Raumes ist.

Die weißen Magier sind natürlich auch imstande, ihren Körper in den Jinas-Zustand zu versetzen. Jesus wandelte auf dem Wasser des Sees Genezareth, wobei er sich den Hyperraum zunutze machte.

Die Schüler Buddhas konnten unter Ausnutzung des Hyperraumes einen Felsen von einer Seite zur anderen durchdringen. In Indien gibt es Yogis, die mithilfe des Hyperraumes ohne sich zu verbrennen durchs Feuer gehen. Petrus konnte durch Ausnutzung des Hyperraumes aus dem Gefängnis fliehen und rettete sich so vor der Todesstrafe.

Der große Yogi Patañjali sagt in seinen Aphorismen, dass durch Üben des Samyasi mit dem physischen Körper, dieser leicht wie Watte wird und in den Lüften schwebt.

Ein Samyasi besteht aus drei Stufen. Konzentration, Meditation und Ekstase. Der Yogi konzentriert sich als Erstes auf seinen physischen Körper, als Zweites meditiert er über denselben, um schläfrig zu werden, drittens erhebt er sich von seinem Lager mit seinem Körper im Jinas-Zustand. So dringt er in den Hyperraum ein, entkommt dem Gesetz der Schwerkraft und schwebt in den Lüften.

Die Anhänger der Santamaria (Hexen und Hexer) vollbringen das gleiche mit den Übungen der schwarzen Magie.

Die weißen Magier dringen mit ihrem physischen Körper im Jinas-Zustand in eine höhere Dimension ein.

Die schwarzen Magier dringen im Jinas-Zustand mit ihrem physischen Körper in eine niedere Dimension ein.

In der gesamten Natur gibt es eine Subtraktion und eine Addition der Dimensionen, die immer unendlich ist. Wir verlassen eine Dimension, um in eine höhere oder eine niedrigere einzudringen. Das ist das Gesetz.

Das Reich der Santamaria ist der Abgrund der Gescheiterten. Das Reich des Lichtes ist die Region der Götter.

Im Reiche des Lichtes können nur jene leben, die die höchste Keuschheit erreichten. Im Abgrund ist Keuschheit ein Delikt und Unzucht wird zum Gesetz.

Wer den eleganten Salon von Jahve-Semo erblickt, wird von dem dort herrschenden Luxus und der Ausgelassenheit geblendet. Man findet dort Tausende Schwarzmagierinnen von schrecklicher, bösartiger Schönheit. Die unerfahrene Seele, die in solche Regionen des Übels eindringt, kann leicht auf Abwege geraten, den falschen Weg gehen und für immer dem Abgrund verfallen. Die unheilvolle Schönheit von Nahemah ist sehr gefährlich.

In den Tempeln des Lichtes sehen wir nur Liebe und Weisheit. Dort können die Kräfte der Finsternis nicht eindringen, da diese an eine niedrigere Dimension gebunden sind.

Die Schönheit Nahemahs ist das Unheil. Die Liebenden, die sich ewige Treue schworen, hätten glücklich sein können; unglücklicherweise durch Nahemahs Schönheit bezaubert, begehrten sie die Frau eines anderen und stürzen in den Abgrund der Verzweiflung. Im Salon von Jahve-Semo strahlt verhängnisvoll Nahemahs Schönheit.

Die schwarzen Magier haben ein heiliges Symbol. Dieses Symbol ist die Kupferschale. Die weißen Magier haben als Symbol das heilige Kreuz. Das Kreuz ist ein phallisches Symbol. Das Einführen des vertikalen Phallus in den Uterus bildet ein Kreuz.

Das Kreuz besitzt die Macht, zu erschaffen. Es gibt keine Schöpfung ohne das Zeichen des heiligen Kreuzes. Die Tiere kreuzen sich, die Atome und Moleküle kreuzen sich, um den Kreislauf des Lebens ewig weiterzuführen.

Die gesegneten Rosen der Spiritualität blühen auf dem Kreuz der Perfekten Ehe. Die Perfekte Ehe ist die Verbindung zweier Wesen – eines, das mehr und eines, das besser liebt. Die Liebe ist die höchste Religion, die für ein menschliches Wesen erreichbar ist.

Die schwarzen Magier hassen die Perfekte Ehe. Die fatale Schönheit Nahemahs und die sexuellen Verbrechen Liliths sind die verhängnisvollen Antithesen der Perfekten Ehe.

Der weiße Magier betet den inneren Christus an. Der schwarze Magier betet zu Satan. Satan ist das *Ich*, das *Ich-Selbst*, das reinkarnierende Ego. Das *Ich* ist der Hüter der Schwelle. Dieser reinkarniert sich unaufhörlich, um seine Begierden zu befriedigen. Das *Ich* ist Erinnerungsvermögen. Im *Ich* sind alle Erinnerungen an unsere früheren Persönlichkeiten gespeichert. Das *Ich* ist Ahriman, Luzifer, Satan.

Unser wahres Sein ist der innere Christus. Unser wahres Sein ist die universelle Natur. Unser wahres Sein ist keinerlei höheres oder niederes *Ich*. Unser wahres Sein ist unpersönlich, universal, göttlich; es transzendiert jedes Konzept eines *Ichs*, *Mich-Selbst, Ego,* usw.

Der schwarze Magier stärkt seinen Satan und auf diesem basiert seine verhängnisvolle Macht. Die Form und die Größe Satans resultiert aus dem Grad der menschlichen Bösartigkeit. Wenn wir uns auf den Pfad der Perfekten Ehe begeben, verliert Satan seine Größe und seine Hässlichkeit. Wir müssen den Satan auflösen. Dies ist nur durch die Perfekte Ehe möglich.

Wir müssen uns in den Zustand eines Engels erheben. Dies ist nur durch die Sexualmagie mit der Ehefrau und Priesterin möglich. Die Engel sind vollkommene Menschen.

Es gibt zwei Arten der Sexualmagie: die weiße und die schwarze; die positive und die negative. Sexualmagie mit Samenausstoß ist schwarze Magie. Sexualmagie ohne Samenausstoß ist weiße Magie.

Die Bonzen und die Dugpas der Rotmützen stoßen den Samen aus und entnehmen ihn wieder aus der Vagina. Dieser mit der Sexualflüssigkeit der Frau vermischte Samen wird mittels schwarzmagischer Verfahren durch die Harnröhre wieder eingesogen.

Das fatale Resultat dieses schwarzen Tantrismus ist das negative Erwachen der Schlangenkraft. Statt durch den Rückenmarkskanal nach oben zu steigen, fällt die Schlangenkraft nach unten in die atomare Hölle des Menschen. Das ist der entsetzliche Schwanz Satans. Durch dieses Verfahren trennen sich die Bonzen und Dugpas auf ewig von ihrem inneren Christus und versinken für immer in den furchtbaren Abgrund.

Kein weißer Magier ejakuliert den Samen. Der weiße Magier geht den Weg der Perfekten Ehe.

Die Bonzen und Dugpas der Rotmützen wollen mit diesem fatalen Verfahren die solaren und lunaren Atome vereinen, um Kundalini zu erwecken. Das Ergebnis ihrer Unwissenheit ist die ewige Trennung von ihrem inneren Gott.

Die weißen Magier mischen die solaren und lunaren Atome in ihrem eigenen Sexuallabor. Dazu bedarf es der Perfekten Ehe. Gesegnet sei die Frau. Gesegnet sei die Liebe.

Der große Kampf zwischen den weißen und schwarzen Magiern hat seine Wurzel in der Sexualität. Die Schlange der Versuchung des Gartens Eden und die bronzene Schlange, die die Israeliten in der Wüste heilte, bekämpfen sich gegenseitig. Wenn die Schlange aufsteigt, verwandeln wir uns zu Engeln; wenn sie fällt, werden wir zu Dämonen.

Während der Sexualmagie verstärken sich die drei Atem des reinen Akasha, die durch die Schnur Brahmas nach unten steigen. Wenn der Magier den Samen ausstößt, verliert er Milliarden solarer Atome, die von der gleichen Anzahl diabolischer Atome ersetzt werden, welche durch die peristaltische Bewegung der Sexualorgane nach dem Samenausstoß absorbiert werden. Die satanischen Atome versuchen, durch die Schnur Brahmas bis zum Gehirn aufzusteigen, aber die drei Atem des reinen Akasha stürzen sie in den Abgrund. Wenn sie auf den schwarzen atomaren Gott treffen, der seinen Sitz im Steißbein hat, wird die Schlange erweckt und sie bewegt sich nach unten, um im Astralkörper den Schwanz des Teufels zu bilden.

Die Engel sind perfekte Menschen. Um sich in den Zustand eines Engels zu erheben, bedarf es der Perfekten Ehe. Dämonen sind bösartige Menschen.

Es gibt zwei Arten der Sexualmagie, die weiße und die schwarze. Wer die weiße Sexualmagie praktiziert, verliert niemals im Leben den Samen. Wer die schwarze Sexualmagie praktiziert, ejakuliert den Samen.

Die Bonzen und die Dugpas der schwarzen Loge von Tibet verlieren den Samen. Diese schwarzen Magier stoßen den Samen aus und ziehen ihn anschließend mittels eines speziellen Instrumentes aus der weiblichen Vulva. Dann reabsorbieren sie ihn durch die Harnröhre mithilfe einer schwarzmagischen Vorgangsweise, einer Art Vajroli Mudra, die wir aber hier nicht bekannt geben, um das verhängnisvolle Wissen der Finsternis nicht zu verbreiten.

Die Magier des Schattens glauben, auf diese Weise die solaren und lunaren Atome zu vermischen, um so Kundalini zu erwecken. Als Resultat steigen die Feuer der Wirbelsäule nicht durch den Rückenmarkskanal nach oben, sondern nach unten in die atomare Hölle des Menschen und werden so zum Schwanz Satans.

Die weißen Magier mischen die solaren und lunaren Atome in ihrem eigenen Sexuallabor, ohne das Verbrechen zu begehen, die Samenflüssigkeit zu verlieren. So wird Kundalini positiv erweckt und steigt sieghaft durch den Rückenmarkskanal auf. Dies ist der Weg der Engel.

Der weiße Magier sehnt sich nach dem engelsgleichen Zustand. Die Herren der finsteren Seite wollen den Zustand der Anagarikas erreichen. Die Seelen, die dem Weg der Perfekten Ehe folgen, vereinen sich mit ihrem inneren Gott und erheben sich in das Reich des Übermenschen. Seelen, die den Weg der Perfekten Ehe hassen, trennen sich von ihrem inneren Gott und tauchen ein in den Abgrund. Der weißer Magier lässt seine Sexualenergie durch die sympathischen Stränge der Wirbelsäule aufsteigen. Diese beiden Stränge winden sich in der Wirbelsäule und bilden die heilige Acht. Sie sind die beiden Zeugen der Offenbahrung.

„Fülle, oh Bruder, deinen Kelch mit dem heiligen Wein des Lichtes."

Erinnert euch, dass der Kelch das Gehirn ist. Du brauchst die Sicht des Adlers und die feurigen Flügel. Die Mächte der Finsternis kämpfen darum, dich vom wahren Weg abzubringen. Wisse, dass die drei größten Gefahren, die auf den Suchenden lauern, die Medien des Spiritismus, die falschen Propheten und Prophetinnen und die sexuellen Versuchungen sind.

Es ist der Weg auf des Messers Schneide; ein Weg voll von inneren und äußeren Gefahren. Lebet achtsam und seid wachsam wie der Wächter zu Kriegszeiten. Lasst euch nicht durch jene überzeugen, die die Sexualität als rein animalische Funktion ohne spirituelle Transzendenz betrachten. Normalerweise hassen die falschen Propheten die Sexualität und stellen immer wieder neue Doktrinen auf, die die Schwachen erstaunen und sie, nachdem sie sie fasziniert haben, in den Abgrund führen.

Lasst euch nicht durch die falschen Worte der Finsteren verwirren; denkt daran, dass die spiritistischen Medien üblicherweise den schwarzen Wesenheiten als Vehikel dienen. Sie täuschen Heiligkeit vor und geben Ratschläge gegen den Weg der Perfekten Ehe. Meistens behaupten sie, Jesus Christus, Buddha, usw., usw. zu sein, um so die Naiven zu täuschen.

Hütet euch vor den Versuchungen, die auf euch lauern. Seid klug und wachsam. Denkt daran, dass in der Sexualität der große Kampf zwischen den Mächten des Lichtes und der Dunkelheit stattfindet.

Jeder, der den Weg der Perfekten Ehe einschlägt, hüte sich nach besten Kräften vor diesen drei großen Gefahren. Die Mächte der Finsternis kämpfen unermüdlich, um dich vom Weg der Perfekten Ehe abzubringen.

Lasst euch nicht von den erhabenen Theorien verführen, die zum Ausstoß des Samens raten, denn sie gehören der schwarzen Magie an. Der König der diabolischen Atome lauert im Steißbein auf eine Gelegenheit, die Schlangenkraft negativ zu erwecken und sie nach unten zu leiten. Mit dem Verlust des Samens empfängt der schwarze atomare Gott einen enormen elektrischen Impuls, der ausreicht, um die Schlangenkraft zu erwecken und sie in die atomare Hölle des Menschen zu leiten. So wird der Mensch zum Dämon. So verfällt er dem Abgrund.

4. Der Abgrund

Nach der kabbalistischen Überlieferung hatte Adam zwei Ehefrauen – Lilith und Nahemah. Lilith ist die Mutter der Abtreibung, der Homosexualität und ganz allgemein die Mutter jeglicher Art von Verbrechen wider die Natur. Nahemah ist die Mutter der bösartigen Schönheit, der Leidenschaft und des Ehebruches.

Der Abgrund teilt sich in zwei große Regionen. In die Sphäre von Lilith und in die Sphäre von Nahemach. In diesen beiden großen Bereichen ist die Infrasexualität der souveräne Herrscher.

Die Sphäre Liliths

In der infrasexuellen Sphäre von Lilith leben jene, die die Sexualität verabscheuen, Mönche, Einsiedler, Prediger pseudo-esoterischer Sekten, Pseudo-Yogis, die die Sexualität hassen, Nonnen, usw. Diese infrasexuellen Leute haben im allgemeinen schon wegen ihrer Infrasexualität eine Affinität zum eigenen Geschlecht. So ist es nicht verwunderlich, in vielen Klöstern, Religionen, Sekten und pseudo-esoterischen Schulen die Homosexualität zu finden.

Die Infrasexuellen fühlen sich Menschen mit normaler Sexualität weit überlegen. Sie blicken voll Verachtung auf die Personen mit normaler Sexualität und betrachten sie als niedriger. Alle Tabus, Beschränkungen und Vorurteile, die das Leben sexuell normaler Menschen bestimmen, wurden gänzlich durch die Infrasexuellen festgelegt.

Wir kannten den Fall eines alten Einsiedlers, der bestimmte pseudoesoterische Lehren predigte. Alle verehrten jenen Mann und betrachteten ihn als Heiligen. Anscheinend war er ein Meister und die Menschen beteten ihn an. Eine arme Frau entdeckte schließlich alles, als dieser Meister versuchte, sie zu einer widernatürlichen sexuellen Vereinigung zu überreden, angeblich um sie einzuweihen. Dieser Einsiedler war in Wirklichkeit ein Infrasexueller. Zweifellos hatte er angeblich Keuschheit gelobt.

Jener Mann hasste das Arkanum A.Z.F. (die Sexualmagie) tödlich und hielt es für gefährlich. Er hatte jedoch nichts dagegen, seinen Anhängerinnen extravaginale Sexualpraktiken vorzuschlagen, weil er in Wahrheit ein Infrasexueller war. Wer hätte an diesem Mann gezweifelt? War er doch allem Anschein nach ein Heiliger. So glaubten die Leute ... Seine Anhänger hielten ihn für einen Meister. Er hasste die Sexualität.

Ja, er hasste sie tödlich. Dies ist ganz typisch für degenerierte Infrasexuelle. Am schlimmsten dabei ist, dass sie sich selbst sexuell normalen Menschen überlegen fühlen. Sie halten sich bereits für supratranszendiert und es gelingt ihnen, sexuell normale Menschen zu verführen und zu ihren Anhängern zu machen. Während unserer Mission zur Verbreitung der esoterischen Lehren der Gnosis hatten wir genügend Gelegenheit, infrasexuelle Menschen zu studieren. Wie oft hörten wir sie sagen: „Ihr Gnostiker seid Egoisten, da ihr immer nur an eure Kundalini und an die Sexualmagie denkt. Ihr seid Fanatiker der Sexualität. Sexualmagie ist völlig animalisch. Sexualität ist ordinär; ich bin Spiritualist und lehne alles Materialistische und Ordinäre ab; Sexualität ist schmutzig; es gibt viele Wege zu Gott. Ich lebe nur für Gott und die sexuellen Schweinereien interessieren mich nicht. Ich folge der Keuschheit und verabscheue die Sexualität, usw., usw."

Genau das ist die Sprache der Infrasexuellen. Immer selbstgenügsam; sie sind stets voller Stolz und fühlen sich Menschen mit normaler Sexualität überlegen. Eine infrasexuelle Frau, die ihren Mann hasste, sagte uns: „Sexualmagie würde ich nur mit meinem Guru praktizieren." Dies sagte sie in Gegenwart ihres Ehemannes. Diese Frau hatte mit ihrem Gatten keinerlei sexuellen Kontakt, weil sie die Sexualität hasste; jedoch akzeptierte sie das Praktizieren der Sexualmagie, aber nur mit ihrem Guru. Sie fühlte sich mit ihrem Guru verbunden, weil dieser auch infrasexuell war. Es handelt sich um den gleichen Heiligen, der in diesem Kapitel bereits zitiert wurde und der seine Schülerinnen zu widernatürlichen sexuellen Vereinigungen zu überreden versuchte.

Wir kannten den Fall eines Erzhierofanten, der die Frauen hasste und sich oft dazu äusserte wie zum Beispiel: „Frauen bekommen von mir einen Fußtritt." Er predigte eine bestimmte Lehre und seine

Schüler verehrten ihn wie einen Gott. Er umgab sich ständig mit Jugendlichen, mit denen er seine Zeit verbrachte, bis die Polizei schließlich die Wahrheit entdeckte. Er war ein Homosexueller, ein Verführer Minderjähriger. Dennoch hatte er den Stolz aller Infrasexuellen; den Stolz sich geläutert, transzendiert, göttlich zu fühlen.

Die Sphäre Liliths ist die Sphäre der großen Irrlehren. Diese Menschen haben keine Möglichkeit der Rettung, weil sie den Heiligen Geist hassen. „Alle Arten von Sünden werden vergeben, außer der Sünde gegen den Heiligen Geist".

Die sexuelle Energie ist eine Emanation der göttlichen Mutter. Wer sich von der kosmischen Mutter trennt, wer die göttliche Mutter hasst, wer die Energie der göttlichen Mutter entweiht, wird auf ewig in den Abgrund gestürzt. Dort muss er den zweiten Tod erleiden.

Psychologie der Sphäre Liliths

Die Sphäre Liliths wird durch Grausamkeit charakterisiert. Die Psychologie dieser Sphäre hat verschiedene Aspekte: Mönche und Nonnen, die die Sexualität hassen.

Homosexualität in den Klöstern.

Homosexualität außerhalb des klösterlichen Lebens.

Absichtliche Abtreibungen. Leute, welche die Masturbation lieben.

Kriminelle der Freudenhäuser.

Leute, die Freude haben, andere zu quälen. In dieser Sphäre finden wir die grauenhaftesten Verbrechen, wie den Polizeiarchiven zu entnehmen ist. Furchtbare Blutverbrechen, Verbrechen homosexuellen Ursprungs. Entsetzlichen Sadismus. Homosexualität in den Gefängnissen.

Homosexualität bei Frauen. Krankhafte mentale Verbrecher. Jene, die sich ergötzen, wenn sie geliebte Wesen quälen. Entsetzliche Kindesmorde. Vatermorde, Muttermorde, usw., usw. Pseudo-Okkultisten, die lieber nächtliche Samenergüsse erleiden, als zu heiraten. Leute, die das Arkanum A.Z.F. und die Perfekte Ehe tödlich hassen. Leute, die glauben, durch Hassen der Sexualität zu Gott zu finden.

Einsiedler, die die Sexualität verabscheuen und sie als vulgär und anstößig betrachten.

Die Sphäre Nahemahs

Die Sphäre Nahemahs verführt durch den Zauber ihrer bösartigen Schönheit. In dieser infrasexuellen Sphäre finden wir jeden Don Juan und jede Dona Ines. Die Welt der Prostitution entwickelt sich aus dieser Sphäre. Die Infrasexuellen Nahemachs fühlen sich äußerst männlich. In dieser Sphäre leben jene, die viele Frauen haben. Sie fühlen sich glücklich beim Ehebruch.

Sie glauben, richtige Männer zu sein und ignorieren, dass sie Infrasexuelle sind.

In der Sphäre von Nahemah finden wir auch Millionen von Prostituierten. Diese armen Frauen sind Opfer des verderblichen Zaubers von Nahemah. In dieser Sphäre finden wir aber auch elegante Damen in hohen gesellschaftlichen Positionen. Diese Leute fühlen sich glücklich beim Ehebruch. Dies ist ihre Welt.

In der infrasexuellen Region Nahemahs finden wir auch Sanftmut, die die Seele bewegt. Jungfrauen, die durch den Zauber ihrer Zärtlichkeit verführen. Wunderschöne Frauen, die verführen. Männer, die ihre Heime verlassen, gebannt durch den Zauber dieser holden Schönheiten.

Unbeschreibliche Schwärmerei. Unbezähmbare Leidenschaften, wunderbare Salons, elegante Kabarette, weiche Betten, köstliche Tänze, Orchester des Abgrundes, romantische, unvergessliche Worte, usw., usw.

Die Infrasexuellen von Nahemah akzeptieren zuweilen das Arkanum A.Z.F. (die Sexualmagie), scheitern aber, da sie nicht imstande sind, den Samenausstoß zu verhindern. Fast immer ziehen sie sich von der Perfekten Ehe zurück und erzählen Horrorgeschichten über sie.

Wir hörten sie sagen: „ich habe die Sexualmagie praktiziert und manchmal gelang es mir, den Samen zurückzuhalten. Ich war wie ein Tier, das sich an den köstlichen Leidenschaften des Geschlechtes erfreute.“ Nachdem sie den Pfad auf des Messers Schneide verlassen hatten, der durch die Wirbelsäule symbolisiert wird, suchten sie Zuflucht bei einer verführerischen Lehre Nahemahs. Wenn sie das Glück hatten, nicht in die Sphäre von Lilith zu fallen, fahren sie mit der Ejakulation des Samens fort.

Das ist ihre infrasexuelle Welt.

Psychologie der Sphäre Nahemahs

Die infrasexuellen Bewohner der Sphäre Nahemahs sind äußerst empfindlich. Sie sind es, die Sätze wie diese sagen: „Beleidigung kann nur durch Blut reingewaschen werden.“ „Ich habe getötet aus Mannesehre.“ „Meine Ehre wurde besudelt.“ „Ich bin ein beleidigter Ehemann usw., usw.“

Der Typ von Nahemah ist ein Mann, der sein Leben für eine x-beliebige Dame aufs Spiel setzt.

Er ist der leidenschaftliche Typ, er liebt den Luxus, ist ein Sklave gesellschaftlicher Vorurteile, Freund der Trinkgelage, der Bankette, Feste, der eleganten Mode, usw.

Diese Leute betrachten die Perfekten Ehe als etwas Unmögliches und wenn sie sie akzeptieren, bleiben sie nur kurze Zeit auf diesem Weg, da sie scheitern. Diese Art von Menschen empfindet tierische Lust an der Sexualität. Wenn sie das Arkanum A.Z.F. akzeptieren, dann nur, um ihre Lüsternheit noch mehr zu genießen, und wenn sie eine verführerische Lehre finden, die ihnen Zuflucht gewährt, ziehen sie sich von der Perfekten Ehe zurück.

Die Mystik von Nahemah

Manchmal finden wir auch Mystiker in der infrasexuellen Sphäre Nahemahs. Sie trinken nicht, essen kein Fleisch, rauchen nicht oder sind sehr religiös, auch wenn sie keine Vegetarier sind. Der mystische Typ Nahemahs ist nur im Geheimen leidenschaftlich. Er genießt zügellos die sexuellen Leidenschaften, obwohl er danach ein vernichtendes Urteil über die sexuelle Leidenschaft fällt. Manchmal akzeptiert eine solche Person das Arkanum A.Z.F., zieht sich aber gleich wieder zurück, wenn er eine tröstende Lehre findet, die ihm Sätze predigt wie zum Beispiel: „Gott sagte: seid fruchtbar und mehret euch.“ „Der Sexualakt ist eine rein tierische Funktion und Spiritualität hat damit gar nichts zu tun“, usw., usw. Der Infrasexuelle der Sphäre Nahemahs wird sich dann, wenn er eine Rechtfertigung für die Ejakulation des Samens findet, ganz sicher vom Pfad der Perfekten Ehe zurückziehen.

5. Normale Sexualität

Als sexuell normale Menschen verstehen wir Menschen ohne sexuelle Konflikte. Die sexuelle Energie besteht aus drei Teilen. Erstens: die Energie im Zusammenhang mit der Fortpflanzung und der allgemeinen Gesundheit des physischen Körpers. Zweitens: die Energie im Zusammenhang mit dem Bereich der Gedanken, Gefühle und des Willens. Drittens: die Energie im Zusammenhang mit dem göttlichen Geist im Menschen.

Die sexuelle Energie ist ohne Zweifel die subtilste und stärkste Energie, die normalerweise im menschlichen Organismus erzeugt und geleitet wird. In seiner Gesamtheit einschließlich der drei Bereiche der Gedanken, Gefühle und des Willens ist der Mensch das exakte Resultat der verschiedenen Erscheinungsformen der sexuellen Energie.

Wegen der äußerst feinen und machtvollen Art der sexuellen Energie ist es zweifellos schwierig, sie zu kontrollieren und zu speichern. Außerdem stellt sie eine Quelle immenser Kraft dar, doch kann es zu einer echten Katastrophe kommen, wenn man diese Kraft nicht richtig zu handhaben versteht.

Innerhalb des Organismus gibt es spezielle Kanäle, in denen diese starke Energie normalerweise zirkuliert. Wenn diese Energie in den empfindlichen Mechanismus anderer Funktionen einfließt, entsteht als heftige Reaktion ein Versagen. Viele der äußerst empfindlichen Zentren des menschlichen Organismus können dabei geschädigt werden und das Individuum wandelt sich zu einem Infrasexuellen.

Jede negative geistige Haltung kann direkt oder indirekt zu diesen heftigen und zerstörenden Katastrophen der sexuellen Energie führen. Hass auf das Geschlecht, Geringschätzung der Sexualität, Verachtung derselben, leidenschaftliche Eifersucht, Angst vor der Sexualität, sexueller Zynismus, Sadismus, Obszönitäten, Pornografie, sexuelle Brutalität, usw., verwandeln den Menschen in einen Infrasexuellen.

Die Sexualität ist die schöpferische Funktion, durch die der Mensch ein wahrhafter Gott ist. Normale Sexualität resultiert aus der völligen Harmonie und dem völligen Einklang zwischen den übrigen Funktionen. Die normale Sexualität gibt uns die Macht, gesunde Kinder zu zeugen oder auf dem Gebiet von Kunst und Wissenschaft schöpferisch tätig zu sein. Jede negative geistige Haltung gegenüber der Sexualität bewirkt jedoch ein Einfließen dieser mächtigen Energie in andere Funktionen und verursacht dort furchtbare Katastrophen, deren fatale Folge die Infrasexualität ist.

Jede negative geistige Einstellung überlastet die sexuelle Energie und zwingt sie, durch Kanäle und Systeme zu zirkulieren, die für Energien des Verstandes, des Willens oder andere schwächere Energien vorgesehen sind. Das Ergebnis ist verheerend, denn diese Kanäle und Systeme können die starke Spannung der extrem mächtigen sexuellen Energie nicht aushalten, sie erhitzen sich und verschmelzen wie dünne Kabel, durch die Starkstrom geleitet wird.

Wenn Mann und Frau sich in der Perfekten Ehe sexuell vereinigen, sind sie in diesen Augenblicken höchster Wonne wahrhafte Götter. Mann und Frau in sexueller Vereinigung bilden einen perfekten, göttlichen Androgyn. Einen männlich-weiblichen Elohim. Eine furchtbar göttliche Göttlichkeit. Die beiden seit der Morgenröte des Lebens getrennten Hälften vereinen sich einen Augenblick, um zu erschaffen. Dies ist höchste Wonne … erhaben … das Paradies.

Die sexuelle Energie ist gefährlich flüchtig und hochexplosiv. Während des geheimen Aktes, während der sexuellen Ekstase ist das Paar von dieser äußerst starken, furchtbar göttlichen Energie umgeben. In diesen Augenblicken höchsten Glückes und glühender Zärtlichkeiten, die die Tiefen der Seele entzünden, können wir dieses wundervolle Licht zurückhalten, um uns zu reinigen und uns vollkommen umzuwandeln. Wenn jedoch der Kelch des Hermes verschüttet wird, wenn man den Samen verliert, zieht sich das göttliche Licht zurück und lässt die Türen offen, durch die das blutrote Licht Luzifers eindringen kann. Der Zauber verschwindet und es folgt die Ernüchterung, die Enttäuschung. Nach kurzer Zeit beginnen der Mann und die Frau den Weg des Ehebruches, da sich ihr Heim in eine Hölle verwandelt hat.

Es ist eine charakteristische Eigenschaft der Natur, enorme Reserven an schöpferischer Energie zu mobilisieren, um einen Kosmos zu erschaffen. Aber nur ein winziger Bruchteil dieser enormen Reserven wird für die Verwirklichung dieses Schöpfungsaktes verwendet. Der Mensch verliert bei einer Ejakulation sechs oder sieben Millionen Spermatozoen, obwohl nur ein einziges Spermatozoon für die Zeugung eines Kindes benötigt wird.

In Lemurien ejakulierte niemand den Samen. Die Paare vereinigten sich in den Tempeln, um zu erschaffen. In diesen Augenblicken nutzten die lunaren Hierarchien zur Erschaffung neuen Lebens ein Spermatozoon und ein Ei, ohne dass es notwendig gewesen wäre, bis zum Orgasmus zu gelangen und den Samen auszustoßen. Niemand verschüttete den Samen. Der Sexualakt war ein Sakrament, er wurde nur im Tempel praktiziert. Zu jenen Zeiten gebaren die Frauen ihre Kinder ohne Schmerz, und sieghaft stieg die Schlange durch den Kanal der Wirbelsäule nach oben. Damals befand sich der Mensch noch im Garten Eden, die gesamte Natur gehorchte ihm und Schmerz oder Sünde waren unbekannt. Es waren die dunklen Kräfte Luzifers, die den Menschen das Ausstoßen des Samens lehrten. Die Erbsünde unserer Urväter war das Verbrechen des Samenausstoßes. Das ist Unzucht. Als der paradiesische Mensch unkeusch wurde, trat er in das Reich Luzifers ein. Der gegenwärtige Mensch ist luziferisch.

Es ist absurd, sechs oder sieben Millionen Spermatozoen zu verlieren, wenn nur ein einziges davon für die Zeugung notwendig ist. Ein einziges Spermatozoon schlüpft leicht aus den Sexualdrüsen, ohne dass es notwendig ist, den gesamten Samen auszustoßen. Wenn der Mensch zum Ausgangspunkt zurückkehrt, wenn er das sexuelle System von Eden wieder einführt, dann steigt die heilige Schlange Kundalini wieder siegreich auf, um uns in Götter zu verwandeln. Das sexuelle System von Eden ist normale Sexualität. Das Sexualsystem des luziferischen Menschen ist absolut anormal.

Unzucht begeht man nicht nur im Physischen; Unzucht gibt es auch in der Mental- und Astralwelt. Menschen, die Gespräche über lüsterne Themen führen; diejenigen, die pornografische Zeitschriften lesen; diejenige, die Kinos besuchen, in denen erotische Filme gezeigt werden, verbrauchen große Reserven an sexueller Energie. Diese armen Menschen benützen dieses so überaus feine sexuelle Material zur billigen Befriedigung ihrer brutalen mentalen Leidenschaften.

Die sexuelle Fantasie führt zur psychosexuellen Impotenz. Diese zweifellos Kranken haben zwar eine normale Erektion, sie sind allem Anschein nach normale Menschen, doch im Augenblick der Verbindung des Phallus mit der Vulva fällt die Erektion in sich zusammen und führt beim Mann zu einem Zustand größter Verzweiflung. Diese Menschen lebten in einer sexuellen Fantasiewelt, und wenn sie plötzlich mit der sexuellen Wirklichkeit konfrontiert werden, die ihrer Fantasie nicht entspricht, dann sind sie verwirrt und sind nicht in der Lage, die reale Situation zu meistern.

Der Sexualsinn ist äußerst subtil und dank seiner überaus feinen und unvergleichlichen Energie extrem schnell. Der molekulare Bereich, in dem der Sexualsinn agiert, ist millionenfach schneller als die Geschwindigkeit der Gedankenwellen. Der logische Verstand und die Fantasie sind für den Sexualsinn wie Stolpersteine. Wenn der logische Verstand mit all seinen Schlussfolgerungen oder die sexuelle Fantasie mit all ihren erotischen Illusionen den Sexualsinn kontrollieren oder innerhalb der Illusionen lenken will, so wird er unweigerlich zerstört. Der logische Verstand und die sexuelle Fantasie zerstören den Sexualsinn, wenn sie versuchen, diesen in ihren Dienst zu stellen. Die psychosexuelle Impotenz ist die größte Tragödie, die fanatische Männer und Frauen oder reine Vernunftmenschen treffen kann.

Der Versuch vieler Mönche, Nonnen, Einsiedler, Pseudo-Yogis usw., die Sexualität mit ihrem religiösen Fanatismus einzukapseln, sie in den Kerker ihrer Bußübungen einzusperren, sie zu knebeln, zu sterilisieren, ihr jede schöpferische Manifestation zu verbieten, usw. verwandelt den Fanatiker in einen Sklaven seiner eigenen Leidenschaften, in einen Sklaven der Sexualität, der nicht mehr in der Lage ist, an etwas anderes zu denken. Dies sind die sexuellen Fanatiker.

Die Degenerierten der Infrasexualität. Diese Menschen verlieren Nacht für Nacht ihre Samenflüssigkeit und geben sich homosexuellen Lastern oder erbärmlichen Masturbationen hin. Die Sexualität einzusperren gleicht dem Versuch, die Sonne in eine Flasche einzukapseln. Ein solcher Mensch wird zum erbärmlichen Sklaven der Sexualität, ohne aus ihr wirklichen Nutzen oder wahrhafte Freude zu ziehen. Ein solcher Mensch ist ein unglücklicher Sünder. Eine derartige Frau ist steril, eine elende Sklavin der Kraft, die sie zu unterwerfen versucht (die Sexualität). Die Feinde des Heiligen Geistes sind Menschen des Abgrundes. Sie wären besser nie geboren worden oder bänden sich einen Mühlstein um den Hals, um sich in die Tiefen des Meeres zu stürzen.

Der Mensch muss lernen, mit der Sexualität zu leben. Es naht das Zeitalter der Sexualität, das neue Wassermannzeitalter. Die Sexualdrüsen werden vom Planeten Uranus gelenkt, und Uranus ist der Regent der Konstellation des Wassermannes. Die sexuelle Alchemie ist daher im wahrsten Sinne des Wortes die Wissenschaft des neuen Wassermannzeitalters. Sexualmagie wird von den Universitäten des neuen Wassermannzeitalters offiziell anerkannt werden. All jene, die sich als Botschafter des neuen Zeitalters ausgeben und dennoch das Arkanum A.Z.F. hassen, zeigen nur allzu deutlich, dass sie in Wirklichkeit Betrüger sind, denn das neue Wassermannzeitalter wird von dem Regenten der Sexualität regiert.

Dieser Regent ist der Planet Uranus.

Die sexuelle Energie ist die feinste Energie im unendlichen Kosmos. Die Sexualenergie kann uns in Engel oder Dämonen verwandeln. Das Bild der Wahrheit ist in der Sexualenergie gespeichert. Das kosmische Modell des Adam Christus ist in der Sexualenergie verwahrt.

Der Menschensohn, der Übermensch wird aus der normalen Sexualität geboren. Der Übermensch kann nie durch die Infrasexuellen geboren werden. Das Reich der Infrasexuellen ist der Abgrund.

Der griechische Dichter Homer sagte: „besser ein Bettler auf der Erde als ein König im Reiche des Schattens“. Dieses Schattenreich ist die finstere Welt der Infrasexuellen.

6. Die Suprasexualität

Die Suprasexualität ist das Ergebnis der sexuellen Transmutation. Christus, Buddha, Dante, Zarathustra, Mohammed, Hermes, Quetzalcoatl und viele andere große Meister waren Suprasexuelle.

Die beiden großen Aspekte der Sexualität sind Zeugung und Regenerierung. Im vorigen Kapitel studierten wir die bewusste Zeugung, in diesem Kapitel wollen wir die Regenerierung näher untersuchen.

Beim Studium des Lebens der Tiere finden wir sehr interessante Dinge. Wenn wir eine Schlange in der Mitte durchschneiden, können wir sicher sein, dass sie über die Kraft verfügt, sich zu regenerieren. Sie kann eine völlig neue Körperhälfte schaffen, die alle Organe der verlorenen Hälfte enthält. Der größte Teil der auf der Erde und im Wasser lebenden Kriechtiere regeneriert sich ständig. Die Eidechse kann einen neuen Schwanz bilden und der menschliche Organismus eine neue Haut. Die Kraft der Regenerierung ist absolut sexuell.

Der Mensch hat die Kraft, sich selbst zu regenerieren. Der Mensch kann in seinem Innern den Übermenschen erschaffen. Dies ist durch die weise Verwendung der Sexualkraft möglich. Wir können uns neu erschaffen als echte Übermenschen. Dies ist nur durch die sexuelle Transmutation möglich. Der grundlegende Schlüssel für die sexuelle Transmutation ist das Arkanum A.Z.F. (die Sexualmagie).

In der Verbindung des Phallus mit dem Uterus liegt der Schlüssel aller Kräfte. Der wesentliche Punkt ist, dass das Paar lernt, sich beim Sexualakt vor dem Orgasmus zurückzuziehen, das heißt vor dem Austritt der Samenflüssigkeit. Der Samen darf weder außerhalb noch innerhalb des Uterus ausgestoßen werden, weder seitlich noch irgendwo anders. Wir sprechen dies mit aller Klarheit aus, damit die Menschen es auch verstehen, obwohl uns manche infrasexuellen Puritaner beschuldigen, pornografische Lehren zu verbreiten.

Das menschliche Leben an sich hat keine Bedeutung. Man wird geboren, wächst heran, arbeitet schwer, um zu leben, pflanzt sich fort wie ein Tier und stirbt schließlich. Eine Kette von Qualen, die der

Mensch in seiner Seele trägt. Wenn das das Leben ist, lohnt es sich nicht zu leben. Zum Glück findet sich in unseren sexuellen Drüsen der Samen, der Kern. Aus diesem Samen, aus diesem Keim kann der Übermensch entstehen. Der Adam Christus. Das goldene Kind der sexuellen Alchemie. Dafür lohnt es sich, zu leben. Der Weg ist die sexuelle Transmutation. Das ist die Wissenschaft des Uranus. Dies ist der Planet, der die Keimdrüsen oder die Sexualdrüsen kontrolliert. Uranus ist der herrschende Planet der Konstellation des Wassermannes.

Uranus hat einen sexuellen Zyklus von vierundachtzig Jahren. Uranus ist der einzige Planet, der seine Pole zur Sonne richtet. Die beiden Pole des Uranus entsprechen den beiden Aspekten männlich-weiblich. Diese beiden Phasen wechseln sich in zwei Perioden zu je zweiundvierzig Jahren ab. Diese abwechselnde Anregung der beiden Pole des Uranus beherrscht die gesamte Sexualgeschichte der menschlichen Evolution. Epochen, in denen Frauen sich entblößen, um ihre Körper zu zeigen, wechseln mit Epochen, in denen sich Männer extrem modisch anziehen. Epochen der Vorherrschaft der Frauen wechseln ab mit Epochen unerschrockener Ritter. Das ist die Geschichte der Jahrhunderte.

Wenn der Mensch ein mittleres Alter erreicht, wird er durch einen antithetischen Zyklus stimuliert, der dem entgegengesetzt ist, der seine Kindheit und Jugend beherrschte. Dann erst sind wir wirklich reife Menschen. Wir fühlen uns vom anderen Geschlecht sexuell angezogen. Das mittlere Alter ist für die Arbeit der sexuellen Regenerierung wunderbar. Mit vierzig Jahren sind die sexuellen Gefühle reicher und reifer als mit dreißig.

Der Übermensch ist nicht das Ergebnis der Evolution. Der Übermensch wird aus dem Samen geboren. Der Übermensch ist das Ergebnis einer gewaltigen Revolution des Bewusstseins. Der Übermensch ist der Menschensohn, von dem der Christus sprach. Der Übermensch ist Adam Christus.

Evolution bedeutet, dass nichts stillsteht, alles lebt innerhalb der Konzepte der Zeit, des Raumes und der Bewegung. Die Natur enthält in sich alle Möglichkeiten. Nichts gelangt durch Evolution zur Vollkommenheit. Einige werden besser, aber die große Mehrheit wird schrecklich bösartig. Dies ist die Evolution. Der Mensch der Unschuld, der paradiesische Mensch, der vor einigen Jahrmillionen lebte, ist heute, nach einer derart langen Zeit der Evolution, der Mensch der Atombombe, der Mensch der Wasserstoffbombe, das korrumpierte Wesen der Sünde und des Verbrechens. Die Evolution ist ein Prozess der Komplizierung der Energie. Wir müssen zum Ausgangspunkt (der Sexualität) zurückkehren und uns regenerieren. Der Mensch ist ein lebendiger Samen. Der Samen, das Korn, muss sich anstrengen, damit der Übermensch keimt. Das ist keine Evolution. Das ist eine großartige Revolution des Bewusstseins. Mit vollem Recht sagte der Christus: „und wie Mose in der Wüste die Schlange erhöht hat, so muss der Menschensohn erhöht werden." Der Menschensohn ist der Adam Christus, der Übermensch.

Durch die sexuelle Transmutation können wir uns vollkommen regenerieren. Dem Zeitraum der sexuellen Ekstase geht immer der Zeitraum des sexuellen Genusses voraus. Die gleiche Energie, die den sexuellen Genuss erzeugt, erzeugt auch die Ekstase, wenn sie transmutiert wird.

Die Lampe des Eremiten des Arkanums neun, die normalerweise in den tiefen Höhlen der Sexualorgane eingeschlossen ist, muss in den Turm des Tempels gestellt werden. Dieser Turm ist das Gehirn. So werden wir erleuchtet. Dies ist der wirklich positive Weg, der uns in Meister des Samadhi (der Ekstase) verwandelt.

Jede wahre Technik der inneren Meditation ist innig mit der sexuellen Transmutation verknüpft. Wir müssen die Lampe sehr hoch halten, damit sie uns erleuchten kann.

Nach seiner erfolgten Krönung zieht sich der Lehrling der Alchemie allmählich von der Ausübung des Sexualaktes zurück. Das geheime Konnubium erfolgt in immer größeren Abständen gemäß bestimmter kosmischer Rhythmen, die durch den östlichen Gongschlag ausgedrückt werden.

So werden die sexuellen Energien sublimiert, bis sie schließlich völlig transmutiert werden und so die ununterbrochene Ekstase erreicht wird.

Der Lehrling der Alchemie, der bereits in früheren Inkarnationen im Magisterium des Feuers gearbeitet hat, vollbringt diese Arbeit im Laboratorium der Sexualität in relativ kurzer Zeit. Jene, die zum ersten Mal am großen Werk tätig sind, benötigen mindestens zwanzig Jahre intensiver Arbeit und weitere zwanzig Jahre, um sich allmählich von der Arbeit in diesem Laboratorium zurückzuziehen. Es bedarf also einer Gesamtzeit von ca. vierzig Jahren, um das Werk zu vollenden. Wenn der Alchemist den Kelch des Hermes verschüttet, erlischt das Feuer im Herd des Laboratoriums und die Arbeit ist verloren.

Der Zeitraum der mystischen Ekstase beginnt dort, wo der Zeitraum des sexuellen Genusses endet. Jeden, der die venusische Einweihung erreicht, erwartet anschließend eine äußerst schwierige Arbeit. Die Arbeit besteht in der Transformation der sexuellen Energien. Genauso wie man Pflanzen umsetzt und einen Blumenstock von einem Topf in einen anderen umpflanzt, genau so muss auch die sexuelle Energie umgesetzt werden. Man muss sie dem irdischen Menschen entnehmen und in den Adam Christus einpflanzen. In der Alchemie sagt man, das philosophische Ei muss von der abstoßenden Fäulnis der Materie befreit werden, um es endgültig dem Menschensohn zu übergeben.

Das Ergebnis dieser Arbeit ist überraschend und wunderbar. Dies ist genau der Moment, in dem der Christus Adam sein menschliches Bewusstsein verschlingen kann. Vor diesem Moment muss das Bewusstsein des Adams der Sünde gestorben sein. Nur der innere Gott kann die Seele verschlingen. Wenn er auf diesen Höhen anlangt, hat sich der Meister absolut verwirklicht. Von diesem Augenblick an haben wir den Zustand der dauernden Ekstase, der höchsten Erleuchtung der großen Hierophanten, erreicht.

Die Geburt des Übermenschen ist ein vollkommen sexuelles Problem. Wir müssen neu geboren werden, um in das Himmelreich zu gelangen. Der Übermensch ist vom Menschen so verschieden wie der Blitz von der dunklen Wolke. Der Blitz fährt aus der Wolke, aber er ist nicht die Wolke selbst. Der Blitz ist der Übermensch; die Wolke ist der Mensch. Die sexuelle Regeneration aktiviert Kräfte, die wir in Eden einst besaßen. Wir verloren diese Kräfte, als wir der animalischen Zeugung verfielen. Wir erobern diese Kräfte zurück, wenn wir uns regenerieren. So wie der Wurm seinen Körper regenerieren kann und die Eidechse ihren Schwanz, so können auch wir unsere verlorenen Kräfte zurückgewinnen, um erneut wie Götter zu erstrahlen. Die bereits in den Adam Christus verpflanzten sexuellen Energien erstrahlen im unbefleckten Weiss der Göttlichkeit. Diese Energien erscheinen dann als furchtbare göttliche Strahlen. Die Größe und Majestät des Übermenschen ist gewaltig.

Der Übermensch erstrahlt einen Augenblick in der Nacht der Jahrhunderte und verschwindet dann, er wird unsichtbar für den Menschen. Gewöhnlich können wir Spuren solcher Wesen in einigen geheimen Schulen der Regeneration finden, über die offiziell so gut wie nichts bekannt ist. Nur durch diese geheimen Schulen wissen wir überhaupt etwas von der Existenz dieser erhabenen suprasexuellen Wesen. Die Regenerationsschulen haben Epochen öffentlicher Tätigkeit und Epochen der Arbeit im Geheimen. Der Planet Neptun regiert zyklisch die Aktivität dieser Schulen. Im menschlichen Organismus kontrolliert Neptun die Zirbeldrüse. Nur durch die sexuelle Transmutation wird diese Drüse der Götter aktiviert. Uranus regiert die Sexualdrüsen und Neptun die Zirbeldrüse.

Uranus ist praktische sexuelle Alchemie. Neptun ist esoterisches Studium. Zuerst müssen wir studieren und dann im Laboratorium arbeiten. Uranus hat einen sexuellen Zyklus von 84 Jahren und Neptun einen Studienzyklus von 165 Jahren. Der Zyklus des Uranus entspricht einer durchschnittlichen menschlichen Lebensdauer. Der Zyklus des Neptun ist der Zyklus öffentlichen Auftretens bestimmter Regenerationsschulen. Nur durch den Pfad der Perfekten Ehe gelangen wir zur Suprasexualität.

7. Die sieben Kirchen

Das Licht der Sonne ist ein Produkt der Sexualität. Ein Wasserstoffatom vereinigt sich sexuell mit einem Kohlenstoffatom, um Sonnenlicht zu erzeugen. Wasserstoff ist männlich.

Kohlenstoff ist weiblich. Aus der sexuellen Vereinigung beider Atome entsteht das Sonnenlicht. Das Studium der Kohlenstoffprozesse ist äußerst interessant. Diese Prozesse bringen das Licht hervor.

Die Ursache der Elektrizität müssen wir im universellen Schlangenfeuer suchen. Dieses Feuer lebt in den Elektronen. Die Weisen meditieren über dieses Feuer, die Mystiker beten es an, und diejenigen, die dem Pfad der Perfekten Ehe folgen, arbeiten praktisch mit ihm.

Die Sexualkraft in den Händen der weißen und der schwarzen Magier ist eine schreckliche Waffe. Der Gedanke zieht das Sexualfluidum zur Wirbelsäule, wo es in seinem entsprechenden Gefäß deponiert wird. Beim verhängnisvollen Ausstoß dieser Flüssigkeit gehen Milliarden solarer Atome verloren. Die Kontraktionsbewegungen, die einem Samenausstoß folgen, nehmen aus der atomaren Hölle des Menschen Milliarden satanischer Atome, welche die verlorenen solaren Atome ersetzen. So schaffen wir den Teufel in uns.

Wenn wir den Sexualimpuls in uns zügeln, kehrt diese wunderbare Flüssigkeit in den Astralkörper zurück und vervielfältigt seine unaussprechliche Herrlichkeit. So bilden wir den Christus in uns. Mit der Sexualenergie können wir in uns den Christus oder den Teufel bilden.

Der große Meister, als Inkarnation des kosmischen Christus, sagte: „Ich bin das Brot des Lebens, ich bin das lebendige Brot. Wer von diesem Brot isst, der wird leben in Ewigkeit. Wer mein Fleisch isst und mein Blut trinkt, der hat das ewige Leben, und ich werde ihn am Jüngsten Tag zu neuem Leben erwecken. Wer mein Fleisch isst und mein Blut trinkt, der lebt in mir und ich in ihm.“

Christus ist die solare Seele. Der lebendige Geist der Sonne. Mit seinem Leben lässt er die Ähren des Weizens wachsen und im

Korn, im Samen ist die ganze Potenz des Sonnenlogos eingeschlossen. In jedem pflanzlichen, tierischen oder menschlichen Samen befindet sich wie in einem kostbaren Gefäß die christonische Substanz des Sonnenlogos. Wenn wir die schöpferische Energie nach innen und nach oben richten, wird in uns ein wunderbares Kind geboren. Ein christifizierter Astralkörper. Dieses Vehikel schenkt uns die Unsterblichkeit. Dies ist unser Chrestos Vermittler. Mit diesem Vehikel gelangen wir zum Vater, der im Verborgenen ist. Niemand kommt zum Vater, denn durch Mich, sagte der Herr aller Vollkommenheit.

Das Astralphantom, welches die Sterblichen besitzen, ist nichts anderes als der Entwurf eines Menschen. Es besitzt nicht einmal eine Einheit. Dieses Phantom ist der Schlupfwinkel für Dämonen und alle Arten ekelerregender und schmutziger Ungeheuer. In diesem Astralphantom lebt das *Ich* (der Teufel). Dieser eine höllische Legion. Das *Ich* ist eine Legion. So wie ein Körper aus vielen Atomen besteht, so setzt sich auch das *Ich* aus Millionen von *Ichs* zusammen. Diabolische Intelligenzen und abscheulichen Dämonen, die einander bekämpfen. Wenn ein Mensch stirbt, wird er zu dieser Legion. Die Person an sich wird zu Staub.

Nur das lebt weiter: die Legion der *Ichs*. Hellseher sehen den Verstorbenen meistens unterschiedlich gekleidet und auch gleichzeitig an verschiedenen Orten. Die Person scheint sich in viele Personen verwandelt zu haben. Sie ist eine Legion. Wenn wir aber in uns einen christischen Astralkörper gebildet haben, leben wir nach dem Tod in diesem siderischen Körper weiter. Wir sind dann tatsächlich unsterblich. Personen, die einen christifizierten Astralkörper besitzen, haben nach ihrem Tod ein waches Bewusstsein. Die verstorbenen Durchschnittsmenschen leben nach dem Tod mit einem schlafenden Bewusstsein. Der Tod ist eigentlich die Rückkehr zur fötalen Empfängnis. Der Tod ist die Rückkehr in den Samen. Jeder Mensch, der stirbt, tritt wieder in einen neuen Mutterleib ein, völlig unbewusst, schlafend.

Die Menschen haben nicht einmal die Seele inkarniert. Die Seele der Menschen ist nicht inkarniert. Die Menschen haben lediglich einen Seelenembryo inkarniert. Bösartige Menschen haben nicht einmal diesen Seelenembryo. Nur wenn wir einen christifizierten Astralkörper besitzen, können wir die Seele inkarnieren. Die durchschnittlichen Menschen sind nur Vehikel für das *Ich*. Der Name eines jeden Sterblichen ist Legion.

Nur durch die Sexualmagie kann der christifizierte Astralkörper in uns geboren werden. Die Versuchung ist Feuer. Der Sieg über die Versuchung ist Licht. „Das gezügelte Verlangen lässt die Astralflüssigkeit bis zur Zirbeldrüse aufsteigen und so wird in uns der Adam Christus geboren, der Übermensch."

Während der Erregung der Sexualorgane vor dem Akt vermehren sich die Samen. Wenn wir sie nicht verlieren, sondern transmutieren, können wir uns zu Göttern verwandeln. Das Sexualfeuer ist das Schwert, mit dem der innere Gott die Finsteren bekämpft. Jeder, der Sexualmagie praktiziert, öffnet die sieben Kirchen.

Wer schon mit Kundalini arbeitet und den Samen verliert, scheitert unweigerlich, denn Kundalini sinkt einen oder mehrere Wirbel, je nach Größe des Vergehens.

Wir müssen kämpfen, bis wir die vollkommene Keuschheit erreicht haben: „… wenn aber nicht, werde ich über dich kommen und deinen Leuchter wegstoßen von seiner Stätte, wenn du nicht Busse tust."

Die Dämpfe, die aus dem Samensystem aufsteigen, öffnen den unteren Eingang des Rückenmarkskanals, damit die heilige Schlange dort eintreten kann. Diese Eintrittsöffnung ist beim Durchschnittsmenschen verschlossen. Diese Samendämpfe der schwarzen Magier werden in den Abgrund geleitet. Die Samendämpfe der weißen Magier steigen hinauf zum Himmel.

Das Öffnen der Kirche von Ephesus bedeutet das Erwecken von Kundalini. Die Farbe dieses Zentrums ist beim Zügellosen schmutzigrot, rotgelb beim Eingeweihten und von purpurner, blauroter Farbe beim eingeweihten Mystiker. Vom Samensystem steigen solare und lunare Atome auf. Die Samendämpfe haben als Grundlage die Atome der Sonne und des Mondes. Diese Samendämpfe verwandeln sich zu Energie. Die Energien polarisieren sich in positiv und negativ, solar und lunar. Diese Energien steigen durch die Kanäle Ida und Pingala bis zum Kelch empor. Dieser Kelch ist das Gehirn. Die beiden Sympathikus-Kanäle, durch welche der bereits vollständig zu Energie gewordene Samen aufsteigt, sind die beiden Zeugen der Offenbarung, die beiden Olivenbäume des Tempels, die beiden Leuchter, die vor dem Gott der Erde stehen, die beiden Schlangen, die sich um den Hermesstab winden. Sobald sich ihre Schwanzenden berühren, treten die solaren und lunaren Atome im Steißbein nahe der Triveni in Kontakt. Dann erwacht Kundalini.

Die feurige Schlange unserer magischen Kräfte tritt aus ihrer Membranhülle aus, in die sie eingeschlossen war, und steigt durch den Rückenmarkskanal hinauf bis zum Kelch (Gehirn). Vom Rückenmarkskanal gehen bestimmte Nervenfasern aus, die die sieben Chakras oder Sympathikus Plexi mit der Wirbelsäule verbinden. Das heilige Feuer aktiviert die sieben magnetischen Zentren. Kundalini koordiniert die Tätigkeit dieser sieben Chakras in wundervoller Weise. Diesen Vorgang können wir anschaulich durch einen Stab mit sieben duftenden und schönen Rosen darstellen. Der Stab repräsentiert die Wirbelsäule und die sieben Rosen stellen die sieben Chakras oder magnetischen Zentren dar. Die zarten Stiele dieser sieben feurigen Rosen sind die feinen Fasern, die sie mit der Wirbelsäule verbinden.

Im Samen kämpfen die Kräfte des Lichtes gegen die Kräfte der Finsternis.

Die Ankunft des Feuers ist das größte Ereignis der Perfekten Ehe. Das Zentrum, in dem sich die Schlange eingerollt befindet, hat vier Blütenblätter, von denen nur zwei aktiv sind. Durch die Einweihung werden die beiden anderen aktiviert. Das Prostata-Chakra hat sechs prachtvolle Farben; rot, orange, gelb, grün, blau und violett. Dies ist die Kirche von Smyrna. Dieses Zentrum ist für den Magier von größter Bedeutung. Mit diesem Zentrum kontrollieren wir den Sexualakt. Dies ist das magnetische Zentrum der praktischen Magie.

Das dritte Zentrum ist die Kirche von Pergamon. Dies ist das Gehirn der Emotionen. Innerhalb unseres menschlichen Organismus haben wir eine ganze Funkstation integriert. Das Empfangszentrum ist das Nabelzentrum. Die Sendeantenne ist die Zirbeldrüse. Die Mentalwellen jener, die an uns denken, werden im Nabelzentrum oder im Gehirn der Emotionen empfangen und dann zum Gehirn selbst weitergeleitet, wo uns diese Gedanken bewusst werden.

Die Kirche von Thyatira, das vierte Zentrum, ist wahrhaft bewundernswert. Die Cardia oder das Herzzentrum steht in intimer

Beziehung zum Herzen des Sonnensystems. Der Mensch ist ein Miniatur-Universum. Wenn wir das Universum studieren wollen, müssen wir den Menschen studieren. Im Universum entdecken wir den Menschen. Im Menschen entdecken wir das Universum. Aus großer Entfernung erscheint das Sonnensystem tatsächlich wie ein herrlicher Mensch, der durch das unwandelbare Unendliche schreitet. Dort wurden alle Zeitalter zu einer lebenden Form voll unaussprechlicher Musik, der Musik der Sphären. Ein Moment der Wahrnehmung dieses himmlischen Menschen sind achtzig Jahre. Das Herz dieses himmlischen Menschen befindet sich tatsächlich im Zentrum der Sonnenscheibe. Wer gelernt hat, bewusst und positiv mit dem Astralkörper zu reisen, kann diesen Tempel besuchen.

Ein gigantischer Abgrund, schwärzer als die Nacht, führt zum Heiligtum. Nur wenige haben den Mut, in diesen unheilvollen Abgrund hinabzusteigen. In den furchterregenden Tiefen dieses solaren Abgrundes kann man schreckliche Dinge wahrnehmen, versengende Flammen, den Schrecken des Mysteriums. Wer den Mut hat, in diesen Abgrund hinabzusteigen, gelangt in den Vorhof des Heiligtums. Ein Adept wird ihn mit einem Olivenzweig segnen. Glücklich diejenigen, die in diesen geheimen Ort eingelassen werden. Ein enger Durchgang führt den geliebten Schüler zum geheimen Inneren des Heiligtums. Dies ist die Cardia des Sonnensystems. An diesem heiligen Ort leben die sieben Heiligen. Sie sind die Lenker der sieben Strahlen der Sonne. Der wichtigste Strahl ist der Strahl der Kundalini oder des Schlangenfeuers, der besonders intensiv zur Zeit der Morgenröte erstrahlt. Jedes perfekte Ehepaar soll Sexualmagie im Morgengrauen praktizieren.

Das Sonnensystem ist der Körper eines großen Wesens. Dieses Wesen ist Vollkommenheit. Das Herz dieses großen Seins ist in der Sonne. Das Herzchakra hat zwölf Blütenblätter. Sechs Aktive und sechs Inaktive. Durch das heilige Feuer werden alle zwölf Blütenblätter aktiviert. Wir müssen durch intensives Gebet auf das Herz einwirken.

Das fünfte Zentrum ist die Kirche von Sardes. Sie ist das Zentrum des schöpferischen Kehlkopfes. Diese Lotosblüte hat sechzehn Blütenblätter. Wenn der Mensch durch das Feuer diesen Lotus erweckt, dann empfängt er das magische Ohr.

Das heilige Feuer wird schöpferisch in der Kehle. Die Engel erschaffen durch die Macht des Wortes. Das Feuer erblüht auf fruchtbaren, zum Wort gewordenen Lippen. Der Eingeweihte kann alles durch den Gedanken erschaffen und diesen dann durch das Wort materialisieren. Das Hören mit dem magischen Ohr wurde von den Okkultisten nicht klar definiert. Wer das magische Ohr besitzt, kann wahrhaft hören, das heißt, er kann die inneren Klänge beinahe physisch wahrnehmen. Das magische Ohr gestattet uns, den Engeln zu lauschen. Wenn die gesamte schöpferische Energie zum Gehirn aufsteigt, dann erheben wir uns auf die Stufe der Engel. Wir erschaffen dann durch die Macht des Wortes.

Diese hohen Stufen können durch die mechanische Evolution der Natur niemals erreicht werden. Die Evolution ist die Bewegung des universellen Lebens, erhebt aber niemand auf die Stufe eines Engels. Die Natur hat am Übermenschen kein Interesse. In ihr sind zwar alle Möglichkeiten enthalten, aber der Übermensch ist ihren Interessen entgegengesetzt. Die furchtbarsten Kräfte der Natur stellen sich der Geburt des Übermenschen entgegen.

Der Engel, der Übermensch, ist das Ergebnis einer unglaublichen Revolution des Bewusstseins. Niemand ist verpflichtet, dem Menschen bei dieser Revolution zu helfen. Dies ist ein ganz intimes persönliches Problem eines jeden Einzelnen. Es ist ein absolut sexuelles Problem. Wir müssen das Schwert ziehen und gegen die furchtbaren Kräfte der Natur ankämpfen, die sich der Geburt des Übermenschen entgegenstellen.

Wenn das heilige Feuer das Stirnchakra, die Kirche von Philadelphia mit ihren beiden wundervollen Blütenblättern und ihrem unsagbaren Glanz öffnet, dann können wir hellsehen.

Die Menschen sind daran gewöhnt, zu theoretisieren und Dinge zu behaupten, die sie niemals gesehen haben. Wir müssen die Hellsichtigkeit erwecken, um die großen inneren Realitäten zu sehen. Das Stirnchakra ist der Thron des Verstandes. Wenn Studium und Hellsichtigkeit in harmonischem Gleichgewicht wachsen, treten wir tatsächlich in den Tempel des wahren Wissens ein. Viele bestätigen, was sie gelesen haben und wiederholen dabei lediglich die Meinungen anderer.

Diese Menschen glauben zu wissen, haben aber das Gelesene nie gesehen oder erfahren; sie plappern es nur nach. Das ist alles. Diese Leute wissen nichts. Sie sind in der Tat Unwissende. Sie sind gebildete Unwissende. Um zu wissen, müssen wir zuerst sein. Das Hellsehen ist das Auge des Seins. Das Sein und das Wissen müssen miteinander und gleichmäßig wachsen. Jene, die viel okkulte Literatur gelesen haben, fühlen sich weise.

Diese armen Leute, wenn sie das Gelesene nicht gesehen, nicht selbst erfahren haben, wissen sie absolut nichts. Auf der Welt gibt es Seher aller Arten. Der wahre Hellseher spricht nie über seine Gabe. Jeder Schüler des Okkultismus hat bei seinen ersten hellsichtigen Erfahrungen die Tendenz, sie aller Welt mitzuteilen. Die Anderen lachen dann über ihn und der Anfänger verliert letztendlich sein mentales Gleichgewicht, da die Vibrationen der Menschen negativ sind. Die Hellsichtigkeit ohne Einweihung führt den Anfänger zu großen Fehlern, bis zum Delikt der Verleumdung und Beleidigung; manchmal bis zum Mord. Jemand erlebt zum Beispiel einen Funken Hellsichtigkeit und sieht seine Frau in der Astralwelt mit einem seiner Freunde die Ehe brechen; ist der Seher nicht eingeweiht und leidet er an Eifersucht, kann er unter Umständen seine Frau oder seinen Freund töten, obwohl die unglückliche Frau absolut tugendhaft und sein Freund ihm ehrlich und treu ergeben ist.

Man vergesse nie, dass im Astralen der Mensch eine Legion ist und jedes vielfältige Ich Handlungen wiederholt, die es in früheren Leben begangen hat. Die großen Meister der Weißen Loge wurden von Sehern verleumdet. Jeder Meister hat einen Doppelgänger, der ihm genau gleicht.

Wenn der Meister Keuschheit predigt, predigt sein Doppelgänger Unzucht. Wenn der Meister gute Werke vollbringt, begeht sein Doppelgänger schlechte Taten. Er ist genau sein Gegenpol. Aus all diesen Gründen dürfen wir nur solchen Hellsehern trauen, die die fünfte Einweihung der höheren Mysterien empfangen haben. Außerdem müssen wir bedenken, dass der Mensch vor der fünften Einweihung in die höheren Mysterien nicht über die christifizierten Vehikel verfügt, die seinem inneren Gott als Tempel dienen. Weder die Seele noch Christus können in solche Menschen eindringen, deren Vehikel noch ungeeignet sind.

Wer seine Seele nicht inkarniert hat, besitzt keine wahre Existenz. Er ist eine Legion von *Ichs*, die darum kämpfen, sich mittels des Körpers des Menschen zu manifestieren. Manchmal agiert das *ich* trinke, dann das *ich* rauche, das *ich* töte, *ich* stehle, *ich* verliebe mich, usw.

Zwischen diesen *Ichs* gibt es Konflikte. Darum sehen wir viele, die schwören zur gnostischen Bewegung zu gehören, später bereuen sie es und werden zu erklärten Feinden der Gnosis. Das *Ich*, welches der Gnosis Treue schwur, wird durch ein anderes verdrängt, das die Gnosis hasst. Das *Ich*, welches schwört, die Frau zu verehren, wird durch ein anderes *Ich* verdrängt, das sie verabscheut. Das *Ich* ist eine Legion von Dämonen. Wie können wir Hellsehern trauen, die ihre Seele noch nicht inkarniert haben? Der Mensch, der seine Seele noch nicht inkarniert hat, verfügt noch nicht über eine entsprechende moralische Verantwortung. Können wir vielleicht Dämonen vertrauen? Die Studenten der Gnosis mögen sich vor jenen hüten, „die sich als Seher ausgeben und den Menschen ihre Prophezeiungen verkünden."

Der wahre Hellseher sagt niemals von sich selbst, ein Hellseher zu sein. Die Meister der fünften Einweihung in die höheren Mysterien sind sehr demütig und verschwiegen. Kein Schüler des Okkultismus ist Meister. Wahre Meister sind nur diejenigen, die die fünfte Einweihung der höheren Mysterien erreicht haben. Vor der fünften Einweihung ist niemand ein Meister.

Die letzte Lotusblüte, die sich öffnet, ist die Kirche von Laodizea. Dieser Lotus hat tausend Blütenblätter. Die Lotosblume erstrahlt in herrlicher Pracht über dem Haupte der Heiligen. Wenn Kundalini bis zur Zirbeldrüse aufsteigt, öffnet sich diese wunderbare Blume. Sie ist das Auge der Polyvidenz, das Diamantauge. Mit dieser Gabe können wir das Gedächtnis der Natur studieren. Dies ist das göttliche Auge des Geistes.

Die erste heilige Schlange geht von der Zirbeldrüse weiter zum Auge der Weisheit zwischen den Augenbrauen. Dann dringt sie in das Magnetfeld der Nasenwurzel ein. Wenn sie mit dem Atom des Vaters, das sich an dieser Stelle befindet, in Kontakt tritt, erfolgt die erste Einweihung in die höheren Mysterien. Aber niemand ist ein Meister nur aufgrund der Tatsache, die erste Einweihung in die höheren Mysterien empfangen zu haben. Es bedeutet lediglich, dass ein weiterer in den Strom eingetreten ist, der ins Nirvana führt. Der Schüler muss der Reihe nach die sieben Schlangen erheben.

Die zweite Schlange gehört zum Vitalkörper, die dritte zum Astralkörper, die vierte zum Mentalkörper, die fünfte zum Kausalkörper. Die sechste und die siebente Schlange gehören zur Seele-Bewusstsein und zum göttlichen Geist. Jeder Schlange entspricht eine Einweihung in die höheren Mysterien. Es gibt sieben Schlangen. Zwei Gruppen zu je drei, die durch die erhabene, siebente Feuerzunge gekrönt werden, die uns mit dem Einen vereint, mit dem Gesetz, mit dem Vater. Wir müssen die sieben Kirchen auf jeder Ebene des kosmischen Bewusstseins öffnen. Während der Einweihung muss der Suchende die Stigmata Christi empfangen. Jedes einzelne seiner internen Vehikel muss gekreuzigt und stigmatisiert werden. Die Stigmatisierung empfängt der Mensch, wenn er ihrer würdig ist. Jedes Stigma hat seine esoterischen Prüfungen. Die ersten Stigmata empfängt man an den Händen, und die Prüfungen, um sie zu erhalten, sind sehr schmerzhaft.

Auch Edelsteine spielen bei der Einweihung eine sehr wichtige Rolle: „Und die Grundsteine der Mauer um die Stadt waren geschmückt mit allerlei Edelsteinen. Der erste Grundstein war ein Jaspis, der zweite ein Saphir, der dritte ein Chalzedon, der vierte ein Smaragd, der fünfte ein Sardonyx, der sechste ein Sarder, der siebte ein Chrysolith, der achte ein Beryll, der neunte ein Topas, der zehnte ein Chysopras, der elfte ein Hyazinth, der zwölfte ein Amethyst“.

Die Offenbarung sagt: “Ich bin das Alpha und das Omega. Ich will dem Durstigen umsonst von der Quelle des lebendigen Wassers geben. Ich bin das Alpha und das Omega. Diese sind gesegnet, die ihre Kleider (die sieben Körner) im Blut des Lammes (christonischer Samen) gewaschen haben, damit sie durch die Tore der Stadt eintreten.“

Wie wenige aber erreichen tatsächlich die höheren Einweihungen. Es sind nur sehr wenige, die imstande sind so weit zu kommen, dass sie die Peitsche des Scharfrichters küssen. Wie schwierig ist es doch, die Hand zu küssen, die uns schlägt, und dennoch ist es eine dringende Notwendigkeit für diejenigen, die die höheren

Einweihungen erreichen wollen. Christus sagte: „Von Tausend die mich suchen wird mich einer finden, von Tausend die mich finden, folgt mir einer, und von Tausend die mir folgen, ist einer mein."

Am schlimmsten ist, dass Menschen, die zahlreiche okkulte Bücher lasen und diversen Schulen angehörten, voll von übertriebenem Stolz über ihre Heiligkeit sind. Sie glauben, sie seien große Heilige, große Weise und geben sich äußerst demütig. Diese bedauernswerten Brüder sind vom Altar der Einweihung weiter entfernt als ihre profanen Mitmenschen. Wer die höhere Einweihung erreichen will, muss damit beginnen, zu erkennen, dass er schlecht ist. Wer seine eigene Schlechtigkeit erkennt, befindet sich auf dem Weg der Verwirklichung. Denkt daran, dass sich im Weihrauch des Gebetes auch das Laster verbirgt. Dies ist für jene schwierig, die viel gelesen haben. Diese Menschen fühlen sich voller Heiligkeit und Weisheit. Wenn sie einen Funken Hellsichtigkeit erleben, werden sie unerträglich und erklären sich zu Meistern der Weisheit. Zweifelsohne sind solche Menschen sichere Kandidaten für den Abgrund und den zweiten Tod. Der Abgrund ist voll von sich aufrichtig Irrenden und von Menschen mit guten Absichten.

Wenn der Eingeweihte es erreicht hat, dass ein Teil seines schöpferischen Feuers aus dem Kopf austritt, legt er seine Krone dem Lamm zu Füßen. Der heilige Johannes spricht von den vierundzwanzig Ältesten, die ihre Kronen zu Füßen des Thrones des Herrn niederlegen.

Die Offenbarung beschreibt den Reiter im Kapitel XIX mit einem Band am Oberschenkel.

Auf diesem Band steht mit heiligen Buchstaben der Satz geschrieben: „König aller Könige und Herr aller Herren."

Der König befindet sich nicht auf der Stirn, sondern im Geschlecht. Rasputin, vom Wein betrunken, schlug während seiner Orgien mit dem Phallus auf die Tische und rief; „dies ist der König der Welt."

Selig sind die Paare, die zu lieben wissen. Mit dem Sexualakt öffnen wir die sieben Kirchen der Offenbarung und wandeln uns zu Göttern. Die sieben Chakras erklingen im kraftvollen Mantram der Ägypter: Feee … Uinnn … Dagj …. Das letzte Wort ist guttural. Die perfekte Übung der sieben Kirchen, die wahre Priesterschaft, wird mit dem physischen Körper im Jinas-Zustand erreicht. Die großen Magier können den Körper in den Jinas-Zustand versetzen. So können sie die Priesterschaft aller sieben Kirchen ausüben.

Als Jesus auf dem Wasser wandelte, befand sich sein Körper im Jinas-Zustand. In diesem Zustand sind wir allmächtige Götter. Im Bereich des Nabels gibt es ein geheimnisvolles Chakra, das der Magier für seinen Jinas-Zustand verwendet. Jeder Magier, der sich weit entfernt von seinem physischen Körper befindet, kann unter Ausnützung der Kraft dieses Chakras, seinen inneren Gott wie folgt bitten: „mein Herr, mein Gott, ich bitte Dich, bringe mir meinen Körper."

Der innere Gott kann dem Magier, der sich im Jinas-Zustand, das heißt auf der Astralebene befindet, den physischen Körper bringen. In solchen Momenten dreht sich das geheimnisvolle Chakra der Wissenschaft der Jinas.

Wer die Jinas-Wissenschaft lernen will, lese „Das gelbe Buch". Dort lehren wir diese geheimnisvolle Wissenschaft.

Die sieben Kirchen vermitteln uns die Macht über das Feuer, die Luft, das Wasser und die Erde.

8. Freude, Musik, Tanz und Kuss

In den Heimen der gnostischen Brüder sollte nur Liebe und Weisheit herrschen. Die Menschheit verwechselt Liebe mit Begehren und Begehren mit Liebe. Nur große Seelen können und verstehen zu lieben. Im Garten Eden lieben vollkommene Männer wunderbare Frauen. Um zu lieben, müssen wir sein. Nur jene, die ihre Seele inkarnieren, verstehen wahrhaftig zu lieben. Das *Ich* kann nicht lieben. Das dämonische *Ich*, das heute Liebe schwört, wird morgen durch ein anderes dämonisches *Ich* verdrängt, das davon nichts wissen will. Wir wissen bereits, dass das *Ich* vielfältig ist. Das vielfältige *Ich* ist in Wirklichkeit eine Legion. All diese verschiedenen *Ichs* leben in ständigem Kampf. Man sagt, wir hätten einen Verstand. Die Gnostiker sagen indessen, dass wir viele Arten des Verstandes haben. Jedes Phantom des vielfältigen *Ichs* hat seinen eigenen Verstand. Das *Ich*, das eine Frau küsst und anbetet, wird von einem anderen *Ich* verdrängt, welches sie hasst. Um zu lieben, muss man sein. Der Mensch ist noch nicht. Wer die Seele nicht inkarniert hat, ist nicht. Der Mensch hat noch keine wahrhafte Existenz. Durch seinen Mund spricht eine Legion von Dämonen. Dämonen, die Liebe schwören, Dämonen, die die geliebte Frau verlassen, Dämonen, die hassen, eifersüchtig und zornig sind, Dämonen des Grolls, usw.

Trotz allem ist im intellektuellen Säugetier, das irrtümlich Mensch genannt wird, die Essenz inkarniert, das heißt ein Teilchen seiner menschlichen Seele, das Buddhata. Sie weiß zu lieben. Das *Ich* weiß nicht zu lieben. Wir müssen die Fehler des geliebten Wesens verzeihen, denn diese Defekte gehören dem *Ich* an. Die Liebe trägt keine Schuld an Streit. Der Schuldige ist das *Ich*. Das Heim der gnostischen Eingeweihten muss ein Quell der Freude, der Musik und wonniger Küsse sein. Der Tanz, die Liebe und das Glück zu lieben, stärken den Seelenembryo, den die Kinder in sich tragen. So sind die Heime der Gnostiker wahre Paradiese der Liebe und der Weisheit.

Aus den gnostischen Heimen sollen Alkohol und Unzucht verbannt werden. Wir dürfen aber nicht zu Fanatikern werden. Wer nicht imstande ist, ein Glas bei einer Einladung zu trinken, ist genau so schwach wie jemand, der seinen Alkoholkonsum nicht kontrollieren kann und sich betrinkt. Unzucht ist etwas anderes. Sie ist unverzeihlich. Jeder, der seine Zeugungsflüssigkeit ausstößt, begeht Unzucht. Auf solche Menschen wartet unweigerlich der Abgrund und der zweite Tod.

Der Mensch kann an allen Aktivitäten teilnehmen, doch darf er niemals ihr Opfer werden. Er muss König und nicht Sklave sein. Wer ein Glas trinkt, begeht kein Delikt, wer aber Sklave und Opfer des Glases wird, der begeht ein Delikt. Der wahre Meister ist der Herr der Himmel, der Erde und der Höllen. Der Schwache ist kein König. Der Schwache ist Sklave.

Der Eingeweihte vereinigt sich nur mit seiner Gattin, um Sexualmagie zu praktizieren. Unglücklich jener, der sich mit der Frau vereint, um seinen Samen zu ejakulieren.

Der Eingeweihte empfindet kein plötzliches Gefühl des Todes wie die Unzüchtigen, die ihren Samen verlieren. Der Mann ist eine Hälfte, die Frau die andere. Während des Sexualaktes empfinden sie das Glück, vollständig zu sein. Jene, die den Samen nicht verlieren, bewahren dieses Glücksgefühl in alle Ewigkeit. Zur Zeugung eines Kindes bedarf es keiner Samenejakulation. Das Spermatozoon, das austritt, ohne dabei den ganzen Samen auszustoßen, ist ein bestimmtes, ausgewähltes Spermatozoon, ein Spermatozoon höherer Art, ein absolut reifes Spermatozoon. Das Ergebnis dieser Art der Befruchtung ist wahrhaftig ein neues Wesen höherer Art. So können wir wahre Übermenschen erschaffen.

Um ein Kind zu empfangen, bedarf es keiner Samenejakulation. Den Dummköpfen freilich gefällt es, ihren Samen zu verlieren. Der Gnostiker ist kein Dummkopf. Wenn sich ein Paar sexuell vereint, können Hellseher oft ein strahlendes Licht wahrnehmen, welches das Paar umgibt. In diesen Momenten kommen die schöpferischen Kräfte der Natur, um als Mittler für die Erschaffung eines neuen Lebewesens zu dienen. Lässt sich das Paar von der fleischlichen Lust überwältigen und begeht das Verbrechen des Samenverlustes, ziehen sich diese Kräfte des Lichtes zurück und an ihre Stelle treten luziferische Kräfte von blutroter Farbe, die in das Heim eindringen und Streit, Eifersucht, Ehebruch, Klage und Verzweiflung bringen. So werden Heime, die der Himmel auf Erden sein könnten, zu wahren Höllen. Wer den Samen nicht verliert, wer ihn zurückhält, erwirbt für sich Frieden, Fülle, Weisheit, Glück und Liebe. Mit dem Schlüssel der Sexualmagie kann den Streitigkeiten für immer ein Ende bereitet werden, dies ist der Schlüssel zum wahren Glück.

Während des magischen Sexualaktes laden sich die Paare magnetisch auf, sie magnetisieren sich gegenseitig. Das Becken der Frau ist der Sitz weiblicher Ströme, während die Brust männliche Wellen aussendet. Beim Mann ist der Sitz der weiblichen Ströme im Mund und die der männlichen in seinem Glied. Alle diese Organe müssen durch die Sexualmagie stark erregt werden, um die vitalen magnetischen Energien, deren Quantität und Qualität außergewöhnlich gesteigert wird, zu geben, zu empfangen, zu übertragen und aufzunehmen.

Der liebliche Tanz, die klangvolle Musik, der glühende Kuss der Paare bei ihrem intimsten Kontakt, haben in den Heimen der Gnostiker den Zweck gegenseitiger Magnetisierung des Mannes und der Frau. Die magnetische Kraft ist männlich und weiblich zugleich. Der Mann benötigt das Fluidum seiner Frau, wenn er wirkliche Fortschritte erzielen will, und die Frau braucht unweigerlich das Fluidum ihres Mannes, um ihre Kräfte zu entwickeln.

Sobald sich die Paare gegenseitig magnetisch aufladen, beginnt das Glück in ihrem Heim sein Nest zu bauen. Wenn ein Mann und eine Frau sich vereinen, wird etwas erschaffen. Die wissenschaftliche Keuschheit ermöglicht die Transmutation der sexuellen Sekretionen in Licht und Feuer. Jede Religion, die degeneriert, predigt das Zölibat. Jede Religion predigt bei ihrem Entstehen und während ihrer Blütezeit den Pfad der Perfekten Ehe. Buddha war verheiratet und begründete die Perfekte Ehe. Unglücklicherweise erfüllte sich nach 500 Jahren Buddhas Prophezeiung, dass sein Dharma versiegen und der Sangha sich in verschiedene Sekten zersplittern würde. Damals entstanden das buddhistische Mönchswesen und die Abneigung gegen die Perfekten Ehe.

Jesus, der göttliche Retter, überbrachte der Welt die christliche Esoterik. Er lehrte seinen Schülern den Pfad der Perfekten Ehe. Petrus, der erste Pontifex der Kirche, war ein verheirateter Mann. Petrus war nicht ledig. Petrus hatte eine Frau. Leider wurde sechshundert Jahre später die Botschaft Christi verfälscht, die römische Kirche kehrte zu den toten Formen buddhistischen Mönchtums mit Mönchen und Nonnen in Klöstern zurück, die den Weg der Perfekten Ehe tödlich hassen. Nach sechshundert Jahren Christentum wurde daher eine neue Botschaft der Perfekten Ehe notwendig. Deshalb erschien Mohammed, der große Prediger der Perfekten Ehe. Es war nur natürlich, dass Mohammed von Infrasexuellen, welche die Frau hassen, heftig zurückgewiesen wurde. Die widerlichen Gruppen der Frauenhasser glauben, nur durch das erzwungene Zölibat zu Gott gelangen zu können. Das ist ein Verbrechen.

Die Enthaltsamkeit, wie sie die Infrasexuellen predigen, ist absolut unmöglich. Die Natur selbst rebelliert gegen eine derartige Abstinenz. Es kommt zu nächtlichen Samenergüssen, die den Organismus unweigerlich schädigen. Jedes enthaltsam lebende Individuum leidet unter nächtlichen Pollutionen. Ein bis zum Rand gefülltes Glas läuft unweigerlich über. Der Luxus der Enthaltsamkeit ist nur jenen möglich, die das Reich des Übermenschen bereits erobert haben. Sie haben ihren Organismus in ein Laboratorium ständiger sexueller Transmutation verwandelt. Sie haben ihre Drüsen durch die Sexualmagie bereits entsprechend erzogen. Sie sind Gottmenschen. Sie sind das Resultat der langjährigen Praxis der Sexualmagie und der strengen Erziehung ihrer sexuellen Physiologie.

Der Eingeweihte liebt die klassische Musik der großen Komponisten und empfindet Ekel über die infernale Musik gewöhnlicher Menschen. Die afrokubanische Musik erweckt die niedrigsten animalischen Instinkte des Menschen. Der Eingeweihte liebt die Musik der großen Meister. Mozarts Zauberflöte zum Beispiel erinnert uns an eine ägyptische Einweihung.

Zwischen dem Wort und den Sexualkräften existiert eine intime Beziehung. Das Wort des großen Meisters Jesus wurde christifiziert, indem er den Wein des Lichtes der Alchemie aus dem Kelch der Sexualität zu sich nahm.

Die Seele schwingt mit der Sphärenmusik, wenn wir Beethovens neunter Symphonie oder den Kompositionen eines Chopin oder der göttlichen Polonaise eines Liszt lauschen. Die Musik ist das Wort des Ewigen. Unsere Worte müssen liebliche Musik sein, um so die schöpferische Energie bis zum Herzen zu erheben. Schmutzige, abstoßende, vulgäre Worte haben die Macht, die schöpferische Energie zu verfälschen und in höllische Kräfte zu verwandeln.

Die eleusinischen Mysterien, die heiligen Tänze, die Nacktänze, der glühende Kuss und die sexuelle Vereinigung verwandeln die Menschen zu Göttern. Niemandem wäre in den Sinn gekommen, bei diesen heiligen und zutiefst religiösen Dingen an Schweinereien zu denken. Die heiligen Tänze sind so alt wie die Welt selbst und haben ihren Ursprung im Erwachen des Lebens auf der Erde. Die Tänze der Sufis und die tanzenden Derwische sind etwas unglaublich Wunderbares. Die Musik muss im menschlichen Organismus erweckt werden, damit das goldene Wort gesprochen werden kann.

Die großen Rhythmen des Mahavan und Chotavan mit ihren drei ewigen Takten halten das Universum auf seiner Bahn. Dies sind die Rhythmen des Feuers. Wenn die Seele glücklich im heiligen Raum schwebt, hat sie die Pflicht, uns mit ihrem Gesang zu begleiten, denn das Universum erhält sich durch das Wort.

Das Heim der gnostischen Eingeweihten muss voller Schönheit sein. Duftende Blumen verströmen ihr Aroma, schöne Skulpturen schmücken den Raum, perfekte Ordnung und Sauberkeit machen das Heim zu einem wahrhaften gnostischen Sanktuarium.

Die Mysterien von Eleusis bestehen auch heute noch im Geheimen. Der große baltische Eingeweihte Üxküll ist einer der großen Eingeweihten jener Schule. Dieser große Eingeweihte praktizierte intensiv Sexualmagie. Wir müssen aber erklären, dass Sexualmagie nur zwischen Gatte und Gattin praktiziert werden darf. Der ehebrechende Mann oder die ehebrechende Frau scheitern unweigerlich. Eine Ehe ist nur möglich, wenn Liebe existiert. Liebe ist das Gesetz, aber bewusste Liebe.

Menschen, die diese Kenntnisse der Sexualmagie dazu benützen, Frauen zu verführen, sind schwarze Magier, die in den Abgrund gestürzt werden. Dort erwartet sie Heulen, Zähneknirschen und der zweite Tod, der tausendfach schlimmer ist als der Tod des physischen Körpers. Wir wenden uns daher dringend an alle Mädchen und Frauen dieser Welt. Wir warnen sie, Sexualmagie nur zu praktizieren, wenn sie verheiratet sind. Hütet euch vor den schlauen Wölfen, die in großer Zahl herumlaufen und arglose Mädchen unter dem Vorwand der Sexualmagie verführen wollen. Wir warnen mit allem Nachdruck, damit sie nicht der Versuchung erliegen.

Die unverbesserlichen, der Unzucht verfallenen Frauen, die das Antlitz dieser Erde bevölkern, warnen wir, dass es nutzlos ist, sich vor den Augen des Ewigen verbergen zu wollen. Diese bedauernswerten Frauen, die diese Kenntnisse als Vorwand benützen, um ihrer Wollust zu befriedigen und sich in den Betten der Lust zu wälzen, werden in den Abgrund stürzen, wo sie Heulen und Zähneknirschen erwartet.

Wir sprechen mit aller Deutlichkeit, damit man uns auch versteht. Zurück, Profane und Schänder. Die Sexualmagie ist ein zweischneidiges Schwert. Die Reinen und Tugendhaften verwandelt sie in Götter; die Bösen und Unreinen zerstört und vernichtet sie.

9. Gaio

Während im Allerheiligsten des Tempels Salomons der Hohepriester das schreckliche Mantram I.A.O. sang, wurden die Trommeln des Tempels geschlagen, damit die Profanen das erhabene Mantram I.A.O. nicht hören konnten.

In dem Buch „Die gnostische Kirche“ sagt der große Meister Huiracocha Folgendes: „ … und Diodorus sprach: wisset dass unter all den Göttern I.A.O. der Höchste ist.

Hades ist der Winter; mit Zeus beginnt der Frühling; Helios ist der Sommer; im Herbst wird I.A.O. wieder aktiv und arbeitet fortwährend. I.A.O. ist Jovis Pater, Jupiter, den die Juden zu Unrecht Jahve nennen. I.A.O. bietet den substanziellen Wein des Lebens dar, während Jupiter ein Sklave der Sonne ist.“

I = Ignis (Feuer, Seele)

A = Aqua (substanzielles Wasser)

O = Origo (Ursache, Luft, Ursprung)

Huiracocha sagt: „I.A.O. ist der Name Gottes bei den Gnostikern.“

Der göttliche Geist wird durch den Vokal O symbolisiert, der den ewigen Kreis darstellt. Der Buchstabe I bedeutet das innere Sein eines jeden Menschen, und beide vermischen sich im Buchstaben A, dem Stützpunkt. Dies ist das machtvolle Mantram, das magische Wort, das während der Sexualmagie mit der Priester-Gattin gesungen werden muss.

Der Klang der drei mächtigen Vokale ist wie folgt zu verlängern: Iiiii... Aaaaa.... Ooooo.... das heißt, der Klang eines jeden Vokals muss ausgedehnt werden. Nachdem man eingeatmet und die Lungen gefüllt hat, atmet man aus.

Während der Einatmung zähle man bis zwanzig. Dann halte man die Luft an, zähle bis zwanzig und atme dann aus, indem man den Buchstaben I vokalisiert. Auch bei der Ausatmung zähle man bis zwanzig. Der gleiche Vorgang wiederholt sich beim Buchstaben A.

Dann folgt der Buchstabe O. Das wiederholt man sieben Mal. Anschließend folgen die archaischen, machtvollen Mantrams: Kawlakaw, Sawlasaw, Zeesar.

Kawlakaw bringt den Mensch-Geist zum Vibrieren. Sawlasaw versetzt die irdische, menschliche Persönlichkeit in Vibration. Zeesar bewirkt die Vibration des Astralkörpers des Menschen. Dies sind uralte Mantrams.

Der göttliche Retter der Welt sang, während er mit der Priesterin in der Pyramide von Chefren praktizierte, mit ihr das mächtige, heilige Mantram des Feuers. Dieses Mantram ist INRI. Der Herr aller Anbetung praktizierte in Ägypten mit seiner Isis. Er kombinierte dieses Mantram mit den fünf Vokalen: I.... E.... O.... U.... A...., INRI, ENRE, ONRO, UNRU, ANRA.

Das erste Mantram ist für die Erlangung der Hellsichtigkeit. Das Zweite für das magische Ohr.

Das Dritte für das Herz-Chakra, das Zentrum der Intuition. Das Dierte ist für den Solarplexus oder das Zentrum der Telepathie. Das Fünfte Mantram für die Lungenchakras.

Diese verleihen die Fähigkeit, sich an frühere Leben zu erinnern.

Das Mantram INRI und seine auf die Chakras anwendbaren vier Abwandlungen werden vokalisiert, indem man sie in zwei Silben teilt. Der Klang eines jeden der vier magischen Buchstaben wird dann ausgedehnt. Mit diesen Mantrams bringen wir während der Sexualmagie das sexuelle Feuer zu den Chakras.

Kehren wir aber zum I.A.O. zurück, dem Gottesnamen der Gnostiker. Dazu ist noch ergänzend hinzuzufügen: Der Vokal I bringt die Zirbeldrüse und den Seelenembryo, den jedes menschliche Wesen in sich trägt, zum Vibrieren. Der Vokal A bringt das physische Vehikel des Menschen zum Vibrieren. Der großartige Vokal O bewirkt die Vibration der Testikel und transmutiert in wunderbarer Weise die Samenflüssigkeit, die zu christischer Energie umgewandelt wird und so siegreich bis zum Kelch (Gehirn) aufsteigt.

Das Evangelium von Johannes beginnt mit einem Ruhmeslied an das Wort: „Am Anfang war das Wort und das Wort war bei Gott und Gott war das Wort. Dasselbe war im Anfang bei Gott. Alle Dinge sind durch dasselbe gemacht und ohne dasselbe ist nichts gemacht was gemacht ist. In ihm war das Leben und das Leben war das Licht der Menschen. Und das Licht scheint in der Finsternis und die Finsternis hat es nicht ergriffen.“

Das Wort Johannes löst sich in die fünf Vokale auf: IEOUA, IEOUAN (Johannes). Das Evangelium des Johannes ist das Evangelium des Wortes.

Es gibt Leute, die das göttliche Wort von der Sexualmagie trennen möchten. Dies ist absurd. Niemand kann das Wort inkarnieren und die Sexualmagie ausschließen. Jesus ist die Inkarnation des Wortes, Jesus ist das fleischgewordene Wort. Er lehrte die Sexualmagie im Evangelium des Johannes. Es ist jetzt notwendig, das Evangelium Johannes, Kap. 3,1-20 näher zu betrachten. Dort lesen wir:

„Es war ein Pharisäer namens Nikodemus, ein führender Mann unter den Juden. Der suchte Jesus bei Nacht auf und sagte zu ihm: Rabbi, wir wissen, du bist ein Lehrer, der von Gott gekommen ist; denn niemand kann die Zeichen tun, die du tust, wenn nicht Gott mit ihm ist. Jesus antwortete ihm: Wahrlich, wahrlich, ich sage dir: Wenn jemand nicht von neuem geboren wird, kann er das Reich Gottes nicht sehen.”

Lieber Leser, hier handelt es sich um ein sexuelles Problem. Geboren werden war, ist und wird immer sexuell sein. Aus der Theorie kann nichts geboren werden. Wir kennen nichts und niemand, der aus irgendeiner Theorie oder Hypothese geboren worden wäre. Geburt ist keine Frage des Glaubens.

Wenn wir nur durch den Glauben an die Evangelien geboren werden könnten, warum wurden nicht alle geboren, die die Bibel so genau studieren? Die Geburt ist keine Frage des Glaubens oder Nicht-Glaubens.

Kein Kind wird durch den Glauben geboren. Geboren wird man durch einen Sexualakt. Es ist eine sexuelle Frage. Nikodemus kannte das große Arkanum nicht und antwortete in seiner Unwissenheit: „Wie kann ein Mensch geboren werden, wenn er alt ist? Kann er denn wieder in seiner Mutter Leib gehen und geboren werden? Jesus antwortete: Wahrlich, wahrlich, ich sage dir: Wenn jemand nicht aus Wasser und Geist geboren wird, kann er nicht in das Reich Gottes kommen.“

Lieber Leser, wir müssen wissen, dass das Wasser des Evangeliums den Samen bedeutet und der Geist das Feuer. Der Menschensohn wird aus Wasser und Feuer geboren. Dieser Vorgang ist vollkommen sexuell.

„Was vom Fleisch geboren ist, das ist Fleisch; und was vom Geist geboren ist, das ist Geist. Wundere dich nicht, dass ich dir gesagt habe: ihr müsst von Neuem geboren werden (Es ist notwendig, dass der Meister in uns selbst geboren wird). Der Wind bläst, wo er will, und du hörst sein Sausen wohl; aber du weißt nicht, woher er kommt und wohin er fährt. So ist es mit jedem, der aus dem Geist geboren ist." (John 3:6-8).

Tatsächlich, der aus dem Geist geborene erstrahlt einen Augenblick und verschwindet dann in der Menge. Die Menge kann den Übermenschen nicht sehen. Der Übermensch macht sich für die Menge unsichtbar.

Gleich wie die Puppe den Schmetterling nicht sehen kann, wenn er fliegt, so verliert der normale Durchschnittsmensch den Übermenschen aus den Augen. Nikodemus verstand nichts davon und erwiderte: „Wie kann dies geschehen? Jesus antwortete und sprach zu ihm: Bist du Israels Lehrer und weißt das nicht."?

Nikodemus kannte wohl die Heiligen Schriften, weil er ein Rabbiner war, aber die Sexualmagie war ihm unbekannt, da er kein Eingeweihter war. Jesus antwortete ihm: „Wahrlich, wahrlich, ich sage dir: Wir reden was wir wissen, und bezeugen, was wir gesehen haben; ihr aber nehmt unser Zeugnis nicht an."

Jesus bezeugte, was er wusste, was er gesehen und selbst erfahren hatte. Jesus praktizierte Sexualmagie mit einer Vestalin der Chefren-Pyramide. So wurde er geboren. So bereitete er sich darauf vor, den Christus zu inkarnieren. So konnte er im Jordan den Christus inkarnieren.

Wir alle wissen, dass Jesus nach dem Verlassen Ägyptens, Indien, Tibet, Persien und andere Länder bereiste. Er kehrte in das Heilige Land zurück und empfing dort im Jordan die venusische Einweihung. Als Johannes den Meister Jesus taufte, trat Christus in die Seele des Meisters ein. Der Christus wurde menschlich. Jesus wurde göttlich. Aus diesem göttlichen und menschlichen Verschmelzen entsteht ein Wesen, das wir den Menschensohn (den Übermenschen) nennen.

Hätte Jesus in Ägypten keine Sexualmagie praktiziert, hätte er auch den Christus nicht inkarnieren können. Er wäre ein guter Meister gewesen, nicht aber das lebende Modell des Übermenschen.

„Wenn ich zu euch über irdische Dinge gesprochen habe und ihr nicht glaubt, wie werdet ihr glauben, wenn ich zu euch über himmlische Dinge spreche?“

Mit diesen Worten bekräftigt der große Meister, dass er von irdischen Dingen spricht, von der Sexualmagie. Ohne sie kann man nicht geboren werden. Und wenn die Menschen diese irdischen Dinge nicht glauben, wie könnte das bei himmlischen Dingen der Fall sein?

„Und niemand ist in den Himmel hinaufgestiegen außer dem, der vom Himmel herabgestiegen ist: der Menschensohn.“

Das *Ich* kann nicht zum Himmel aufsteigen, da es nicht vom Himmel herabgestiegen ist. Das *Ich* ist Satan und muss sich unweigerlich auflösen. Das ist das Gesetz.

Und über die heilige Schlange sagte der große Meister: „Und wie Mose die Schlange in der Wüste erhöht hat, so muss der Menschensohn erhöht werden.“

Gleich Moses in der Wüste müssen auch wir die Schlange auf den Stab erheben. Dies ist eine Frage der Sexualmagie, denn Kundalini steigt nur durch die Sexualmagie auf. Nur so können wir den Menschensohn erheben, den Übermenschen in uns selbst. Es ist notwendig, dass der Menschensohn erhoben werde. „Damit jeder, der an ihn glaubt, das ewige Leben hat.“

Der rationale Homunkulus, fälschlicherweise Mensch genannt, hat noch keine echten Astral-, Mental- und Kausalvehikel; er ist in Wirklichkeit nur ein Phantom. Um den Astral-Christus, Mental-Christus und Kausal-Christus zu erschaffen, ist es notwendig, Sexualmagie zu praktizieren und den Weg der perfekten Ehe zu leben.

„Denn Gott hat die Welt so sehr geliebt, dass er seinen einzigen Sohn hingab, damit jeder, der an ihn glaubt, nicht zugrunde geht, sondern das ewige Leben hat. Denn Gott hat seinen Sohn nicht in die Welt gesandt, damit er die Welt richtet, sondern damit die Welt durch ihn gerettet wird. Wer an ihn glaubt, wird nicht gerichtet; wer nicht glaubt, ist schon gerichtet, weil er an den Namen des einzigen Sohnes Gottes nicht geglaubt hat."

Wir bestätigen, dass sich wahrer Glaube und wahre Gläubigkeit durch Taten äußern. Wer nicht an die Sexualmagie glaubt, kann nicht geboren werden, auch wenn er behauptet, „er glaube an den Menschensohn."

Glaube ohne Werke ist toter Glaube. Wer nicht an die Sexualmagie glaubt, wie sie Jesus dem Nikodemus lehrte, glaubt nicht an den Menschensohn. Er ist verloren.

„Denn mit dem Gericht verhält es sich so: Das Licht kam in die Welt, und die Menschen liebten die Finsternis mehr als das Licht; denn ihre Taten waren böse. Jeder, der Böses tut, hasst das Licht (hasst die Sexualmagie) und kommt nicht zum Licht, damit seine Taten nicht aufgedeckt (bekannt) werden. Wer aber die Wahrheit tut, kommt zum Licht, damit offenbar wird, dass seine Taten in Gott vollbracht sind."

Dies ist wörtlich aus dem heiligen Evangelium des Johannes. Wir müssen auf allen Ebenen geboren werden. Was nützt es einem armseligen Mann oder einer armseligen Frau, sich mit Theorien vollzustopfen, sich Übungen zu unterziehen, ohne im Astralen geboren zu werden? Was nützt es, mit dem Verstand zu arbeiten, wenn man noch keinen Mentalkörper hat?

Der Mensch muss zuerst seine inneren Fahrzeuge bilden, dann kann er alle beliebigen Übungen durchführen und studieren, was immer er möchte. Zuerst aber müssen wir die inneren Fahrzeuge schaffen, um das Recht zu erwerben, die Seele und später das Wort zu inkarnieren.

Wenn der echte Astralkörper geboren wird, werden wir in der Welt der vierundzwanzig Gesetze (der lunaren Welt) unsterblich. Wenn der echte Mentalkörper geboren wird, werden wir in der Welt der zwölf Gesetze (der Welt des Merkurs oder der Mentalwelt) unsterblich. Wird schließlich der echte Kausalkörper geboren, erlangen wir Unsterblichkeit in der Welt der sechs Gesetze (der Welt der Venus oder der Kausalwelt). Wenn wir auf dieser Höhe angelangt sind, inkarnieren wir unsere menschliche Seele und werden zu wahren Menschen.

Diese christischen Vehikel werden durch die Sexualität geboren, das ist eine Frage der Sexualität. Wie oben so unten. Genauso wie das Physische durch die Sexualität geboren wird, werden auch die höheren Körper durch die Sexualität geboren.

Jeder, der seine christischen Vehikel bildet, inkarniert seine Seele und spricht daher die Sprache des goldenen Wortes. Dies ist die Sprache der Macht, welche die Menschen beherrschten, als sie noch auf jener uralten Erde lebten, die Arkadien genannt wurde und in der man die Söhne des Feuers anbetete. Es ist die Sprache des gesamten Universums.

Eine göttliche Sprache voll furchtbarer Macht. In jener mysteriösen Sprache schrieb der Engel von Babylon das schreckliche „mene mene tekel u-parsin“ während des berühmten Gelages des Königs Belschazzar. In der gleichen Nacht erfüllte sich das Urteil, Babylon wurde zerstört und der König getötet.

Es wurde schon viel von der Universalsprache gesagt, aber wir können sie nur dann sprechen, wenn wir die Seele inkarnieren. Kundalini erblüht dann auf den fruchtbaren, zum Wort gewordenen Lippen. Als die Menschheit aus dem Paradies verstoßen wurde, weil sie ihren Samen vergoss, vergaß sie auch die göttliche Sprache, die wie ein goldener Strom majestätisch durch den dichten Dschungel der Sonne fließt. Die Wurzeln einer jeden Sprache liegen in der göttlichen ursprünglichen Sprache. Der einzige Weg, um diese göttliche Sprache wieder zu lernen, führt über die Sexualmagie. Es besteht eine enge Beziehung zwischen den Sexualorganen und dem schöpferischen Kehlkopf. In den alten Mysterienschulen war es den Eingeweihten verboten, von vorsintflutlichen Katastrophen zu erzählen, da man befürchtete, man könnte dadurch diese Katastrophen heraufbeschwören und so ihre erneute Manifestation herbeiführen. Die alten Hierophanten wussten, dass zwischen den Elementen der Natur und dem Wort eine intime Beziehung besteht.

Das Werk „Logos, Mantram, Magie“ des großen gnostischen Meisters der Rosenkreuzer, Dr. Arnold Krumm-Heller, ist ein wahres Juwel okkulten Wissens. Der große Meister beschließt sein Werk mit folgenden Worten: „In alten Zeiten gab es eine Mysterienschule, deren Zeichen ein Ring war, in dem das Bildnis von Iris und Serapis eingraviert war, beide verbunden durch eine Schlange". Und Krumm-Heller fügt noch hinzu: „Dies ist eine Synthese all dessen, was ich in diesem Buch gesagt habe." In der Lektion acht des Buches „Curso Zodiacal" schrieb Krumm-Heller einen Absatz, über den sich viele Besserwisser empörten. Nach dem Tode des Meisters versuchten sie, diesen Absatz zu verfälschen und auf ihre Art zurechtzubiegen, damit er ihren Theorien entspräche. Wir wollen jetzt diesen Absatz genau so schreiben, wie ihn Meister Huiracocha niederschrieb. Wir lesen:

„Anstelle des Koitus, der den Orgasmus erreicht, sollten bewusst süße Zärtlichkeiten, liebevolle Worte, zärtlichstes Berühren verschwenderisch geschenkt werden, wobei die Gedanken fortwährend von animalischer Leidenschaft und Sexualität frei zu halten sind. Nur reinste Spiritualität darf vorhanden sein, so als ob der Akt eine wahrhafte religiöse Zeremonie wäre.

Freilich kann und soll der Mann den Phallus in die Vagina der Frau einführen, damit beide ein göttliches Gefühl voller Genuss empfinden, das Stunden dauern kann, wobei der Mann sich in dem Moment zurückzieht, in dem er das Nahen des Orgasmus fühlt, um so die Ejakulation des Samens zu vermeiden. Auf diese Weise wächst das Verlangen, einander zu liebkosen, von Mal zu Mal.

Dies kann beliebige Male wiederholt werden, ohne dass eine Ermüdung eintreten wird, ganz im Gegenteil, dies ist der magische Schlüssel, sich täglich zu verjüngen, den Körper gesund zu erhalten und das Leben zu verlängern, da dies einen Quell der Gesundheit durch die ständige Magnetisierung darstellt. Wir wissen, dass beim normalen Magnetismus der Magnetiseur dem Objekt Ströme übermittelt und wenn er diese Kraft entwickelt hat, kann er den anderen sogar heilen. Üblicherweise geschieht die Übermittlung des magnetischen Fluidums durch die Hände oder die Augen. Aber es muss gesagt werden, dass der stärkste, tausendmal stärkere und allem überlegene Leiter der Phallus ist und die Vulva als Empfänger.

Wenn viele Personen dies praktizieren, verbreiten sie in ihrer Umgebung Stärke und Erfolg für alle, die mit ihnen in kommerziellen oder gesellschaftlichen Kontakt kommen. Beim Akt der sublimen, göttlichen Magnetisierung, auf den wir uns beziehen, magnetisieren sich Mann und Frau gegenseitig, der eine ist für den anderen wie ein

Musikinstrument, bei dessen Berührung die wunderbarsten Klänge von mysteriösen und süßen Harmonien erklingen.

Die Saiten dieses Instrumentes spannen sich über den ganzen Körper. Die Lippen und die Finger sind seine wichtigste Tastatur, vorausgesetzt, dass bei diesem Akt die absolute Reinheit über allem steht, die uns in diesem Augenblick zu Magiern erhebt."

So weit also Krumm-Heller.

Dies ist der Weg der Einweihung. Auf diesem Weg erreicht man die Inkarnation des Wortes. Wir können Schüler der Rosenkreuzer, der Theosophie, des Spiritualismus sein. Wir können Yoga praktizieren und zweifellos gibt es wunderbare Bücher und großartige esoterische Praktiken, doch wenn wir keine Sexualmagie praktizieren, können wir weder den christifizierten Astralkörper, den christifizierten Mentalkörper noch den christifizierten Willenskörper erschaffen. Ohne Sexualmagie können wir nicht neu geboren werden. Praktiziert was euch gefällt, studiert die Lehren, die euch am besten ansprechen. Betet im Tempel, der euch am meisten zusagt, aber praktiziert Sexualmagie. Lebt den Weg der Perfekten Ehe. Wir sind gegen keine einzige heilige Religion, gegen keine Schule, Sekte oder Richtung. Alle diese heiligen Institutionen sind notwendig, aber wir raten allen, den Weg der Perfekten Ehe zu leben. Die Perfekte Ehe richtet sich weder gegen irgendeine religiöse Lebensweise noch gegen die esoterischen Übungen des heiligen Yoga. Die gnostische Bewegung besteht aus Menschen aller Religionen, Schulen, Logen, Sekten, Orden, usw.

Erinnert euch, liebe Leser, an das heilige Juwel mit seinem I.A.O.

Im Gaio verbirgt sich das I.A.O.

Arbeitet mit dem I.A.O.

Der Priester, der Meister einer jeden Loge, der Schüler des Yoga, sie alle werden die Geburt erlangen, werden die Bewahrung ihrer wahren Keuschheit erreichen, wenn sie Sexualmagie praktizieren. Gesegnet sei das I.A.O., gesegnet sei die Sexualmagie, gesegnet die Perfekte Ehe. In der Sexualmagie findet sich die Synthese aller Religionen, Schulen, Orden und Yogasysteme. Jedes System der

Selbstverwirklichung ohne Sexualmagie ist unvollständig. Und deshalb ist es nutzlos.

Christus und die Sexualmagie sind die höchste praktische Synthese aller Religionen.

10. Direkte Erkenntnis

Jeder Student des Okkultismus wünscht direkte Erkenntnis, er möchte wissen, wo er steht, er möchte seinen eigenen inneren Fortschritt kennen.

Das größte Anliegen eines jeden Schülers ist es, sich zu einem bewussten Bewohner der höheren Welten zu entwickeln und zu Füßen des Meisters zu lernen. Leider ist Okkultismus nicht so leicht, wie es auf den ersten Blick erscheinen mag. Die inneren Kräfte der menschlichen Rasse sind vollkommen beschädigt, verkümmert. Die Menschen ließen nicht nur ihre physischen Sinne verkümmern, sondern auch, und das ist viel schlimmer, ihre inneren Kräfte. Dies war das karmische Resultat unserer schlechten Gewohnheiten. Der Schüler sucht allerorts und liest sämtliche Bücher über Okkultismus und Magie, die ihm in die Hände fallen. Das Einzige, was der bedauernswerte Aspirant erreicht, ist sich mit schrecklichen Zweifeln und intellektuellen Verwirrungen vollzustopfen. Es existieren Millionen von Theorien, Tausende von Autoren. Die einen wiederholen die Theorien der anderen. Jene widersprechen diesen, alle sind gegen einen und einer ist gegen alle. Kollegen verspotten einander und bekämpfen sich, alle sind einfach gegen alle. Einige Autoren empfehlen dem Schüler, vegetarisch zu leben, andere raten ihm, es nicht zu tun. Jene empfehlen Atemübungen, andere raten davon ab. Das Ergebnis ist für den armen Suchenden eine Katastrophe. Er weiß nicht was er tun soll. Er sehnt sich nach dem Licht, fleht, bittet und nichts, nichts, absolut nichts.

Was soll er tun?

Wir haben äußerst mystische Menschen, sogenannte „Helden einer Gruppe“ gekannt. Viele von ihnen sind Vegetarier, abstinent, tugendhaft, usw., usw., meistens sind sie sehr aufrichtig, wünschen für ihre Anhänger das Beste, aber sie leiden wie alle, seufzen, weinen im Verborgenen. Niemals haben diese Armen gesehen, was sie predigen. Sie kennen ihren Guru nicht, hatten niemals das Glück, sich mit ihm persönlich zu unterhalten. Niemals sahen sie die Ebenen des kosmischen Bewusstseins, die höheren Ebenen oder Welten, von denen sie wunderschöne Diagramme zeichnen und die sie so interessant beschreiben. Wir, die Brüder des Tempels, empfinden aufrichtiges Mitleid mit ihnen und versuchen, ihnen zu helfen. Wir versuchen es, aber es ist umsonst. Sie hassen alles, was mit Sexualität zu tun hat. Alles, was der Sexualität ähnelt. Wenn man ihnen von der Perfekten Ehe spricht, lachen sie und protestieren zornig dagegen, wobei sie ihre Enthaltsamkeit verteidigen. Diese armen Blinden, die andere Blinde führen, sie brauchen jemanden, der sie führt. Sie leiden sehr, weil sie nicht das Glück haben, sich der direkten Kenntnis zu erfreuen. Sie leiden still, schweigend, um ihre Anhänger nicht zu demoralisieren oder zu enttäuschen. Wir, die Brüder des Tempels, lieben sie aufrichtig und bedauern sie. Es ist unerlässlich, mit dem Theoretisieren aufzuhören.

Das Opium der Theorien ist bitterer als der Tod. Der einzige Weg, die verlorenen Kräfte wieder zu erobern, ist die Sexualmagie. Das große Arkanum hat den Vorteil, den Menschen zu regenerieren. Der Mensch benötigt die Regeneration, aber dies ist keine Frage von Autoren oder Bibliotheken. Wir müssen mit dem Korn, mit dem Samen arbeiten.

So wie die Eidechse und der Wurm ihren verlorenen Schwanz regenerieren können, so kann auch der Mensch seine verlorenen Kräfte regenerieren. Diese Tiere können ihren verlorenen Schwanz mithilfe ihrer Sexualkraft wieder ersetzen. So kann der Mensch mit dieser Sexualkraft, die er besitzt, seine inneren Kräfte zurückerobern; auf diesem Weg können die leidenden Pilger zur direkten Kenntnis gelangen. Sie werden so zu wahren, erleuchteten Priestern für ihre brüderlichen Gruppen. Der Weg ist die Sexualmagie. Jeder Führer muss hellsichtig und hellhörig sein.

Nachstehend geben wir eine Übung für die Entwicklung der Hellsichtigkeit und Hellhörigkeit. Nach dem Erwerb dieser Kräfte sollte man sich einige Zeit in die tiefsten Wälder zurückziehen, fern vom Leben der Städte. In der Harmonie der Natur lehren uns die Götter des Feuers, der Luft, des Wassers und der Erde ihr erhabenes Wissen. Es geht nicht darum, nur im Wald zu leben. „Was tut der Heilige im Wald?“

Aber wir sollten einen längeren Urlaub auf dem Land verbringen. Das ist alles.

Für den geistigen Fortschritt ist das vollkommene mentale Gleichgewicht von höchster Bedeutung. Fast alle Anwärter der Esoterik verlieren leicht ihr mentales Gleichgewicht und verfallen auf die absurdesten Dinge. Wer die direkte Kenntnis anstrebt, muss darauf bedacht sein, seinen Geist in einem Zustand des absoluten Gleichgewichtes zu halten.

Übung

Der große Meister Huiracocha lehrt eine sehr einfache Übung, die Tattwas zu sehen (Tattwa ist die Vibration des Äthers).

Die Übung ist wie folgt: Der Schüler verschließe seine Ohren mit dem Daumen. Dann schließe er die Augen und bedecke sie mit seinen Zeigefingern. Die Nase wird durch die Mittelfinger und der Mund schließlich durch die Ring- und kleinen Finger verschlossen. In diesem Zustand soll der Schüler versuchen, mit seinem sechsten Sinn die Tattwas zu sehen. Dieses Auge befindet sich zwischen den Augenbrauen.

Yogananda, der die gleiche Übung wie Krumm-Heller gibt, empfiehlt, dass man zusätzlich das Mantram OM verwenden soll. Yogananda sagt, der Schüler solle seine Ellbogen auf einem Kissen abstützen, das sich auf einem Tisch befindet.

Der Schüler setze sich an einen Tisch mit dem Gesicht nach Osten und führe die Übung aus. Yogananda rät ferner, dass der Sessel, auf dem der Schüler während der Übung sitzt, mit einer Wolldecke bedeckt sein soll.

Dies erinnert uns an Apollonius von Thyana, der sich völlig mit einem Überwurf aus reiner Wolle bedeckte, um sich gegen alle störenden Einflüsse abzuschirmen.

Viele Autoren geben diese Übung und auch wir finden sie sehr gut. Wir glauben, dass mit dieser Übung Hellsichtigkeit und Hellhörigkeit entwickelt werden können.

Anfangs wird der Schüler nur Dunkelheit sehen. Je mehr er sich aber bemüht, um so eher entwickeln sich seine Hellsichtigkeit und sein magisches Ohr, langsam, aber sicher.

Am Anfang wird der Schüler nur seine eigenen physiologischen Töne hören. Allmählich aber wird er während der Übung immer schönere Klänge vernehmen. So erwacht sein magisches Ohr.

Statt sich mit so vielen einander widersprechenden Theorien zu übersättigen, wäre es besser, der Leser würde seine inneren Kräfte üben und entwickeln. Der Prozess der Regenerierung muss Hand in Hand mit den esoterischen Übungen gehen. Die Wissenschaft sagt, dass ein Organ, das nicht benützt wird, verkümmert.

Daher ist es notwendig, diese Organe der Hellsichtigkeit und des magischen Ohres zu benützen. Es ist wichtig diese Organe zu trainieren und zu regenerieren, um die innere Verwirklichung zu erreichen.

Diese Übungen richten sich gegen keine Religion, Sekte, Schule oder Glauben. Alle Priester, Führer, Instruktoren von Schulen und Orden können diese Übungen zur Entwicklung ihrer Kräfte durchführen. So können sie ihre Gruppen besser führen.

Das Erwecken der inneren Fähigkeiten muss Hand in Hand mit der kulturellen, intellektuellen und geistigen Entwicklung gehen. Der Hellsichtige muss auch alle Chakras entwickeln, um grobe Fehler zu vermeiden.

Der Großteil der Hellseher hat sehr große Fehler begangen. Fast alle berühmten Hellseher haben die Welt mit Tränen gefüllt. Fast alle großen Hellseher haben ihre Mitmenschen verleumdet. Falsch angewandte Hellsichtigkeit führte zu Ehescheidungen, Totschlag, Ehebruch, Raub, usw., usw.

Der Hellseher braucht logisches Denken und ein exaktes Konzept. Der Hellseher muss in völligem mentalen Gleichgewicht sein.

Der Hellseher muss auch ein starker Analytiker sein. Der Hellseher muss mathematisch genau bei seinen Untersuchungen und anspruchsvoll im Ausdruck sein.

Um wirklich korrekt funktionieren zu können, muss die Hellsichtigkeit Hand in Hand gehen mit der vollständigen Entwicklung der Hellhörigkeit, der Intuition, der Telepathie, der Vorahnung und den übrigen Fähigkeiten.

11. Wachset und mehret euch

In der Genesis steht geschrieben: „Wachset und mehret euch“. Das Wort *wachset* bedeutet, die sexuelle Energie zu transmutieren, zu sublimieren, um geistig zu wachsen. Das Wort *mehret euch* bezieht sich auf die Reproduktion der Spezies Mensch. In der Bibel werden zwei Arten von Kindern genannt: die Kinder Gottes und die Kinder der Menschen. Kinder Gottes sind jene, die durch die Sexualmagie empfangen wurden, also ohne Verlust des Samens. Kinder der Menschen hingegen sind die durch leidenschaftliche Lust und Samenejakulation Empfangenen.

Wir müssen Kinder Gottes hervorbringen und um ihr geistiges Wachstum kämpfen.

Kindererziehung

Kinder lernen durch Beispiel mehr als durch Verbote. Wenn wir wollen, dass unsere Kinder geistig wachsen, müssen wir uns um unser eigenes geistiges Wachstum bemühen. Es genügt nicht, uns nur zu vermehren, nein, wir müssen auch geistig wachsen.

Die Sünde

Unser strahlender Drache der Weisheit hat drei Aspekte.

Vater, Sohn und Heiliger Geist.

Der Vater ist das Licht und das Leben; der Sohn ist das Wasser und das Blut, das aus der Brust des Herrn floss, durch die Lanze des Longinus. Der Heilige Geist ist das Pfingstfeuer oder das Feuer des Heiligen Geistes, das die Inder Kundalini nennen, die feurige Schlange unserer magischen Kräfte, das heilige Feuer, das durch das Gold symbolisiert wird.

Wir sündigen gegen den Vater, wenn wir lügen. Wir sündigen gegen den Sohn, wenn wir jemanden hassen. Wir sündigen gegen den

Heiligen Geist, wenn wir uns der Unzucht hingeben, das heißt, wenn wir den Samen verlieren. Der Vater ist die Wahrheit. Der Sohn ist die Liebe. Der Heilige Geist ist das sexuelle Feuer.

Unterweisung

Wir müssen unsere Kinder lehren, die Wahrheit und nichts als die Wahrheit zu sagen. Wir müssen unsere Kinder das Gesetz der Liebe lehren. Liebe ist Gesetz, aber bewusste Liebe. Im Alter von spätestens vierzehn Jahren müssen wir unsere Kinder die Mysterien der Sexualität lehren. Durch diesen dreifachen Aspekt der Heiligkeit und Vollkommenheit werden unsere Kinder geistig wachsen.

Wer seine Kinder in diesem dreifachen Aspekt der Vollkommenheit unterweist, hat ihnen eine solide Basis für ihr Glück geschaffen. Aber wir dürfen sie nicht nur durch Gebote unterweisen, sondern auch durch das Beispiel. Wir müssen mit Taten demonstrieren, was wir predigen.

Beruf

Das moderne Leben verlangt, dass wir unsere Kinder intellektuell darauf vorbereiten. Es ist richtig, dass sie einen Beruf erlernen, um leben zu können. Wir müssen die Begabungen unserer Kinder sorgfältig beobachten, um sie intellektuell richtig orientieren zu können. Niemals dürfen wir einen Sohn oder eine Tochter ohne Beruf lassen. Jeder Mensch muss einen Beruf erlernen, um seinen Lebensunterhalt zu verdienen. Es ist ein schweres Vergehen, ein Kind hilflos und ohne Beruf zu lassen.

Über die Töchter

Die moderne Zeit verlangt, dass unsere Töchter eine solide geistige und intellektuelle Vorbereitung erhalten. Es ist unerlässlich, dass die Mütter ihre Töchter über die Mysterien der Sexualität unterweisen, wenn diese ihr vierzehntes Lebensjahr erreichen. Sie sollen auf dem dreifachen Pfad der Wahrheit, Liebe und Keuschheit wandeln.

Die moderne Frau muss einen Beruf haben, um ihren Lebensunterhalt zu verdienen. Väter und Mütter müssen verstehen, dass auch ihre Töchter geistig wachsen und sich durch die Perfekte Ehe mehren sollen. All dies muss mit Anstand und Ordnung erfolgen. Es ist absurd, dass die Töchter allein mit ihrem Freund durch die Straßen oder Parks spazieren und Tanzveranstaltungen oder Kinovorführungen besuchen. Da sie das animalische Ego noch nicht aufgelöst haben, ist es nur ein Leichtes, dass sie sich sexuell verführen lassen und so jämmerlich scheitern. Die Töchter sollten immer in Begleitung ihrer Eltern oder Familienangehörigen sein, man sollte sie nie mit ihren Freunden allein lassen. Eltern sollten der Heirat ihrer Tochter keine Hindernisse in den Weg legen. Aber ich wiederhole nochmals, all dies muss nach der bestehenden Ordnung und dem Gesetz erfolgen. Es ist notwendig, dass wir uns durch Keuschheit mehren und geistig wachsen. Das ist der Weg der Perfekten Ehe.

12. Zwei Rituale

Es gibt bestimmte schwarze Rituale, die sich aus fernen Zeiten bis heute erhalten haben. Die Hexen von Thessalien zelebrierten bestimmte Rituale in ihren Friedhöfen oder Grüften, um die Schatten der Verstorbenen anzurufen. Am Jahrestag des Todes ihres geliebten Verstorbenen versammelten sie sich vor den Gräbern des Friedhofes und unter fürchterlichem Heulen ritzten sie sich die Brüste blutig. Das Blut diente den Schatten der Verstorbenen als Vehikel, sich in der physischen Welt zu materialisieren. Homer, der große Eingeweihte, beschreibt in der Odyssee ein Ritual, welches ein Zauberer auf der Insel der Nymphe Kalypso, wo die grausame Göttin Kirke herrschte, ausführte. In einer Grube köpfte der Zauberer eine Kuh. Die Grube füllte sich mit Blut. Der Zauberer beschwor dann den Wahrsager von Theben. Homer schildert, dass dieser der Anrufung Folge leistete und sich durch das Blut zur Gänze materialisieren konnte. Der Wahrsager von Theben sprach persönlich mit Odysseus und sagte ihm viele Dinge voraus. Der weise Autor des Zarathustra sagte: „Schreibe mit Blut und du wirst lernen, dass Blut Geist ist.“ Goethe lässt Mephistopheles ausrufen: „Blut ist ein ganz besonderer Saft.“

Das letzte Abendmahl

Das letzte Abendmahl ist ein Ritual von immenser Kraft. Ähnlich der archaischen Zeremonie der Blutsbruderschaft. Die Tradition dieser Bruderschaft besagt, wenn zwei oder mehr Personen ihr Blut in einem Kelch vermischen und dann daraus trinken, sie auf ewig in Blutsbrüderschaft verbunden sind. Die astralen Vehikel dieser Personen verbleiben in alle Ewigkeit in engster Verbindung. Das Volk der Hebräer schreibt dem Blut ganz besondere Eigenschaften zu. Das letzte Abendmahl war eine Zeremonie des Blutes. Jeder der Apostel brachte in seinem Becher einige Tropfen seines eigenen Blutes und gab sie in den Kelch von Jesus Christus. In diesen Kelch gab der Anbetungswürdige auch von seinem königlichen Blut. So wurde im Heiligen Gral das Blut Jesu Christi mit dem Blute seiner Jünger vermischt.Die Tradition berichtet auch, dass Jesus seinen Jüngern winzigste Teilchen seines eigenen Fleisches als Speise darbrachte.

„Und er nahm Brot, sprach das Dankgebet, brach das Brot und reichte es ihnen mit den Worten: Das ist mein Leib, der für euch hingegeben wird. Tut dies zu meinem Gedächtnis! Ebenso nahm er nach dem Mahl den Kelch und sagte: Dieser Kelch ist der Neue Bund in meinem Blut, das für euch vergossen wird."

So wurde der Bund geschlossen. Jeder Bund wird mit Blut unterschrieben. Der Astralkörper von Christus Jesus blieb vereint und verbunden mit seinen Jüngern und der gesamten Menschheit durch den Pakt des Blutes. Der Anbetungswürdige ist der Retter der Welt. Diese Blutzeremonie ist so alt wie die Unendlichkeit. Seit fernsten Zeiten haben alle großen Avatare diese Zeremonie ausgeführt. Auch der große Herr von Atlantis feierte das letzte Abendmahl mit seinen Jüngern.

Diese Zeremonie des Blutes wurde nicht durch den göttlichen Meister improvisiert. Es handelt sich um eine uralte archaische Zeremonie, die Zeremonie des Blutes der großen Avatare.

Jedes gnostische Abendmahl, gleichgültig welchen Kultes, Glaubens, Sekte oder Religion, ist engstens mit dem letzten Abendmahl des Herrn verbunden, durch den Pakt des Blutes. Die ursprüngliche heilige gnostische christliche Kirche, der wir das Glück haben anzugehören, bewahrt im Geheimen die ursprünglichen Rituale, welche die Apostel gebrauchten. Dies waren die Rituale der Christen, die sich in den Katakomben von Rom versammelten während der Regierung des Kaisers Nero. Es sind die Rituale der Essener, einer demütigen Gruppe großer Eingeweihter, denen auch Christus Jesus angehörte. Dies sind die ursprünglichen Rituale der alten Christen.

Diese Rituale besitzen Kraft. In ihnen finden wir unsere gesamte geheime Wissenschaft des großen Arkanums. Während der Rituale vokalisieren wir bestimmte Mantrams, die die Kraft haben, die sexuelle Energie bis zum Herzen zu sublimieren. Im Tempel des Herzens lebt der innere Christus. Wenn die sexuellen Energien bis zum Herzen sublimiert werden, dann haben sie das tiefe Glück, sich mit den Kräften des inneren Christus zu vermischen, damit er in die höheren Welten eintreten kann. Unsere Rituale wiederholen sich auf allen sieben großen kosmischen Ebenen. Die rituelle Zeremonie bildet einen geheimen Kanal, von der physischen Ebene aus durch alle sieben großen Ebenen bis zur Welt des Sonnenlogos. Die christischen Atome des Sonnenlogos steigen durch diesen Kanal herab und sammeln sich im Brot und im Wein.

So wird durch das Werk der Transsubstantiation, der Verwandlung, das Brot tatsächlich zum Fleisch und der Wein tatsächlich zum Blut Christi. Beim Essen des Brotes und beim Trinken des Weines verteilen sich die christischen Atome durch unseren ganzen Organismus und gehen weiter in die inneren Körper, um die Kräfte unserer solaren Natur zu erwecken.

Die Apostel tranken vom Blut Christi und aßen vom Fleisch Christi.

Die sexuellen Kräfte und das Ritual

In „La Zarza de Horeb" von Dr. Adoum (Magier Jefa) fanden wir die Beschreibung einer schwarzen Messe des Mittelalters. Dr. Adoum zitiert einen Absatz, der dem Werk Huysmans entnommen ist. Diese Beschreibung ist so interessant, dass wir sie unseren Lesern nicht vorenthalten möchten. Wir lesen:

„Im Allgemeinen amtierte ein Priester. Er zog sich völlig nackt aus und umhüllte sich dann mit einem gewöhnlichen Messgewand. Auf dem Altar lag eine nackte Frau, üblicherweise die Bittstellerin.

Zwei nackte Frauen agierten als Ministrantinnen; manchmal wurden auch Halbwüchsige eingesetzt, die natürlich auch nackt sein mussten. Diejenigen, die dem Akt beiwohnten, kleideten oder entkleideten sich je nach ihrer momentanen Laune. Der Priester führte alle Übungen des Rituals durch und die Gehilfen begleiteten die Vorgänge durch obszöne Gesten. Die Atmosphäre lud sich immer mehr auf und die Umgebung wurde in höchstem Maße fluidisch. Alles trug dazu bei, die Stille, die Dunkelheit und die innere Konzentration. Das Fluidum war anziehend und brachte die Helfer in Verbindung mit den Naturgeistern. Wenn sich die auf dem Altar liegende Frau während der Zeremonie auf einen bestimmten Wunsch konzentrierte, war es nichts Außergewöhnliches, dass sich eine absolut reale Transmission vollzog, eine Transmission, welche das Objekt ihrer Wünsche wahrhaft besessen machte. Dann war das Ziel erreicht. Noch am gleichen Tag oder während der nächsten paar Tage konnte die Realisierung des Phänomens beobachtet werden und dies wurde der Güte Satans zugeschrieben. Jedoch hatte diese fluidische Umgebung auch seine unangenehme Seite: eine Überreizung der Nerven und bei einigen Teilnehmern dieser Zusammenkünfte wurde eine hysterische Krise erzeugt, die manchmal kollektiv war.

Es war nichts Ungewöhnliches, in einem gewissen Augenblick die Frauen dem Wahnsinn nahe zu sehen: Sie rissen sich die Kleider vom Leib und die Männer gestikulierten wirr. Nach kurzer Zeit fielen zwei oder drei Frauen unter heftigen Zuckungen zu Boden. Sie waren einfach Medien, die in Trance gefallen waren. Man sagte, sie seien besessen und alle waren zufrieden."

So weit der Bericht Huysmans, wie er von Dr. Adoum vermittelt wird. Aus dieser Schilderung können wir ersehen, wie die Rituale und die Sexualkräfte für höchst verbrecherische Zwecke missbraucht wurden. Es ist klar, dass während solcher Rituale der Zustand höchster nervlicher Überreizung rein sexueller leidenschaftlicher Natur, eine bestimmte Art mentaler Kraft hervorbrachte, die gesättigt war mit schöpferischer Energie.

Das Ergebnis eines derartigen Rituals ist ein magisches Phänomen.

Alle Rituale stehen in Beziehung zu Blut und Samen. Das Ritual ist ein zweischneidiges Schwert.

Dem Reinen und Tugendhaften spendet es Leben und schützt ihn. Die Finsteren und Unreinen verwundet und vernichtet es. Das Ritual ist mächtiger als Dynamit oder das Messer.

Im Ritual wird mit atomarer Kräften umgegangen. Die Atomenergie ist ein Geschenk Gottes.

Sie kann sowohl heilen als auch töten. Jeder Tempel, in dem das heilige gnostische Abendmahl gefeiert wird, ist aus obigem Grund in Wirklichkeit wie ein Kernkraftwerk.

In Atlantis praktizierten die Schwarzmagier in Verbindung mit der Sexualenergie ähnliche Rituale. Die Folge dieses Missbrauches war der Untergang jenes Kontinentes, der eine äußerst hohe Kulturstufe erreicht hatte.

Die Sexualkräfte stehen in engster Beziehung zu den vier Elementen der Natur. Jedes schwarzmagische Ritual, jede schwarze Messe hat ihre verhängnisvollen Koordinaten in der Natur. Jetzt verstehen wir die Gründe für den Untergang von Atlantis. Die Sexualkraft ist wie die Elektrizität. Sie ist überall verteilt. Es ist eine Kraft, die in den Elektronen sitzt. Diese Kraft fließt im Kern eines jeden Atoms und im Zentrum eines jeden kosmischen Nebels. Ohne diese Kraft würden die Welten des unendlichen Universums nicht bestehen. Sie ist die schöpferische Energie des dritten Logos. Sowohl die weißen als auch die schwarzen Magier arbeiten mit dieser Kraft. Die weißen Magier arbeiten mit weißen Ritualen. Die schwarzen Magier mit schwarzen Ritualen. Das letzte Abendmahl des Retters der Welt hat eine uralte, archaische Tradition, die sich in der Nacht der Jahrhunderte verliert. Die schwarze Messe und alle schwarzen Zeremonien der Finsteren stammen aus einer unendlich weit zurückliegenden lunaren Vergangenheit. Zu allen Zeiten gab es zwei Rituale: ein Ritual des Lichtes und eines der Finsternis. Das Ritual ist praktische Magie. Die Schwarzmagier empfinden tödlichen Hass gegen die Heilige Eucharistie. Die Magier der Finsternis rechtfertigen ihren Hass gegen die Rituale des Brotes und des Weines auf unterschiedliche Weise.

Manchmal interpretieren sie die Evangelien auf geradezu haarsträubende Art und Weise. Ihr eigenes Unterbewusstsein verrät sie. Sie wollen auf die eine oder andere Art das letzte Abendmahl abschaffen. Sie hassen das letzte Abendmahl des Anbetungswürdigen. Unsere Schüler müssen gegen diese Art gefährlicher Subjekte wachsam und auf der Hut sein. Jeder, der die Rituale des letzten Abendmahls hasst, ist ein schwarzer Magier.

Jeder, der das Brot und den Wein des heiligen gnostischen Abendmahles zurückweist, weist in Wirklichkeit das Fleisch und das Blut Christi zurück.

Solche Menschen sind Schwarzmagier.

Die gnostische Kirche

Es gibt vier wichtige Wege, die jedes Paar, das in der Perfekten Ehe lebt, kennen muss. Erstens: der Weg des Fakirs. Zweitens: der Weg des Mönchs. Drittens: der Weg des Yogi. Viertens: der Weg des Menschen im Gleichgewicht.

Die universelle gnostische christliche Bewegung verfügt über eine Schule und eine Religion. Den ersten Weg leben wir im praktischen Leben, indem wir lernen korrekt zu leben. Der zweite Weg findet sich in unserer Kirche. Sie hat ihre Sakramente, ihre Rituale und ihr Gemeindeleben. Den dritten Weg leben wir als praktische Okkultisten. Wir haben unsere esoterischen Übungen. Besondere Übungen für die Entwicklung der im Menschen latent vorhandenen Fähigkeiten. Den vierten Weg, den Weg des klugen Menschen, leben wir in der Praxis durch ein Leben in völligem Gleichgewicht. Wir studieren die Alchemie und die Kabbala. Wir arbeiten an der Auflösung des psychologischen *Ichs*.

Wir sind keine Mitglieder der römisch-katholischen Kirche. Diese Kirche folgt ausschließlich dem Weg des Mönchs. Wir folgen allen vier Wegen.

Den Weg des Mönchs mit seinen Patriarchen, Erzbischöfen, Bischöfen und Priestern haben wir in der gnostischen Religion.

Deshalb gehören wir nicht zur Kirche Roms. Wir sind gegen keine einzige Religion, Schule oder Sekte. Viele Priester der römischen Kirche sind in unsere Reihen eingetreten. Menschen aller Organisationen haben sich unserer gnostischen Bewegung angeschlossen. Unsere gnostische Kirche ist die vollständigste. Auf dem Weg des Fakirs lernen wir, korrekt zu leben. Auf dem Weg des Mönchs entwickeln wir das Gefühl. Auf dem Weg des Yogi praktizieren wir die esoterischen Übungen, durch die wir die im Menschen latent vorhandenen okkulten Mächte aktivieren. Auf dem Weg des ausgeglichenen Menschen arbeiten wir mit der Alchemie und der Kabbala und kämpfen darum, das *Ichs* aufzulösen.

Unsere gnostische Kirche ist die transzendierte Kirche. Diese Kirche befindet sich in den höheren Welten. Freilich haben wir auch viele Tempel in der physischen Welt. Außerdem haben wir Tausende von gnostischen Lumisialen eröffnet, in denen die heiligen Riten zelebriert und die geheime Lehre des Retters der Welt studiert werden. Wir dürfen nicht vergessen, dass unsere gnostische Bewegung gleichzeitig Schule und Religion ist. Es wurde schon genügend bewiesen, dass Jesus, der Christus, ein Gnostiker war. Der Retter der Welt war ein aktives Mitglied der Essener, einer Gruppe von Mystikern, die sich niemals die Haare oder den Bart kürzten. Die gnostische Kirche ist die authentische ursprüngliche christliche Kirche, deren erster Pontifex ein gnostischer Eingeweihter namens Petrus war. Ihr gehörte auch Paulus von Tarsus an. Er war Nazarener. Die Nazarener waren auch eine gnostische Sekte.

Die ursprüngliche christliche Kirche war der wahre esoterische Stamm, aus dem viele neochristliche Gruppen hervorgingen, wie: der römische Katholizismus, der Protestantismus, die Adventisten, die armenische Kirche, usw. Wir haben uns entschlossen, die Wurzel des Christentums, den Gnostizismus öffentlich bekannt zu machen. Er ist die ursprüngliche christliche Kirche. Zu dieser gnostischen Kirche gehörten der Patriarch Basilides, ein bekannter Alchemist, der ein Buch aus Blei mit sieben Seiten hinterließ, welches nach Angaben von Meister Krumm-Heller im Museum Kircherianum im Vatikan aufbewahrt wird. Dieses Buch ist für die Archäologen unverständlich, da es sich um ein Buch der okkulten Wissenschaft handelt. Basilides war ein Schüler des Heiligen Matthias. Der gegenwärtige römische Katholizismus ist nicht der wahre Katholizismus. Der legitime, authentische Katholizismus ist der ursprüngliche katholische christliche Gnostizismus.

Die gegenwärtige römische Sekte ist nur eine Abweichung vom ursprünglichen gnostischen Katholizismus. Dies ist der Hauptgrund, warum wir uns völlig von der römischen Sekte trennten. Der ursprünglichen katholischen christlichen gnostischen Kirche gehörten Heilige an wie der große Kabbalist Saturnius von Antiochia, der später leider abtrünnige Simon Magus, Karpokrates, der verschiedene gnostische Klöster in Spanien gründete, Marcion von Pontus, der heilige Thomas, Valentin, der große Meister der höheren Mysterien, auch genannt der heilige Augustinus, Tertullian, der heilige Ambrosius, Irenius, Hippolytus, Epiphanius, Klemens von Alexandrien und schließlich Markus, der große Gnostiker, der über das heilige gnostische Abendmahl wachte und uns Unterweisungen hinterließ über den Weg der Sexualkraft durch die zwölf Tore des Tierkreises im menschlichen Organismus. Weitere Gnostiker waren: Kerdon, Empedokles, der heilige Hieronymus und viele andere Heilige der antiken ursprünglichen gnostischen katholischen christlichen Kirche, von der sich die heutige römische Sekte abgespaltet hat.

Sakramente

In unserer gnostischen Kirche haben wir die Taufe, die Kommunion mit Brot und Wein, die Ehe, die Beichte (freundschaftliche Unterredung zwischen Meister und Schüler). Und schließlich die Letzte Ölung.

Die gnostische Zeremonie der Eheschließung ist auch sehr interessant. Bei diesem Sakrament kleidet sich die Frau mit dem Kleid der gnostischen Priesterin und sie wird so ihrem Gatten als Gattin übergeben. Die heiligen Meister vollbringen die zeremoniellen Handlungen und sie wird als Gattin empfangen mit dem Gelöbnis, sich der Unzucht zu enthalten.

Christus

Die gnostische Kirche betet zum Retter der Welt, genannt Jesus. Die gnostische Kirche weiß, dass Jesus den Christus inkarnierte, und betet ihn deshalb an. Der Christus ist weder ein menschliches noch ein göttliches Individuum. Christus ist der Titel, der jedem Meister gegeben wird, der sich zutiefst verwirklicht hat. Christus ist das Heer des Wortes.

Christus ist das Wort. Weit jenseits des Körpers, der Seele und des Geistes ist das Wort. Jeder, dem es gelingt, das Wort zu inkarnieren, empfängt den Titel Christus. Christus ist das Wort selbst. Es ist notwendig, dass in jedem von uns das Wort Fleisch werde. Wenn in uns das Wort zu Fleisch geworden ist, sprechen wir mit dem Wort des Lichtes.

Gegenwärtig haben verschiedene Meister den Christus inkarniert. Im verborgenen Indien lebt seit Millionen von Jahren der

Christus Yogi Babaji, der unsterbliche Babaji. Der große Meister der Weisheit Kout Humi inkarnierte auch den Christus. Sanat Kumara, der Gründer des großen Kollegiums der Eingeweihten der Weißen Loge ist ein anderer lebender Christus. In der Vergangenheit haben viele den Christus inkarniert. Gegenwärtig sind es nur einige, die ihn inkarniert haben. In Zukunft werden ihn viele inkarnieren. Auch Johannes der Täufer inkarnierte den Christus. Johannes der Täufer ist ein lebendiger Christus. Der Unterschied zwischen Jesus und den anderen Meistern, die auch den Christus inkarnierten, besteht in der Hierarchie. Jesus ist der höchste solare Eingeweihte des Kosmos.

Auferstehung

Der höchste große Meister, Jesus, lebt gegenwärtig mit seinem gleichen physischen Körper, mit dem er von den Toten auferstand. Der große Meister lebt jetzt in Shamballah. Dies ist ein geheimes Land im östlichen Tibet. Mit dem höchsten großen Meister leben noch viele andere wiederauferstandene Meister, die mit ihm gemeinsam am großen Werk des Vaters arbeiten.

Abendmahl

Der eingeweihte Priester empfängt im Zustand der Ekstase die Substanz Christi und durch magisches Handeln wirkt er auf das Brot und den Wein, um die christonische Substanz in diesen Elementen zu erwecken, damit diese das Wunder vollbringen, in unseren inneren Körpern die christischen Kräfte zu aktivieren.

Heilige Gewänder

In den großen gnostischen Kathedralen verwendet der gnostische Priester normalerweise die gleichen Gewänder, wie sie auch die katholischen Priester verwenden: Soutane, Chorhemd und Messgewand. Diese drei Gewänder gehören rechtmäßig zur ursprünglichen gnostischen katholischen christlichen Kirche. Auch das Barett wird benutzt.

Die drei übereinander getragenen Gewänder symbolisieren den Körper, die Seele und den Geist. Die physische, astrale und spirituelle Welt. Das Barett bedeutet, dass er ein Mensch ist. Wenn er predigt, bedeckt er sein Haupt, um anzudeuten, dass er nur persönliche Meinungen zum Ausdruck bringt.

In den gnostischen Lumisialen verwendet der Priester lediglich eine himmelblaue Tunika mit weißer Kordel als Gürtel. Auch verwendet er Sandalen. Die Isis der gnostischen Lumisiale bedeckt ihr Haupt mit einem weißen Schleier. Das ist alles. Früher wiesen wir die Teilnehmer an, ihre eigene Tunika zu verwenden. Eine Tunika, die dem esoterischen Grad im Innersten eines jeden Einzelnen entsprach. Später mussten wir diesen Brauch verbieten, wegen des Missbrauchs vieler Teilnehmer, die sich in schönen Tuniken kleideten und sich wohlklingende Namen gaben, da sie sich für hohe Eingeweihten hielten.

Dies erzeugte außerdem Hochmut.

Viele, die sich mit der Tunika eines bestimmten Grades kleideten, wurden bei den Ritualen von Eitelkeit und Stolz übermannt und schauten geringschätzig auf jene mit geringerem esoterischen Grad herab.

Der Altar

Der Altar muss aus Stein sein. Erinnert euch, dass wir mit dem Stein der Weisen (der Sexualität) arbeiten. Der Altar symbolisiert außerdem die philosophische Erde. Der Fuß des Kelches, der Stängel der Pflanze, und die heilige Schale symbolisieren die Blume. Das bedeutet, dass die christonische Substanz der Sonne in den Uterus der Erde eindringt, die Saat beginnt zu keinem, die Ähre des Weizens wächst und die Frucht, das neue Samenkorn entsteht.

Das Korn wird geerntet und alles andere stirbt. Die ganze Kraft der Christus-Sonne ist im Korn eingeschlossen. Das Gleiche geschieht mit dem Wein. Die Sonne bringt die Traube zum Reifen. Die ganze Kraft der Christus-Sonne ist in der Traube eingeschlossen. Das gnostische Abendmahl löst aus dem Brot und dem Wein alle solaren christischen Kräfte. Diese arbeiten dann in unserem Organismus und christifizieren uns.

Epiphany

Epiphany ist die Manifestation, die Offenbarung oder die Himmelfahrt Christi in uns.

Nach Krumm-Heller sagt Dietrich, der große Theologe: „Um die gewünschte *religare* oder die Einheit mit der Göttlichkeit zu finden, müssen wir diesen vier Wegen folgen: Gott empfangen (die Eucharistie), liebevolle Vereinigung (Sexualmagie), Kindesliebe (sich als Kind Gottes fühlen), Tod und Wiedergeburt."

Der Gnostiker lebt diese vier Wege.

Der Prätor

Die gnostische Kirche existiert in den höheren Welten. Die Kathedrale der Seele. In dieser Kathedrale werden jeden Freitag und Sonntag in der Morgendämmerung, oder wenn die Menschheit ihrer bedarf, Rituale durchgeführt. Viele Gläubige kommen mit ihrem Astralkörper zum Prätor. Auch gibt es einige Meister der Jinas-Wissenschaft, die mit ihrem physischen Körper zum Prätor reisen. Dort haben alle Gläubigen das Glück, Brot und Wein zu empfangen.

Schlüssel für bewusstes astrales Austreten

Der Schlüssel für astrales Austreten ist sehr einfach. Es genügt, beim Einschlafen mental das machtvolle Mantram Faraon zu vokalisieren. Dieses Mantram wird in drei Silben geteilt: Fa-Ra-On.

Wenn der Schüler sich im Zustand des Überganges zwischen Wachsein und Schlaf befindet, gehe er mittels bewusster Selbstreflexion in sich und erhebe sich dann mit einem leichten Sprung vom Bett, vollkommen identifiziert mit seinem zarten und fluidischen Geist.

Im Astralkörper kann jeder Gläubige sich zum Prätor begeben. Menschen, die den christifizierten Astralkörper noch nicht erschaffen haben, leiden, weil sie das astrale Austreten nicht leicht lernen, sondern nur mit tausend Schwierigkeiten und mit größter Mühe. Menschen, die in früheren Inkarnationen den christifizierten Astralkörper erschaffen haben, können mit großer Leichtigkeit aus ihrem physischen Körper austreten.

Schlüssel, um den physischen Körper in den Jinas-Zustand zu versetzen

Der Schüler konzentriere sich auf den Meister Oguara. Er schlafe ein, während er folgendes Gebet wiederholt: „Ich glaube an Christus, ich glaube an Oguara, Babaji, Mataji und an die Meister des Jinas. Zieht mich mit meinem physischen Körper aus dem Bett. Bringt mich mit meinem physischen Körper im Jinas-Zustand zur gnostischen Kirche."

Der Schüler muss dieses Gebet Tausende Male wiederholen. Der Gläubige soll einschlafen, während er dieses Gebet spricht. Wenn sich der Schüler mehr im Schlaf- als im Wachzustand befindet, wenn er seinen Körper schwach und voller Mattigkeit fühlt, schlaftrunken ist und wenn er schon zu träumen beginnt, erhebe er sich von seinem Bett, „bewahre aber seinen Schlaf wie ein Geiziger sein Gold."

Die ganze Macht liegt im Schlaf. In diesen Momenten arbeiten immense Kräfte, die die Vibrationen des physischen Körpers erhöhen und die Bewegung der Atome auf eine erstaunliche Geschwindigkeit bringen. Der physische Körper tritt so in den Jinas-Zustand. Er dringt in den Hyperraum ein. Wenn der Schüler einen leichten Sprung macht, in der Absicht zu schweben, stellt er zu seinem Erstaunen fest, dass er fliegen kann. In diesem Zustand ist er für die physische Welt unsichtbar. In diesem Zustand kann er den Prätor besuchen.

Wenn der physische Körper in den Jinas-Zustand eintritt, beginnt er sich, von unten nach oben, ab den Knöcheln aufzublähen. In Wirklichkeit bläht er sich nicht auf, sondern die astralen Kräfte dringen in ihn ein und geben ihm das aufgeblähte Aussehen.

Allgemeine Aspekte des gnostischen Rituals

Wenn der zelebrierende katholische Priester von der Seite der Epistel zur Seite des Evangeliums wechselt, bedeutet das für die profanen Anhänger der römischen Kirche den Gang Christi von Herodes zu Pilatus; für die gnostischen Priester aber bedeutet das den Schritt von einer Welt in die andere, nach dem Tod.

Die vier Jahreszeiten

Wir Gnostiker verwenden in jeder Jahreszeit ein anderes Ordenskleid. Im Astralen gibt es Engel, die sich bei ihrer Arbeit, der Menschheit zu helfen, ständig abwechseln: Rafael im Frühling, Uriel im Sommer, Michael im Herbst und Gabriel im Winter. Alle diese Engel wohnen den gnostischen Ritualen bei, um uns zu helfen.

Das Vater Unser

Von allen rituellen Gebeten ist das *Vater Unser* das mächtigste Gebet. Es ist ein magisches Gebet von immenser Kraft. Vorstellungskraft, Inspiration und Intuition sind die drei obligatorischen Wege der Einweihung. Meister Huiracocha sagt Folgendes: „zuerst muss man im Inneren die spirituellen Dinge sehen und dann dem Verb oder dem göttlichen Wort lauschen, um unseren spirituellen Organismus für die Einweihung vorzubereiten."

Diese Dreiheit finden wir in den drei ersten Bitten des *Vater Unsers*, wie folgt:

„Geheiligt werde dein Name", das heißt, das göttliche Wort, der wunderbare Name Gottes, das schöpferische Wort.

„Dein Reich komme", durch das Aussprechen des Wortes, durch die Mantrams kommt das innere Reich der heiligen Meister zu uns.

„Dein Wille geschehe, wie im Himmel, so auf Erden."

Darin ist die Vereinigung mit Gott, die alles löst … mit diesen drei Bitten, sagt Krumm-Heller, haben wir alles erbeten. Und wenn wir das eines Tages erreichen, werden wir bereits Götter sein. Dann brauchen wir nicht mehr zu bitten.

Die gnostische Kirche bewahrt die vollständige geheime Lehre des Retters der Welt. Die gnostische Kirche ist die Religion der Freude und der Schönheit. Die gnostische Kirche ist der ursprüngliche Stamm, aus dem die römische Kirche und alle anderen Sekten, die den Christus anbeten, hervorgingen. Die gnostische Kirche ist die einzige Kirche, die im Geheimen die Doktrin bewahrt, die Christus seinen Jüngern von Mund zu Ohr weitergab.

Wir sind gegen keine Religion. Wir laden die Menschen aller heiligen Religionen ein, die den Herrn anbeten, unsere Geheimlehre zu studieren.

Wir dürfen nicht vergessen, dass es Rituale des Lichts und Rituale der Finsternis gibt. Wir besitzen die geheimen Rituale des Retters der Welt.

Wir verachten keine Religion oder schätzen sie gering. Alle Religionen sind kostbare Perlen auf der goldenen Schnur der Göttlichkeit. Wir stellen nur fest, dass die Gnosis die Flamme ist, aus der alle Religionen des Universums hervorgehen. Das ist alles.

13. Die beiden Marien

Es gibt zwei Schlangen: die, die durch den Rückenmarkskanal aufsteigt und die, die absteigt. Bei den weißen Magiern steigt die Schlange nach oben, da diese den Samen nicht ausstoßen. Bei den schwarzen Magiern fällt die Schlange nach unten, weil sie den Samen ejakulieren.

Die durch den Rückenmarkskanal aufsteigende Schlange ist die Jungfrau. Die vom Steißbein in die atomare Hölle der Natur absteigende Schlange ist die Santamaria der schwarzen Magie und der Hexenkünste. Es gibt also zwei Marien, die weiße und die schwarze.

Die weißen Magier verabscheuen die schwarze Santamaria. Die schwarzen Magier empfinden tödlichen Hass gegen die weiße Jungfrau Maria. Wer es wagt, den Namen der Jungfrau auszusprechen, wird unverzüglich von den finsteren Mächten angegriffen.

Wenn der Eingeweihte am großen Werk arbeitet, muss er schreckliche Kämpfe gegen die Adepten der Santamaria bestehen.

Die schöpferischen Kräfte haben eine dreifache Natur: männlich, weiblich und neutral. Diese starken Kräfte fließen von oben nach unten.

Wer sich regenerieren will, muss diese Richtung ändern und diese schöpferischen Kräfte nach innen und oben zurückführen. Diese Umkehr ist den Interessen der Natur entgegengesetzt. Die Mächte der Finsternis fühlen sich beleidigt und greifen den Eingeweihten mit allen Kräften an. Die weiblichen Adepten der schwarzen Hand bedrängen den Eingeweihten sexuell, um ihm seinen Samen zu rauben. Dies ist besonders während des Schlafes der Fall. Nächtliche Pollutionen treten auf. Der Schüler träumt von schönen Frauen, die eine Ejakulation bewirken, um damit das Aufsteigen des Feuers durch den Rückenmarkskanal zu verhindern.

Die Finsteren beten im Abgrund zu Santamaria und besingen sie in Liedern voll bösartiger Schönheit.

Die weißen Magier beten zur Jungfrau, die wie eine feurige Schlange den Rückenmarkskanal hochsteigt, und an sie lehnen sie ihr Haupt, wie das Kind in den Armen seiner geliebten Mutter.

In Indien wird Kali als göttliche Mutter Kundalini verehrt, aber auch in ihrem negativen Aspekt als schwarze Kali wird sie verehrt. Dies sind die zwei Marien: die weiße und die schwarze. Die zwei Schlangen: die kupferne Schlange, die die Israeliten in der Wüste heilte und die Schlange der Versuchung des Gartens Eden.

Es gibt weiße und schwarze Einweihungen. Tempel des Lichtes und der Finsternis. Alle Grade und alle Einweihungen basieren auf der Schlange. Steigt sie auf, verwandeln wir uns zu Engel; fällt sie nach unten, werden wir zu Teufeln.

Wir möchten jetzt eine schwarze Einweihung schildern, wie wir sie als Ergebnis unserer Nachforschungen in Erfahrung brachten:

Der Anwärter wurde aus seinem physischen Körper gezogen, während dieser schlief. Das Fest der Dämonen wurde auf einer Straße gefeiert. Alle Beteiligten waren im Astralkörper. Der Neophyt praktizierte negative Sexualmagie mit Samenausstoß. So machte er in der dämonischen Wissenschaft Fortschritte.

Die Dämonen erschienen zum Fest in schwarzen Tuniken. Das Fest war ein wahrer Hexensabbat. Nach Beendigung der Orgie führten die Adepten der linken Hand ihren geliebten Schüler zu einem gelben Tempel. Dieser Tempel war eine Hochburg der schwarzen Magie.

Von außen hatte es den Anschein einer bescheidenen religiösen Kapelle. In seinem Inneren war es jedoch ein prunkvoller Palast. Innerhalb des Tempels gab es zwei Stockwerke mit wunderbaren Korridoren, durch welche die Finsteren ein und aus gingen.

Die Adepten des Schattens beglückwünschten den Kandidaten zu seinen finsteren Triumphen. Es war schrecklich, die Adepten der Santamaria zu sehen.

Der Kandidat fühlte sich ganz in seinem Element. Der Schwanz des Teufels war sichtbar bei diesen Astralphantomen. Das Fest der Finsternis war prachtvoll. Ein Priester des Abgrundes stieg auf einen Stein, um eine Predigt zu halten. Dieses Gespenst war ein aufrichtig Irrender. Ein Mensch voll guter Absichten, aber total verloren. Dieser

Adept des Schattens sprach feierlich: „Ich werde meiner Religion treu bleiben, durch nichts und niemand werde ich einen Schritt zurückweichen. Dies ist heilig.“

Dann setzte der Finstere seine lange Rede fort, der alle Applaus spendeten. Der Gefeierte, der zu seinem Unglück Kundalini negativ erweckt hatte, wurde mit einem unheilvollen Siegel gezeichnet. Dieses Mal war ein Dreieck und wies schwarze und graue Linien auf. Das Siegel wurde vor seiner Verwendung ins Feuer gehalten. Und dann wurde es unter der linken Lunge eingebrannt.

Die Finsteren verliehen dem Schüler einen unheilvollen Namen, der mit schwarzen Buchstaben in den linken Unterarm eingraviert wurde.

Dann wurde dieser neue schwarze Eingeweihte zu einer Statue voll furchtbarer, bösartiger Schönheit geführt, die die schwarze Göttin darstellte, die Herrin des Reiches der Santamaria. Der Schüler saß mit gekreuzten Beinen im Anagarika-Stil vor dieser Statue. Das linke Bein über dem rechten.

Dann legte er seine Hände auf seine Hüften und konzentrierte sich auf die verhängnisvolle Göttin. Anschließend kehrte der Finstere glücklich über seinen „Erfolg“ in seinen physischen Körper zurück.

So weit unsere Untersuchungen über die Einweihungen des Abgrundes.

Alle, die den Weg der Perfekten Ehe gehen, müssen sich gegen die Mächte der Finsteren zur Wehr setzen.

Diese versuchen, den Schüler vom rechten Weg abzubringen, damit er ein Mitglied der schwarzen Loge werde. Wenn sie ihr Ziel erreicht haben, wird der Schüler zum Bankett der Dämonen geladen.

Der Kampf ist entsetzlich. Gehirn gegen Sexualität, Sexualität gegen Gehirn, doch am schrecklichsten, am schmerzhaftesten ist der Kampf Herz gegen Herz. Du weißt es …

Wir müssen alle menschlichen Gemütsbewegungen kreuzigen. Wir müssen alles aufgeben, was fleischliche Leidenschaft ist. Das ist extrem schwierig.

Die Vergangenheit schreit, fleht, weint, bittet … all das ist furchtbar schmerzhaft.

Der Übermensch ist das Ergebnis einer ungeheuren Revolution des Bewusstseins. Jene, die glauben, dass uns die mechanische Evolution der Natur eines Tages zu Meistern macht, befinden sich völlig im Irrtum. Der Meister ist das Ergebnis einer ungeheuren Revolution des Bewusstseins.

Wir müssen gegen die Natur und gegen den Schatten der Natur kämpfen.

14. Die Arbeit mit dem Dämon

Das Erwecken von Kundalini und die Auflösung des *Ichs* stellen die fundamentale Basis jeder echten Verwirklichung dar.

In diesem Kapitel wollen wir das Thema der Auflösung des *Ichs* behandeln. Dies ist entscheidend für die endgültige Befreiung.

Das *Ich* ist der Dämon, den wir in uns tragen. Von dieser Aussage ausgehend sagen wir, dass die Arbeit der Auflösung des *Ichs* tatsächlich die Arbeit mit dem Dämon ist.

Diese Arbeit ist sehr schwierig. Wenn wir mit dem Dämon arbeiten, werden wir gewöhnlich von den Wesen der Finsternis heftig attackiert.

In Wirklichkeit ist dies der Weg des klugen Menschen, der berühmte vierte Pfad des TAO.

Der Ursprung des vielfältigen „Ich"

Der Ursprung des sündigen *Ichs* ist die Lüsternheit. Das Ego, Satan, unterliegt dem Gesetz der ewigen Wiederkehr aller Dinge; es geht in einen neuen Mutterleib ein, um seine Wünsche zu befriedigen.

Das *Ich* wiederholt in jedem Leben die gleichen Dramen, die gleichen Fehler. Das *Ich* wird mit der Zeit immer komplizierter und von Mal zu Mal schlechter.

Der Tod Satans

Der uns innewohnende Satan besteht aus Atomen des geheimen Feindes. Satan hat einen Anfang; Satan hat ein Ende. Wir müssen Satan auflösen, um zum inneren Stern, der uns immer zulächelte, zurückzukehren.

Dies ist die wahre endgültige Befreiung. Nur durch die Auflösung des *Ichs* erreichen wir die absolute Befreiung.

Der innere Stern

In den unbekannten Tiefen unseres göttlichen Seins haben wir einen inneren vollkommen atomaren Stern. Dieser Stern ist ein übergöttliches Atom.

Die Kabbalisten bezeichnen ihn mit dem heiligen Namen Ain Soph.

Es ist das Sein unseres Seins. Die große Wirklichkeit in uns.

Gott evolutioniert nicht

Gott braucht keine Evolution, denn Er ist vollkommen. Gott braucht sich nicht zu vervollkommnen. Er ist perfekt. Gott ist unser Inneres Sein.

Evolution und Involution

Wir Gnostiker haben niemals das Gesetz der Evolution geleugnet, aber wir akzeptieren dieses mechanische Gesetz nicht als Dogma.

Die Gesetze der Evolution und der Involution sind die mechanische Achse der Natur.

Jedem Aufstieg folgt ein Abstieg; jeder Evolution entspricht eine bestimmte Involution.

Es gibt eine Evolution beim keimenden Samen, beim Schössling, der wächst und sich entwickelt und bei der Pflanze, die uns Früchte gibt.

Es gibt eine Involution beim Baum, der schwindet, dürr wird, altert und stirbt.

Totale Revolution

Wir brauchen eine unglaubliche Revolution des Bewusstseins, um die Rückkehr zum inneren Stern, der unser Sein lenkt, zu erreichen. Wenn wir das *Ich* auflösen, erreichen wir die totale Revolution.

Der Schmerz

Der Schmerz kann niemanden zur Vollkommenheit führen. Wenn Schmerz dies könnte, dann wäre schon die gesamte Menschheit vollkommen. Schmerz ist die Folge unserer eigenen Fehler. Satan begeht viele Fehler. Satan erntet die Früchte seiner Fehler.

Der Schmerz ist diese Frucht. Der Schmerz ist satanisch. Satan kann weder sich noch andere vervollkommnen. Der Schmerz führt nicht zur Vollkommenheit, da er in Satan seinen Ursprung hat.

Die große göttliche Wirklichkeit ist Glück, Friede, Fülle und Vollkommenheit. Die große Wirklichkeit kann keinen Schmerz erschaffen. Das Vollkommene erzeugt keinen Schmerz. Das Vollkommene bringt nur Glück hervor. Der Schmerz wurde durch das *Ich* (Satan) geschaffen.

Die Zeit

Die Zeit ist Satan. Satan ist Erinnerung. Satan ist ein Bündel von Erinnerungen. Wenn der Mensch stirbt, bleiben nur die Erinnerungen. Diese Erinnerungen bilden das *Ich*, das *mich selbst*, das sich reinkarnierende Ego. Diese unerfüllten Wünsche, diese Erinnerungen des Gestern inkarnieren sich wieder.

So kommt es, dass wir Sklaven der Vergangenheit sind. Wir können versichern, dass die Vergangenheit die Umstände unseres gegenwärtigen Lebens bedingt hat. Wir können versichern, dass Satan die Zeit ist. Wir können sagen, ohne einen Irrtum fürchten zu müssen, dass die Zeit uns nicht von diesem Tal der Tränen befreien kann, denn die Zeit ist satanisch. Wir müssen lernen, im Hier und Jetzt von Augenblick zu Augenblick zu leben.

Das Leben ist ein ewiges Jetzt, eine ewige Gegenwart. Satan war der Schöpfer der Zeit. Jene, die glauben, sich in einer fernen Zukunft zu befreien, in einigen Millionen Jahren, im Laufe der Zeiten, sind sichere Kandidaten für den Abgrund und den zweiten Tod, denn die Zeit ist Satan. Die Zeit befreit niemanden. Satan versklavt, Satan befreit nicht. Wir müssen uns hier und jetzt befreien. Wir müssen von Augenblick zu Augenblick leben.

Die sieben fundamentalen Zentren des Menschen

Jeder Mensch hat folgende sieben grundlegende fundamentale Zentren:

1) Das intellektuelle Zentrum im Gehirn.

2) Das motorische Zentrum oder Zentrum der Bewegung im oberen Teil der Wirbelsäule.

3) Das emotionale Zentrum im Sonnengeflecht und in den spezifischen Nervenzentren des großen Sympathikus.

4) Das instinktive Zentrum im unteren Teil der Wirbelsäule.

5) Das sexuelle Zentrum in den Genitalorganen.

6) Das höhere emotionale Zentrum.

7) Das höhere mentale Zentrum.

Die beiden letztgenannten Zentren können sich nur durch den authentischen Astralkörper und den legitimen Mentalkörper ausdrücken.

Technik für die Auflösung des „Ichs"

Das Ich kontrolliert die fünf niedrigeren Zentren der menschlichen Maschine. Diese fünf Zentren sind: Intellekt, Bewegung, Emotion, Instinkt und Sexualität. Die beiden Zentren des Menschen, die dem Christusbewusstsein entsprechen, kennt man im Okkultismus als christifizierten Astralkörper und christifizierten Mentalkörper.

Diese beiden höheren Zentren können nicht durch das Ich kontrolliert werden. Leider verfügen das höhere mentale Zentrum und das höhere emotionale Zentrum noch nicht über diese beiden wunderbaren christischen Vehikel. Wenn das höhere mentale Zentrum sich mit dem christifizierten Mentalkörper und das höhere emotionale Zentrum sich mit dem christifizierten Astralkörper kleidet, dann erheben wir uns wirklich in den Zustand des wahren Menschen.

Jeder, der das Ich auflösen möchte, muss seine Funktionalismen in den fünf niedrigeren Zentren studieren. Wir dürfen die Fehler nicht verurteilen. Wir dürfen sie aber auch nicht rechtfertigen. Es ist wichtig, sie zu verstehen. Es ist absolut notwendig, die Aktionen und Reaktionen der menschlichen Maschine zu verstehen. In jedem dieser fünf niedrigeren Zentren gibt es ein äußerst kompliziertes Zusammenspiel von Aktionen und Reaktionen.

Das Ich arbeitet mit jedem einzelnen dieser fünf niedrigeren Zentren und wenn man den Mechanismus der einzelnen Zentren vollständig versteht, dann sind wir auf dem Weg, das Ich zu eliminieren.

Im praktischen Leben reagieren zwei Menschen in der gleichen Situation völlig unterschiedlich. Was der einen Person angenehm erscheint, kann für die andere unangenehm sein.

Oft liegt der Unterschied darin, dass eine Person mit dem Verstand urteilt und sieht, während die andere in ihren Emotionen berührt wird. Wir müssen lernen, den Verstand vom Gefühl zu unterscheiden.

Eine Sache ist der Verstand, eine andere das Gefühl. Im Verstand existiert ein ganzes Zusammenspiel von Aktionen und Reaktionen, das verstanden werden muss.

In den Gefühlen existieren Neigungen, die gekreuzigt und Emotionen, die sorgfältig untersucht werden müssen.

Darüber hinaus existiert es noch ein ganzer Mechanismus von Aktionen und Reaktionen, die leicht mit den Aktivitäten des Verstandes verwechselt werden können.

Intellektuelles Zentrum

Dieses Zentrum ist innerhalb seines Bereiches nützlich. Der Fehler besteht darin, es aus seinem Wirkungsbereich herausnehmen zu wollen. Die großen Realitäten des Geistes können nur mit dem Bewusstsein erfahren werden.

Wer versucht, die transzendentalen Wahrheiten des Seins an Hand reiner Gedankengänge zu studieren, fällt in den gleichen Fehler wie jemand, der in Unkenntnis der Verwendung und Handhabung moderner wissenschaftlicher Geräte, das Leben des unendlich Kleinen mit einem Teleskop und das Leben des unendlich Großen mit einem Mikroskop zu studieren versucht.

Bewegung

Wir müssen uns selbst entdecken und all unsere Gewohnheiten gründlich verstehen. Wir dürfen nicht zulassen, dass unser Leben weiterhin mechanisch abläuft. Es erscheint unglaublich, dass wir die Gewohnheitsformen nach denen wir leben und von denen wir abhängig sind, nicht kennen.

Wir müssen unsere Gewohnheiten studieren, wir müssen sie verstehen. Sie gehören zu den Aktivitäten des Bewegungszentrums. Wir müssen uns selbst beobachten, beobachten, wie wir leben, handeln, uns kleiden, gehen, usw. Das Bewegungszentrum verfügt über viele Aktivitäten.

Auch der Sport gehört zum Bewegungszentrum. Wenn der Verstand sich in dieses Zentrum einmischt, so behindert und schädigt er dessen Funktionieren, da es sehr langsam ist im Vergleich zum Bewegungszentrum. Jeder Maschinenschreiber arbeitet mit dem Bewegungszentrum und es ist natürlich, dass er sich vertippen kann, wenn sich der Verstand einmischt. Ein Autofahrer kann unter Umständen einen Unfall erleiden, wenn sich der Verstand in seine Fahrweise einschaltet.

Emotionales Zentrum

Das menschliche Wesen vergeudet seine sexuelle Energie blödsinnig durch ein Übermaß an gewalttätigen Emotionen im Kino, Fernsehen, Fußball, usw. Wir müssen lernen, unsere Emotionen zu kontrollieren, es ist notwendig, unsere sexuellen Energien zu bewahren.

Instinkt

Es gibt diverse Instinkte, den Selbsterhaltungsinstinkt, den Sexualinstinkt, usw. Es gibt auch viele Perversionen des Instinktes. In der Tiefe eines jeden Menschen existieren instinktive, unmenschliche, brutale Kräfte, die den wahren Geist der Liebe und Nächstenliebe lähmen. Diese dämonischen Kräfte müssen zuerst verstanden, dann überwunden und schließlich eliminiert werden.

Es sind bestialische Kräfte: kriminelle Instinkte, Lüsternheit, Feigheit, Angst, sexueller Sadismus, sexuelle Perversionen, usw. Wir müssen diese unmenschlichen Kräfte studieren und zutiefst verstehen, ehe wir sie auflösen und eliminieren können.

Sexualität

Die Sexualität ist die fünfte Kraft des Menschen. Die Sexualität kann den Menschen befreien oder versklaven. Niemand kann Integrität erlangen, niemand kann sich selbstverwirklichen ohne die Sexualkraft. Kein Alleinstehender kann die vollkommene Selbstverwirklichung erreichen. Die Sexualität ist die Kraft der Seele.

Der vollkommene Mensch ist das Produkt der absoluten Verschmelzung des männlichen und des weiblichen Poles der Seele. Die Sexualkraft entwickelt sich auf sieben Ebenen (den sieben Ebenen der Seele).

In der physischen Welt ist die Sexualität eine blinde Kraft gegenseitiger Anziehung; im Astralen beruht die sexuelle Anziehung auf der Affinität der Typen gemäß ihrer Polaritäten und Essenzen. In der Mentalebene äußert sich die sexuelle Anziehung gemäß den Gesetzen der Polarität und der mentalen Affinität. Auf der Kausalebene manifestiert sich die sexuelle Anziehung durch den bewussten Willen. Auf dieser Ebene der natürlichen Ursachen vollzieht sich die bewusste Vereinigung der Seele. Niemand kann die volle Seligkeit der Perfekten Ehe ohne Erlangung dieses vierten Zustandes der menschlichen Integration erreichen.

Wir müssen das sexuelle Problem in seiner ganzen Tiefe verstehen. Wir müssen aufrecht sein. Wir müssen die Mechanik der Sexualität transzendieren. Wir müssen lernen, Kinder der Weisheit zu zeugen. Im höchsten Augenblick der Empfängnis sind die menschlichen Essenzen für jede Art von Einflüssen völlig offen.

Der Reinheitszustand der Eltern und deren Willenskraft, den Kelch des Hermes nicht zu verschütten, ist das Einzige, das uns vor der Gefahr schützt, dass in das Spermatozoon und das Ei unmenschliche Substanzen bestialischer Egos, die sich reinkarnieren möchten, eindringen können.

Der absolute Tod Satans

Durch das Verständnis der inneren Aktivitäten eines jeden einzelnen der fünf niedrigeren Zentren entdecken wir die ganze Verhaltensweise des *Ichs*. Das Resultat dieser Selbstentdeckung ist der absolute Tod Satans (des finsteren lunaren *Ichs*).

Ehebruch

Die Frau ist der passive, empfangende Teil des Sexualaktes. So ist es verständlich, dass sie das Ergebnis des Sexualaktes mit jedem Mann mit dem sie sich vereint, sammelt und speichert. Diese Resultate sind atomare Substanzen der Männer, mit denen sie den Sexualakt beging.

Wenn ein Mann mit einer Frau sexuellen Kontakt pflegt, die vorher einem oder mehreren anderen Männern gehörte, so nimmt er die atomaren Essenzen der anderen Männer in sich auf und vergiftet sich dadurch.

Dies ist ein äußerst schwerwiegendes Problem für unsere Brüder, die ihr *Ich* auflösen, da sie nun nicht nur gegen ihre eigenen Fehler und Defekte, sondern darüber hinaus auch gegen die Fehler und Defekte dieser anderen Männer kämpfen müssen, mit denen die Frau sexuellen Kontakt hatte.

Die Wurzel des Schmerzes

Das *Ich* ist die Wurzel des Schmerzes. Das *Ich* ist die Wurzel der Unwissenheit und der Fehler.

Wenn das *Ich* aufgelöst wird, dann bleibt in uns nur der Innere Christus.

Es ist notwendig, das *Ich* aufzulösen. Nur durch die Auflösung des *Ichs* verschwinden die Unwissenheit und die Fehler. Wenn das *Ich* verschwindet, bleibt in uns nur noch das übrig, was wir Liebe nennen. Nur wenn sich das *Ich* auflöst, kommt das wahre und echte Glück zu uns.

Nur durch eine totale Eliminierung der Begierden erreichen wir die Auflösung des *Ich*. Wenn wir das *Ich* auflösen wollen, müssen wir wie eine Zitrone sein.

Das *Ich* ist der fürchterliche Satan, der entsetzliche Dämon, der uns das Leben so bitter und widerlich machte.

15. Das Zölibat

Swami X sagte in einem seiner Vorträge Folgendes: „Alleinstehende können die natürliche Zeugungskraft der Seele in sich selbst geistig vereinen, wenn sie die richtige Meditationsmethode und deren Anwendung im physischen Leben erlernen. Solche Menschen brauchen nicht durch die Erfahrungen der physischen Ehe zu gehen. Sie können lernen, den weiblichen mit dem männlichen Impuls ihrer inneren Seele zu verheiraten."

Wenn unsere lieben gnostischen Mitbrüder über diese Worte des Swami X nachdenken, werden sie zur Schlussfolgerung gelangen, dass sie absurd sind. Diese Idee des Verheiratens des physischen weiblichen Impulses mit dem männlichen Impuls der inneren Seele ist völlig falsch. Eine solche utopische Ehe ist unmöglich, da der Mensch seine Seele noch nicht inkarniert hat. Mit wem könnte er wohl seinen physischen weiblichen Impuls verheiraten? Das intellektuelle Tier hat noch keine Seele. Wer seine Seele inkarnieren will, wer ein Mensch mit einer Seele sein möchte, muss die entsprechenden Körper haben: Astral-, Mental und Kausalkörper. Das gegenwärtige menschliche Wesen hat diese inneren Vehikel noch nicht.

Das astrale, das mentale oder das kausale Phantom sind eben nur Gespenster. Der größte Teil der Okkultisten glaubt, dass diese inneren Gespenster die wahren Vehikel sind und sie irren sich sehr. Wir müssen in den höheren Welten geboren werden und diese Geburt ist ein sexuelles Problem.

Kein menschliches Wesen wird aus irgendeiner Theorie geboren. Nicht einmal eine einfache Mikrobe kann durch Theorien entstehen. Niemand wird durch die Nase oder den Mund geboren. Jedes Lebewesen entsteht durch die Sexualität. „Wie oben so unten."

Wenn hier, in der physischen Welt, der Mensch durch die Sexualität geboren wird, so ist es nur logisch, dass oben, in den inneren Welten, ein analoger Prozess stattfinden muss. Gesetz ist Gesetz, und das Gesetz wird immer erfüllt.Der Astralchristus wird geboren, wie der Körper aus Fleisch und Knochen geboren wird. Dies ist sexuell.

Nur durch die Sexualmagie zwischen Gatte und Gattin kann dieser wunderbare Körper geboren werden. Das Gleiche gilt für den Mental- und Kausalkörper. Wir müssen diese inneren Körper entwickeln, und dies kann nur durch sexuellen Kontakt geschehen, denn wie oben so unten, und wie unten so oben.

Kein Alleinstehender kann seinen weiblichen physischen Impuls mit dem männlichen Impuls seiner inneren Seele verheiraten, denn kein im Zölibat lebender Mensch kann seine Seele inkarnieren. Um die Seele zu inkarnieren, müssen wir die inneren Körper bilden, und nur durch die sexuelle Vereinigung von Mann und Frau können sie erzeugt werden. Kein Mann allein und keine Frau allein kann zeugen oder empfangen. Zum Erschaffen bedarf es beider Pole. Das ist das Leben.

Wir müssen die inneren Vehikel erschaffen. Wir müssen in den höheren Welten geboren werden. Das Zölibat ist ein absolut falscher Weg. Wir brauchen die Perfekte Ehe.

Nach der Geburt benötigt jedes Vehikel seine entsprechende Nahrung. Nur durch diese spezielle Nahrung kann es sich vollkommen entwickeln und stärken. Die Nahrung dieser Vehikel basiert auf den Wasserstoffen. Im physischen Organismus werden die verschiedenen Arten von Wasserstoff produziert, welche die verschiedenen inneren Körper des Menschen nähren.

Die Gesetze der Körper

Physischer Körper. Er wird durch 48 Gesetze regiert. Sein Grundnahrungsmittel ist Wasserstoff 48.

Astralkörper. Dieses Vehikel unterliegt 24 Gesetzen. Sein Grundnahrungsmittel ist Wasserstoff 24.

Mentalkörper. Dieses Vehikel unterliegt 12 Gesetzen. Sein Grundnahrungsmittel ist Wasserstoff 12.

Kausalkörper. Dieses Vehikel unterliegt 6 Gesetzen.Sein Grundnahrungsmittel ist Wasserstoff 6.

Jede Substanz verwandelt sich in eine bestimmte Art von Wasserstoff. Da es unzählige Substanzen und Lebensformen gibt, gibt es auch unendlich viele Wasserstoffe. Die inneren Körper haben ihre speziellen Wasserstoffe, die sie ernähren.

Der Swami X war nur ein Mönch. Es wurde uns gesagt, dass dieser gute Mönch bald wieder inkarnieren muss, um zu heiraten und die wahre Selbstverwirklichung zu erreichen. Er ist ein ausgezeichneter Schüler der weißen Loge.

In den höheren Welten hielt er sich für verwirklicht. Groß war seine Überraschung im Tempel, als wir ihm mitteilen mussten, dass er sich im Irrtum befand. Dieser gute Mönch hat seine christischen Körper noch nicht gebildet, er muss sie noch erschaffen. Dies ist ein sexuelles Problem.

Nur durch die Sexualmagie werden diese wundervollen inneren Körper erschaffen.

Wir möchten unseren Kritikern sagen, dass wir nicht gegen Swami X sprechen. Seine Übungen sind ausgezeichnet und sehr nützlich. Wir möchten nur klarstellen, dass sich niemand durch ein derartiges System verwirklichen kann.

Es gibt viele Schulen und sie alle sind notwendig. Alle sind nützlich und helfen dem Menschen, aber es ist wichtig darauf hinzuweisen, dass durch keine Theorie die inneren Körper erschaffen werden können. Nie haben wir gesehen, dass jemand aus einer Theorie geboren wurde. Wir kennen noch keinen Menschen, der aus Theorien geboren worden wäre.

Es gibt sehr achtbare und verehrungswürdige Schulen. Diese Institutionen haben ihre Lehrpläne und ihre Grade. Einige von ihnen haben auch Einweihungsrituale. In den höheren Welten jedoch sind die Grade und die Einweihungen solcher Schulen nutzlos. Die Meister der Weißen Loge interessieren weder die Grade noch die Hierarchien der physischen Welt. Sie sind nur an Kundalini interessiert. Sie prüfen und messen den Rückenmarkskanal.

Wenn der Kandidat die Schlange nicht erhoben hat, so ist er für sie ein ganz gewöhnlicher Profaner wie jeder andere, auch wenn er in der physischen Welt eine hohe Position bekleidet oder in seiner Schule oder Loge ein verehrungswürdiger Meister oder höchster Hierarch ist. Wenn Kundalini drei Wirbel nach oben gestiegen ist, gilt der Kandidat bei den Meistern als Eingeweihter dritten Grades. Stieg sie nur einen

Wirbel, ist er ein Eingeweihter ersten Grades. Die Meister sind also einzig und allein an Kundalini interessiert.

Nur wenige sind es, die alles verlassen, um in ihrer Klause mit ihrem Adler und ihrer Schlange zu arbeiten. Dies ist etwas für Helden und die gegenwärtige Menschheit verlässt ihre Logen und Schulen sicherlich nicht, um in Abgeschiedenheit mit ihrem Adler und ihrer Schlange zu arbeiten. Die Studenten aller Organisationen bleiben oft nicht einmal ihren Schulen treu. Sie leben wie Schmetterlinge, flattern von Loge zu Loge, von Schule zu Schule, und möchten sich so selbstverwirklichen.

Wir empfinden unendlichen Schmerz beim Anblick dieser Brüder, die sich wie Schmetterlinge verhalten. Viele von ihnen praktizieren wunderbare Übungen. Ohne Zweifel lehren viele Schulen ganz ausgezeichnete Übungen. Die Übungen eines Yogananda, Vivekananda, Ramacharaka, usw., sind großartig. Die Schüler praktizieren sie in bester Absicht.

Es gibt aufrichtig Suchende. Wir schätzen all diese Schüler und all diese Schulen. Dennoch fühlen wir unendlichen Schmerz über jene, die mit so großem Verlangen ihre endgültige Befreiung suchen. Wir wissen, dass sie ihre inneren Körper erschaffen müssen. Wir wissen, dass sie Sexualmagie praktizieren müssen.

Wir wissen, dass sie nur mit der Sexualmagie jenes heilige Feuer entzünden können, um so ihre inneren Körper zu erschaffen, um ihre Seele zu inkarnieren. Wir wissen es aus eigener Erfahrung. Wie aber können wir sie überzeugen?

Der Schmerz von uns Brüdern ist sehr groß … und ohne Heilmittel …

In der vergangenen Mond-Erde entwickelten sich Millionen von Menschen, aber von all diesen Millionen erhoben sich nur einige Hundert in den Zustand eines Engels. Die große Mehrheit der Menschen ging verloren. Die große Mehrheit wurde vom Abgrund verschlungen. Viele sind berufen, aber nur wenige sind auserwählt. Wenn wir die Natur beobachten, stellen wir fest, dass nicht alle Samen keimen. Millionen von Samen gehen verloren, und Millionen von Kreaturen kommen täglich um. Eine traurige Wahrheit, aber es ist die Wahrheit.

Jeder im Zölibat lebende Mensch ist ein sicherer Anwärter für den Abgrund und den zweiten Tod. Nur jene, die sich in den Zustand des Übermenschen emporheben, können sich den Luxus leisten, die Freuden der Liebe ohne sexuellen Kontakt zu genießen. Wir dringen dann in das Amphitheater der kosmischen Wissenschaft ein. Niemand kann den Übermenschen in sich ohne Sexualmagie und die Perfekte Ehe inkarnieren.

16. Das Erwecken des Bewusstseins

Wir müssen wissen, dass die Menschheit mit einem schlafenden Bewusstsein lebt.

Die Menschen arbeiten träumend. Sie gehen träumend durch die Strassen. Sie leben und sterben träumend.

Wenn wir zu dem Schluss gekommen sind, dass alle Menschen schlafend leben, begreifen wir die Notwendigkeit des Erwachens.

Wir brauchen das Erwachen des Bewusstseins. Wir wollen das Erwachen des Bewusstseins.

Faszination

Der Grund für den tiefen Schlaf, in dem die Menschheit lebt, ist die Faszination.

Die Menschen sind von allen Dingen des Lebens fasziniert. Sie vergessen sich selbst, weil sie fasziniert sind. Der Betrunkene im Wirtshaus ist vom Alkohol, vom Lokal, dem Vergnügen, den Freunden und den Frauen fasziniert. Die eitle Frau blickt fasziniert und über sich selbst entzückt in den Spiegel.

Der reiche Geizhals ist von seinem Geld und seinen Gütern fasziniert. Der ehrliche Arbeiter in der Fabrik ist durch die schwere Arbeit fasziniert. Der Familienvater ist von seinen Kindern fasziniert. Alle Menschen si

nd fasziniert und schlafen tief. Wenn wir ein Auto lenken, überrascht es uns, die Menschen hin- und hereilend auf den Straßen anzutreffen, ohne sich um die Gefahren durch die fahrenden Autos zu kümmern.

Einige werfen sich geradezu unter die Räder der Fahrzeuge. Arme Menschen, sie wandeln schlafend, sie sind wie Schlafwandler. Sie gehen träumend durchs Leben und gefährden ihr eigenes Leben. Jeder Hellseher kann ihre Träume wahrnehmen. Die Menschen träumen von allem, was ihre Aufmerksamkeit fesselt.

Der Schlaf

Während des Schlafes verlässt das Ego den physischen Körper. Dieser Austritt des Egos ist notwendig, damit der Vitalkörper den physischen Körper wieder regenerieren kann. Mit Sicherheit können wir sagen, dass das Ego seine Träume in die inneren Welten mitnimmt. Auch in den inneren Welten beschäftigt sich das Ego mit den gleichen Dingen, die es in der physischen Welt faszinieren. So sehen wir den Schreiner im Traum in seiner Werkstatt, der Polizist bewacht die Straßen, der Friseur bleibt weiter in seinem Friseursalon, der Schmied in seiner Schmiede, der Betrunkene im Wirtshaus, die Prostituierte gibt sich im Freudenhaus der Unzucht hin, usw.

Alle diese Leute leben in den inneren Welten genau so, als befänden sie sich in der physischen Welt. Keinem fällt es ein, sich selbst während des Schlafes zu fragen, ob er sich in der physischen oder astralen Welt befindet. Diejenigen, die sich eine derartige Frage während ihres Schlafes stellten, erwachten in den inneren Welten. Mit großer Überraschung konnten sie dann alle Wunder der höheren Welten studieren. Nur wenn wir uns daran gewöhnen, uns im sogenannten Wachzustand immer und immer wieder diese Frage zu stellen, werden wir uns auch in den höheren Welten während den Stunden des Schlafes die gleiche Frage stellen.

Es ist klar, dass wir während des Schlafes all das wiederholen, womit wir uns während des Tages beschäftigt haben. Wenn wir uns während des Tages daran gewöhnen, diese Frage zu stellen, werden wir während des nächtlichen Schlafes, wenn wir uns außerhalb unseres physischen Körpers befinden, die gleiche Frage wiederholen. Das Resultat ist das Erwachen des Bewusstseins.

Selbst-Erinnerung

Der faszinierte Mensch erinnert sich seiner selbst nicht. Wir müssen uns von Augenblick zu Augenblick an uns selbst erinnern. Wir müssen uns mit größter Wachsamkeit bei jeder Wahrnehmung, die uns faszinieren könnte, an uns selbst erinnern. Halten wir bei jeder Begebenheit einen Moment inne und fragen uns: Wo bin ich? Bin ich auf der physischen Ebene? Bin ich in der Astralwelt? Nach der Frage mache man einen kleinen Hüpfer, mit der Absicht, durch die Umgebung zu schweben. Es ist logisch, dass ihr außerhalb des physischen Körpers seid, wenn ihr tatsächlich schwebt. Das Resultat wird das Erwachen des Bewusstseins sein. Der Zweck dieser Frage, die man sich jeden Augenblick stellen soll, besteht darin, dass sie sich ins Unterbewusstsein einprägt und so während den Stunden des Schlafes, in denen das Ego außerhalb des Körpers ist, wirken kann.

In der Astralebene sieht man die Dinge genauso wie hier in der physischen Welt. Während des Schlafes und nach dem Tod sehen die Menschen dort alles genau so wie in der physischen Welt; sie nehmen nicht an, argwöhnen nicht, außerhalb des physischen Körpers zu sein. Kein Verstorbener glaubt, dass er tot ist, er ist im Zustand der Faszination und träumt tief. Wenn die Toten während ihres Lebens die Übung der ständigen Selbsterinnerung durchgeführt und gegen die Faszination durch die weltlichen Dinge gekämpft hätten, so wäre als Ergebnis ihr Bewusstsein erwacht. Sie würden nicht mehr schlafen.

Sie gingen durch die inneren Welten mit wachem Bewusstsein. Wer sein Bewusstsein erweckt, kann während der Stunden des Schlafes alle Wunder der höheren Welten studieren. Wer sein Bewusstsein erweckt, lebt in den höheren Welten, wie ein Bewohner des Kosmos, völlig erwacht. Er lebt dann mit den großen Hierophanten der Weißen Loge.

Wer sein Bewusstsein erweckt, kann weder auf dieser physischen Ebene noch in den inneren Welten schlafen. Wer sein Bewusstsein erweckt, hört auf zu träumen. Wer sein Bewusstsein erweckt, verwandelt sich zu einem kompetenten Erforscher der höheren Welten. Wer sein Bewusstsein erweckt, ist ein Erleuchteter. Wer das Bewusstsein erweckt, kann vertraut mit den Göttern, die die Morgenröte der Schöpfung einleiteten, sprechen. Wer das Bewusstsein erweckt, kann sich an seine unzähligen Inkarnationen erinnern. Wer das Bewusstsein erweckt, nimmt bewusst an seinen eigenen kosmischen Einweihungen teil. Wer das Bewusstsein erweckt, kann in den Tempeln der großen Weißen Loge studieren. Wer das Bewusstsein erweckt, kann in den höheren Welten erfahren, wie weit die Entwicklung seiner Kundalini ist.

Jedes perfekte Ehepaar muss das Bewusstsein erwecken, um die Führung und Orientierung durch die Weiße Loge zu erhalten. In den höheren Welten führen die Meister mit großer Weisheit alle, die einander wahrhaft lieben. In den höheren Welten übermitteln die Meister jedem Einzelnen alles, was er für seine innere Entwicklung braucht.

Ergänzende Übung

Beim Erwachen aus dem normalen Schlaf muss jeder Schüler der Gnosis eine Rückschau über den Schlafvorgang durchführen, um sich daran zu erinnern, wo er war und was er während der Stunden des Schlafes sah und hörte. Wir wissen ja bereits, dass das Ego viel herumreist und alles, was wir sehen und hören, wiederholt.

Die Meister unterrichten ihre Schüler, wenn sich diese außerhalb ihres Körpers befinden.

Es ist von größter Wichtigkeit, die tiefe Meditation zu beherrschen und das während der Stunden des Schlafes Erlernte zu üben. Beim Erwachen dürfen wir uns nicht bewegen, da jede Bewegung den Astralkörper erschüttert und sich die Erinnerungen verlieren. Es ist wichtig, die Übungen des Rückblicks mit dem Mantram *Raom Gaom* zu kombinieren. Jedes Wort wird in zwei Silben geteilt. Der Vokal O sollte betont werden. Diese Mantrams sind für den Schüler wie das Dynamit für den Bergmann.

So wie sich der Bergmann mithilfe des Sprengstoffes in die Tiefen der Erde Zugang verschafft, so wird auch der Schüler mithilfe dieses Mantrams in das Erinnerungsvermögen seines Unterbewusstseins eindringen.

Geduld und Ausdauer

Der Schüler der Gnosis muss unendlich geduldig und ausdauernd sein, denn der Preis für okkulte Kräfte ist hoch. Nichts wird uns geschenkt. Alles hat seinen Preis. Diese Studien sind weder für Unbeständige noch für Menschen mit schwachem Willen. Sie verlangen unendlichen Glauben. Skeptiker beschäftigen sich besser nicht mit unseren Studien, denn die okkulte Wissenschaft ist äußerst anspruchsvoll.

Die Skeptiker sind zum Scheitern verurteilt. Die Ungläubigen werden das himmlische Jerusalem nicht betreten können.

Die vier Bewusstseinszustände

Eikasia heißt der erste Bewusstseinszustand.

Pistis ist der zweite Bewusstseinszustand.

Dianoia ist der dritte Bewusstseinszustand.

Nous ist der vierte Bewusstseinszustand.

Eikasia ist Unwissenheit, menschliche Grausamkeit, Barbarei, tiefster Schlaf, eine brutale und instinktive Welt, ein unmenschlicher Zustand.

Pistis ist die Welt der Meinungen und Überzeugungen.

Pistis ist Überzeugungen, Vorurteile, Sektentum, Fanatismus, Theorien ohne direkte Erfahrung der Wahrheit. Pistis ist der Bewusstseinszustand des gewöhnlichen Niveaus der Menschheit.

Dianoia ist die intellektuelle Überprüfung der Überzeugungen, Analysen, konzeptuelle Synthese, kulturelles intellektuelles Bewusstsein, wissenschaftliches Denken, usw. Der dianoetische Verstand studiert die Phänomene und führt Gesetze ein.

Der dianoetische Verstand studiert die induktiven und deduktiven Systeme in der Absicht, sie auf tiefe und klare Weise anzuwenden.

Nous ist das vollkommen erwachte Bewusstsein. Nous ist der Zustand des Turiya. Die vollkommene tiefe innere Erleuchtung. Nous ist die wahre, objektive Hellsichtigkeit. Nous ist Intuition. Nous ist die Welt der göttlichen Archetypen.

Der noetische Verstand ist synthetisch, klar, objektiv, erleuchtet. Wer zu den Höhen des noetischen Verstandes aufsteigt, erweckt vollständig das Bewusstsein und wird ein Turiya.

Der niedrigste Teil im Menschen ist irrational und subjektiv und steht in Beziehung zu den gewöhnlichen fünf Sinnen.

Der höchste Teil im Menschen ist die Welt der Intuition und des objektiven, geistigen Bewusstseins. In der Welt der Intuition entwickeln sich die Archetypen aller Dinge der Natur.

Nur jene, die in die Welt der objektiven Intuition eingedrungen sind, nur wer die einsamen Höhen des noetischen Denkens erklommen hat, ist wahrhaft erwacht und erleuchtet.

Kein echter Turiya kann träumen. Der Turiya, der die Höhen des noetischen Denkens erreicht hat, wird nie darüber sprechen, wird sich nie als Weiser ausgeben, er ist äußerst einfach, demütig, rein und vollkommen.

Niemals ist ein Turiya ein Medium, ein Pseudo-Hellseher oder ein Pseudo-Mystiker wie all jene, die heutzutage wie Unkraut in allen geistigen, hermetischen, okkulten Schulen zu finden sind.

Der Zustand des Turiya ist sehr erhaben und nur jene erreichen ihn, die in der feurigen Schmiede von Vulcanus während ihres ganzen Lebens arbeiten. Nur Kundalini kann uns in den Zustand des Turiya erheben.

Es ist daher dringend notwendig, die tiefe Meditation zu beherrschen und während unseres ganzen Lebens Sexualmagie zu praktizieren, um nach schwierigsten Prüfungen den Zustand eines Turiya zu erlangen.

Die Meditation und die Sexualmagie können uns auf die Höhen des noetischen Verstandes erheben.

Kein Träumer, kein Medium, keiner von denen, die in eine Schule des Okkultismus eintreten, kann sofort den Zustand eines Turiya erreichen. Leider glauben viele, dies sei einfach wie das Herstellen einer Glasflasche, wie das Rauchen einer Zigarette oder wie sich zu betrinken.

So sehen wir viele Halluzinierende, Medien und Träumer, die sich selbst als Meister, Hellseher und als Erleuchtete ernennen. In allen Schulen, auch in den Reihen unserer gnostischen Bewegung, gibt es solche Subjekte, die behaupten, hellsichtig zu sein, ohne dass dies wirklich zutrifft. Dies sind diejenigen, die aufgrund ihrer Verblendungen und Träume andere verleumden und behaupten, jener ist gefallen; dieser ist Schwarzmagier, usw.

Es muss nachdrücklich darauf hingewiesen werden, dass die Höhe eines Turiya viele Jahre der mentalen Übung und der Sexualmagie in der perfekten Ehe voraussetzt. Dies bedeutet Disziplin, langes und tiefes Studium, starke und tiefe innere Meditation, Aufopferung für die Menschheit, usw.

Ungeduld

Normalerweise sind Schüler, die die Gnosis erst kurze Zeit studieren, voller Ungeduld, sie wollen sofort unmittelbare Manifestationen von Phänomenen, sofort astralreisen können, Erleuchtung, Weisheit, usw.

Die Wirklichkeit sieht anders aus. Nichts wird uns geschenkt. Alles hat seinen Preis. Nichts kann durch Neugierde, nichts kann sofort und schnell erworben werden. Alles unterliegt einem Prozess und einer Entwicklung. Kundalini bildet und entwickelt sich langsam und schreitet sehr langsam innerhalb der Aura des Maha Chohan fort. Kundalini hat die Kraft, das Bewusstsein zu erwecken. Der Prozess des Erweckens ist jedoch langsam, allmählich, natürlich, ohne spektakuläre, sensationelle, emotionale oder barbarische Ereignisse. Wenn das Bewusstsein bereits gänzlich erwacht ist, ist das weder etwas Sensationelles noch Spektakuläres. Es ist einfach eine Realität, so natürlich wie die eines Baumes, der langsam wuchs, sich entwickelte und sich ohne sensationelle Ereignisse entfaltete. Die Natur ist Natur. Der gnostische Schüler sagt am Anfang: „ich träume."

Dann ruft er: „ich befinde mich im Astralkörper, außerhalb meines physischen Körpers."

Später erreicht er Samadhi, die Ekstase, und dringt in die Gefilde des Paradieses ein. Anfänglich sind diese Begebenheiten sporadisch, ohne Kontinuität, gefolgt von großen Zeitabschnitten des Unbewusstseins. Später aber schenken uns die feurigen Flügel die Kontinuität des erwachten ununterbrochenen Bewusstseins.

17. Träume und Visionen

Der Schüler der Gnosis muss lernen, zwischen Träumen und Visionen zu unterscheiden. Träumen ist eine Sache, Visionen zu erleben eine andere. Kein wirklich *erwachter* Gnostiker kann träumen. Nur Menschen mit schlafendem Bewusstsein leben träumend. Die schlimmste Art von Träumer ist der sexuelle Träumer. Sie leben in ihren Träumen fleischlicher Lüste und vergeuden wie Narren ihre schöpferische Energie für die Befriedigung der Gelüste ihrer Fantasie. Meistens sind solche Menschen geschäftlich erfolglos. Sie scheitern in jeder Hinsicht.

Sie fallen ins Elend.

Wenn wir ein pornografisches Bild betrachten, trifft es zuerst die Sinne und gelangt von dort weiter zum Verstand. Das psychologische *Ich* schaltet sich dazwischen und stiehlt das erotische Bild, um es auf der Mentalebene zu reproduzieren. In der Mentalwelt verwandelt sich dieses Bild zu einem lebenden Bildnis (Effigie). Während des Schlafes treibt der Träumer Unzucht mit diesem lebenden Bildnis, das ihn wie ein erotischer Dämon zur Befriedigung seiner Lüsternheit in Versuchung führt. Das Ergebnis sind die nächtlichen Samenverluste mit allen schrecklichen Konsequenzen. Kein wahrhafter Schüler des Weges soll Kinos besuchen, denn sie sind Hochburgen der schwarzen Magie. Die erotischen Figuren der Leinwand erschaffen mentale Abbilder und bewirken erotische Träume. Außerdem sind die Kinosäle voll diabolischer Elementargeister, geschaffen durch den menschlichen Verstand. Diese bösartigen Elementargeister schädigen den Verstand der Zuschauer.

Der unbewusste Verstand erschafft in der Traumwelt fantastische Träume. Die Qualität der Träume hängt von den Überzeugungen des Träumers ab. Wenn jemand glaubt, wir seien gut, dann sieht er uns in seinen Träumen als Engel. Wenn jemand aber meint, wir seien schlecht, so träumt er von uns und sieht uns als teuflische Figur.

Beim Schreiben dieser Zeilen erinnern wir uns an viele Dinge. In der Vergangenheit, als wir, die Brüder, in einigen anderen Ländern arbeiteten, konnten wir beobachten, dass unsere gnostischen Schüler von uns als Engel träumten, solange sie an uns glaubten. Es genügte, dass sie ihren Glauben an uns aufgaben und so sahen sie uns in ihren Träumen als Dämonen. Heute schworen sie vor dem Altar uns zu folgen, uns zu gehorchen und bewunderten uns voller Begeisterung und sie träumten von uns als Engel. Oft genügte es jedoch, dass diese Schüler irgendein neues Buch lasen oder irgendeinem Vortragenden zuhörten, um sich in einer neuen Schule einzuschreiben. Sobald sie aufhörten an uns zu glauben und ihre Ansichten und ihre Konzepte änderten, träumten sie von uns als Teufel. Was war nun mit der Hellsichtigkeit dieser Menschen? Was wurde aus ihren hellsichtigen Träumen? Was für ein Hellseher mag das wohl sein, der uns heute als Götter sieht und morgen versichert, wir seien Teufel? Wo ist die Hellsichtigkeit dieser Träumer? Warum widersprechen sie sich selbst. Warum schwören sie heute, wir seien Götter und morgen, wir seien Teufel? Was bedeutet das?Das Unterbewusstsein ist eine Leinwand, auf der viele innere Filme projiziert werden.

Das gegenwärtige Unterbewusstsein funktioniert manchmal als Kameramann, dann wieder als Regisseur oder auch als Vorführer, der die Bilder auf den mentalen Hintergrund projiziert.

Es liegt auf der Hand, dass der unterbewusste Vorführer viele Fehler machen kann. Niemand wird verneinen, dass auf der mentalen Leinwand fehlerhafte Gedanken auftauchen, grundloses Misstrauen und falsche Träume.

Wir müssen das Unterbewusstsein zu Bewusstsein verwandeln, wir müssen aufhören zu träumen, wir müssen das Bewusstsein erwecken. Wer erwacht, der kann nicht mehr träumen. Während sein physischer Körper im Bett schläft, lebt er in den inneren Welten in einem Zustand erhöhter Wachsamkeit. Solche Menschen sind wahre und erleuchtete Seher.

Wir können wirklich keine Hellseher als solche akzeptieren, wenn ihr Bewusstsein nicht erweckt ist. Wir können keine Hellseher akzeptieren, die ihren christifizierten Astralkörper, christifizierten Mentalkörper, christifizierten Willenskörper nicht erschaffen haben. Hellseher, die ihr Bewusstsein nicht erweckt haben, besitzen keine christischen Vehikel, sie sehen in den inneren Welten nur ihre eigenen Ansichten und Konzepte. In anderen Worten, sie sind unnütz.

Nur erwachte Hellseher, nur Hellseher, die bereits ihre christischen Vehikel besitzen, verdienen Glaubwürdigkeit. Sie sind keine Träumer. Sie irren sich nicht. Sie sind wahrhaft Erleuchtete. Solche Menschen sind echte Meister der Weißen Loge. Die Visionen solcher Menschen sind keine einfachen Träume. Solche Menschen sind vollkommene Meister. Diese Art von Meistern kann nicht mehr träumen. Sie können das Gedächtnis der Natur erforschen und in der versiegelten Chronik der Schöpfung die gesamte Geschichte der Erde und ihrer Rassen lesen.

Jeder, der dem Pfad der Perfekten Ehe folgt, muss in Achtsamkeit leben und wachsam sein wie ein wachsamer Soldat im Krieg. Während der Stunden des Schlafes prüfen die Meister ihre Schüler.

Während des Schlafes greifen uns die Mächte der Finsternis an, wenn wir am großen Werk arbeiten. Während des Schlafes müssen wir in den inneren Welten viele Prüfungen bestehen. Die Meister erwecken das Bewusstsein des Schülers, wenn sie ihn einer Prüfung unterziehen.

18. Bewusstsein, Unterbewusstsein, Überbewusstsein, Hellsichtigkeit

Bewusstsein

Das, was wir gewöhnlich als waches Bewusstsein bezeichnen, schläft tief. Das sogenannte Wachbewusstsein steht in Beziehung zu den fünf Sinnen und dem Gehirn. Die Leute glauben, ein waches Bewusstsein zu haben, doch dies ist absolut falsch. Tagein, tagaus leben die Menschen im tiefsten Schlaf.

Überbewusstsein

Das Überbewusstsein ist ein Attribut des Seins. Die Gabe des Überbewusstseins ist die Intuition.

Es ist notwendig, das Überbewusstsein zum Arbeiten zu zwingen, damit die Intuition gestärkt wird. Denken wir daran, dass ein Organ, das nicht arbeitet, verkümmert. Menschen, die mit dem Überbewusstsein nicht arbeiten, haben eine verkümmerte Intuition. Die Vielsichtigkeit ist intuitive Hellsichtigkeit. Es ist göttliche Allwissenheit. Dieses Auge befindet sich in der Zirbeldrüse. Dort befindet sich der Lotus der tausend Blütenblätter. Dort hat das Überbewusstsein seinen Sitz. Die Zirbeldrüse befindet sich im oberen Teil des Gehirnes. Wer das Überbewusstsein entwickeln will, muss die innere Meditation üben. Konzentriert euch auf die göttliche Mutter, die in den Tiefen eures Seins lebt. Meditiert über sie. Bittet sie während des Einschlafens, euer Überbewusstsein zu aktivieren. Meditiert täglich.

Die Meditation ist das tägliche Brot des Weisen. Durch Meditation entwickelt sich das Überbewusstsein.

Gedächtnis

Man braucht das Erinnerungsvermögen, um die inneren Erfahrungen nicht zu vergessen. Niemals darf der Samen ejakuliert werden.

Wisset, dass im Samen Millionen mikroskopisch kleiner Gehirnzellen existieren. Diese Zellen dürfen nicht verloren gehen.

Spezielle Ernährung zur Entwicklung des Gedächtnisses

Bereitet euch das Frühstück mit sauren Früchten und gemahlenen Mandeln mit Bienenhonig. Dadurch wird das Gehirn mit den notwendigen Atomen für das Gedächtnis versorgt.

Innere Erfahrungen

Während der Körper schläft, verweilt das Ego in den inneren Welten und begibt sich an verschiedene Orte. In den inneren Welten werden wir oft geprüft. In den inneren Tempeln empfangen wir die Einweihung. Es ist daher notwendig, uns daran zu erinnern, was wir außerhalb unseres Körpers tun.

Mit den in diesem Buch gegebenen Anweisungen kann jedes menschliche Wesen sein Bewusstsein erwecken und sich an seine inneren Erfahrungen erinnern.

Es schmerzt zu wissen, dass es viele Eingeweihte gibt, die in den großen Tempeln der Weißen Loge arbeiten, während ihr physischer Körper schläft und die sich dennoch an nichts erinnern können, weil ihr Gedächtnis verkümmert ist.

Hier findet ihr die Übungen zur Entwicklung des Gedächtnisses. Übt intensiv. Zwingt euer Unterbewusstsein zu arbeiten.

Erweckt das Bewusstsein, bringt euer Überbewusstsein zum arbeiten.

Hellsichtigkeit und Pseudo-Hellsichtigkeit

Es gibt die Hellsichtigkeit und die Pseudo-Hellsichtigkeit. Der Schüler der Gnosis muss zwischen diesen beiden Formen außersinnlicher Wahrnehmung klar unterscheiden.

Die Hellsichtigkeit basiert auf der Objektivität. Die Pseudo-Hellsichtigkeit basiert auf der Subjektivität. Objektivität bedeutet geistige Realität, die spirituelle Welt. Subjektivität bedeutet die physische Welt, die Welt der Illusion, das, was keine Realität hat. Es existiert auch eine Zwischenregion, die Astralwelt, die subjektiv oder objektiv sein kann, je nach dem Grad der geistigen Entwicklung des Einzelnen.

Pseudo-Hellsichtigkeit ist die imaginäre Wahrnehmung, die Fantasie, die künstlich hervorgerufenen Halluzinationen, absurde Träume, Astralvisionen, die nicht den wirklichen Tatsachen entsprechen, das Lesen eigener Gedanken, die unbewusst in das Astrallicht projiziert werden, die unbewusste Erschaffung astraler Visionen, die später als echte Realitäten interpretiert werden, usw.

In den Bereich der Pseudo-Hellsichtigkeit fällt auch der subjektive Mystizismus, falscher Mystizismus und pseudo-mystische Zustände, die mit einem intensiven und klaren Gefühl nichts zu tun haben sondern sich geschichtlichen Ereignissen und der Pseudo-Magie nähern. In anderen Worten handelt es sich dabei um falsche religiöse Projektionen, die unbewusst in das Astrallicht projiziert werden. Ganz allgemein bezieht sich das auch auf alles, was in der orthodoxen Literatur als *Schönheit* (Verführung) bezeichnet wird.

Objektive Hellsichtigkeit

Es gibt vier mentale Zustände, die den Neophyten zu den unbeschreiblichen Höhen objektiver Hellsichtigkeit führen.

Erstens: der Tiefschlaf.

Zweitens: der Traumzustand.

Drittens: der Wachzustand.

Viertens: der Zustand der vollkommenen Erleuchtung oder auch Turiya genannt.

Nur der Turiya ist der echte, der authentische Hellseher. Es ist unmöglich auf dieses Niveau zu gelangen, ohne in der Kausalwelt geboren worden zu sein. Wer den Zustand des Turiya erreichen will, muss die halbbewussten psychischen Prozesse genauestens studieren, die so oft Ursache vieler Selbsttäuschungen, Autosuggestionen und Hypnose sind.

Der Gnostiker muss zu allererst die Fähigkeit entwickeln, den Strom der Gedanken anzuhalten, er muss die Fähigkeit des Nichtdenkens erreichen. Nur wer diese Fähigkeit erlangt, kann wirklich die Stimme der Stille hören.

Wenn der Schüler der Gnosis diese Fähigkeit des Nichtdenkens erreicht, muss er lernen, seine Gedanken auf eine einzige Sache zu konzentrieren.

Der dritte Schritt ist die richtige Meditation. Diese bringt dem Verstand die ersten Blitze des neuen Bewusstseins.

Der vierte Schritt ist die Kontemplation, Ekstase oder Samadhi. Dies ist der Zustand des Turiya (vollkommene Hellsichtigkeit).

Erklärung

In der gnostischen Bewegung gibt es nur einige wenige Turiyas. Wir geben diese Erklärung. Es ist notwendig, zu wissen, dass abgesehen von ganz wenigen seltenen Ausnahmen nur Pseudo-Hellseher und subjektive Mystiker existieren.

Tatsächlich sind alle mystischen Schulen und geistigen Bewegungen voll von sich irrenden Pseudo-Hellsehern, die mehr Schaden als Nutzen anrichten. Sie nennen sich selbst Meister.

Unter ihnen gibt es jede Menge berühmter Reinkarnationen. Von Johannes dem Täufer gibt es mehr als ein Dutzend, die Maria Magdalenas, usw., usw.

Diese Art von Leuten glauben, dass die Einweihung sehr leicht erreicht werden kann. Aufgrund ihrer angeblichen Meisterschaft und ihrer absurden, durch ihre eigene morbide Mentalität geschaffenen Visionen weissagen sie und ächten andere nach Lust und Laune. Sie verleumden, behaupten, jene seien Schwarzmagier oder versichern, bestimmte Personen seien gefallen, usw., usw.

Die gnostische Bewegung muss sich von dieser üblen und schädlichen Plage säubern und deshalb haben wir Frau XY ausgeschlossen.

Wir sind nicht bereit, weiterhin die krankhafte Morbidität all dieser getäuschten Pseudo-Hellseher und all dieser subjektiven Mystiker zu tolerieren. Wir propagieren die spirituelle, intellektuelle Kultur, Anstand, Ritterlichkeit, logische Analyse, die konzeptuelle Synthese, die akademische Kultur, höhere Mathematik, Philosophie, Wissenschaft, Kunst, Religion, usw., usw.

Keinesfalls sind wir bereit, das Geschwätz von Halluzinierenden oder die Wahnvorstellungen von Träumern zu akzeptieren. Der subjektive Hellseher transferiert sein Traumbewusstsein in einen Wachzustand, um in den Anderen seine projizierten Träume wieder zu finden. Letztere ändern sich in Abhängigkeit vom geistigen Zustand des Träumers. In der Vergangenheit konnten wir feststellen, dass ein Pseudo-Hellseher, der mit all unseren Ideen und Konzepten einer Meinung war, uns als Engel oder Götter sah, uns rühmte und geradezu anbetete.

Änderte sich indes sein Konzept, begeisterte sich der Pseudo-Hellseher für eine neue Schule, las er ein ihm wundervoll erscheinendes Buch oder hörte einem in die Stadt kommenden Vortragenden zu und entschloss sich, die Schule zu wechseln, dann beschuldigte er uns, Schwarzmagier zu sein, er sah uns als Dämonen, usw.

Dies zeigt, dass diese Pseudo-Hellseher nur Träumer sind, die ihre eigenen Astralprojektionen sehen.

Wer aber die Höhen echter und legitimer Hellsichtigkeit erreichen möchte, muss sich vor der großen Gefahr der Selbsttäuschung mit größter Sorgfalt hüten und sich echten esoterischen Disziplinen unterwerfen.

Die Wirklichkeit

Der echte Hellseher, der das Überbewusstsein erreicht hat, rühmt sich nie seiner Hellsichtigkeit, er spricht nie von ihr. Wenn er Ratschläge erteilt, gibt er sie ohne irgendwelche Hinweise auf seine Hellsichtigkeit.

Alle gnostischen Sanktuarien müssen sich vor Personen hüten, die sich ihrer Hellsichtigkeit rühmen und sich als Hellseher bezeichnen.

Alle gnostischen Sanktuarien müssen größte Wachsamkeit entwickeln, um sich vor spektakulären Pseudo-Hellsehern zu schützen, die von Zeit zu Zeit auftauchen, um andere zu verleumden und zu diskreditieren, die versichern, dass dieser ein Hexer sei, jener ein Schwarzmagier, ein anderer gefallen, usw.

Es ist wichtig zu verstehen, dass kein echter Turiya stolz ist. Alle, die von sich behaupten, „ich bin eine Reinkarnation der Maria Magdalena, Johannes des Täufers, Napoleons", usw., usw., sind nur hochmütige Narren, getäuschte Pseudo-Hellseher, alberne Dummköpfe.

Vor der großartigen, schrecklichen Majestät des Vaters sind wir nur elende Staubpartikel, hässliche Würmer im Schlamm der Erde. Was ich sage, ist nicht sinnbildlich oder symbolisch gemeint, sondern im wirklichen Sinne des Wortes, der erschreckenden Wirklichkeit.

Es ist in der Tat das *Ich*, das sagt „Ich bin jener Meister, die Inkarnation eines bestimmten Propheten", usw., usw.

Ohne jeden Zweifel ist das animalische *Ich* der Satan. Es ist das *Ich*, das teuflische Ego, das sich als Meister, Mahatma, Hierophant, Prophet, usw. fühlt.

Bewusstsein, Unterbewusstsein und Überbewusstsein

Bewusstsein, Unterbewusstsein und Überbewusstsein lassen sich in einem Begriff zusammenfassen: menschliches Bewusstsein. Wir müssen das Bewusstsein erwecken. Wer sein Bewusstsein erweckt, wird überbewusst, er erreicht die Höhen des Überbewusstseins, er wird ein wahrer, erleuchteter Hellseher, ein Turiya. Es ist dringend notwendig, das Unterbewusstsein in Bewusstsein zu verwandeln und das Bewusstsein vollkommen zu erwecken.

Das gesamte Bewusstsein muss vollkommen erweckt werden. Nur wer sein gesamtes Bewusstsein erweckt hat, ist ein wahrhaft erleuchteter Hellseher, ein Turiya.

Das sogenannte Infrabewusstsein, das Unbewusste, Unterbewusstsein, usw. sind nur verschiedene Bereiche oder Schichten des schlafenden Bewusstseins. Wir müssen dringend das Bewusstsein erwecken, um ein Erleuchteter, ein Hellseher, ein überbewusstes Wesen zu werden.

Die sechs grundlegenden Dimensionen

Jenseits der drei bekannten Dimensionen, Länge, Breite und Höhe existiert die vierte Dimension, dies ist die Zeit. Jenseits der Zeit haben wir die fünfte Dimension, die Ewigkeit. Jenseits der Ewigkeit aber existiert eine sechste Dimension, die jenseits von Zeit und Ewigkeit ist.

In dieser sechsten Dimension beginnt die totale Befreiung. Nur wer in allen sechs Dimensionen des Raumes erwacht, ist ein wahrer Hellseher, ein Turiya, ein echter Erleuchteter.

19. Die Einweihung

Die Einweihung ist dein eigenes Leben. Wenn du die Einweihung willst, schreibe es auf einen Stab. Wer Verständnis hat, der verstehe, denn darin liegt Weisheit.

Die Einweihung kann man nicht kaufen oder verkaufen. Fliehen wir vor jenen Schulen, die die Einweihung in Postversandkursen anbieten. Meiden wir all jene, die Einweihungen verkaufen.

Die Einweihung ist ein sehr intimer Vorgang der Seele. Das *Ich* empfängt keine Einweihung.

Wer sagt: „Ich habe so und so viele Einweihungen, ich habe diese und jene Grade“, ist ein Lügner und Schwindler, denn das *Ich* empfängt keine Einweihungen oder Grade.

Es gibt neun Einweihungen in die niedrigeren Mysterien und fünf bedeutsame Einweihungen in die höheren Mysterien. Es ist die Seele, die die Einweihungen empfängt. Dies ist etwas absolut Innerliches; dies wird nicht weiter erzählt,

das soll niemandem gesagt werden.

Alle Einweihungen und Grade, die von vielen Schulen der physischen Welt erteilt werden, sind in den höheren Welten absolut wertlos.

Die Meister der Weißen Loge erkennen als wahrhafte Einweihung nur die echten Einweihungen der Seele an.

Dies ist vollkommen innerlich.

Der Schüler kann die neun Stufen aufsteigen, er kann alle neun Einweihungen in die niedrigeren Mysterien bestehen, ohne mit dem Arkanum A.Z.F. (der Sexualmagie) gearbeitet zu haben. Es ist aber nicht möglich, ohne Sexualmagie (das ist das Arkanum A.Z.F.) in die höheren Mysterien einzudringen.

In Ägypten empfing jeder der die neunte Stufe erreicht hatte unweigerlich von Mund zu Ohr das furchtbare Geheimnis des großen Arkanums (das machtvollste Arkanum, das Arkanum A.Z.F.).

Der Hüter der Schwelle

Die erste Prüfung, welcher der Kandidat unterzogen wird, ist die Prüfung des Hüters der Schwelle. Der Hüter der Schwelle ist die Widerspiegelung des *Ichs*, die innerste Tiefe des *Ichs*. Viele scheitern bei dieser schrecklichen Prüfung.

Der Kandidat muss in den inneren Welten den Hüter der Schwelle anrufen. Ein furchtbarer elektrischer Sturm kündigt dessen schreckliches Erscheinen an.

Die Larve des Hüters der Schwelle ist mit einer furchtbaren hypnotischen Kraft bewaffnet. In Wirklichkeit hat dieses Monster die entsetzliche Hässlichkeit unserer eigenen Sünden. Es ist das lebende Spiegelbild unserer eigenen Schlechtigkeit.

Der furchtbare Kampf wird von Angesicht zu Angesicht, von Körper zu Körper ausgetragen. Wenn der Kandidat dem Hüter der Schwelle unterliegt, wird er zum Sklaven dieses grauenhaften Ungeheuers. Geht der Kandidat indes siegreich aus dem Kampf hervor, flieht der Hüter der Schwelle, von Angst und Schrecken erfüllt.

Ein metallischer Klang bringt das Universum zum Erbeben und der Kandidat wird im Salon der Kinder empfangen. Dies erinnert uns an den Ausspruch des Hierophanten Jesus des Christus: „So ihr nicht werdet wie die Kinder, werdet ihr nicht ins Himmelreich kommen."

Im Salon der Kinder wird der Kandidat von den heiligen Meistern gefeiert. Es herrscht riesige Freude, dass ein menschliches Wesen den Pfad der Einweihung betreten hat. Das gesamte Kollegium der Eingeweihten (die Kinder) beglückwünschen den Kandidaten. Er hat den ersten Hüter der Schwelle besiegt. Diese Prüfung findet in der Astralwelt statt.

Der zweite Hüter

Der Hüter der Schwelle hat einen zweiten Aspekt. Den Mentalaspekt. Wir müssen wissen, dass der Verstand des Menschen noch nicht menschlich ist. Er befindet sich noch in einer tierischen Phase. Auf der Mentalebene hat jeder die tierische Physiognomie, die seinem Charakter entspricht.

Der Schlaue ist dort ein echter Fuchs. Der Wollüstige erscheint als Hund oder als Ziegenbock, usw., usw.

Auf der Mentalebene ist die Auseinandersetzung mit dem Hüter der Schwelle noch viel schrecklicher als in der Astralwelt.

Tatsächlich ist der zweite Hüter der große Hüter der Schwelle der Welt.

Der Kampf mit dem zweiten Hüter der Schwelle ist grauenvoll. Der Kandidat muss den zweiten Hüter auf der Mentalebene anrufen.

Seinem Erscheinen geht ein entsetzlicher elektrischer Sturm voraus. Besteht der Kandidat den Kampf siegreich, wird er mit größter Freude im Salon der Kinder in der Mentalwelt empfangen.

Verliert er, wird er zum Sklaven dieses furchterregenden Monsters. In diesem Gespenst sind alle unsere mentalen Verbrechen personifiziert.

Der dritte Hüter

Das Zusammentreffen mit dem dritten Hüter findet in der Welt des Willens statt. Der Dämon des schlechten Willens ist der Schrecklichste der drei Hüter.

Die Leute handeln nach ihrem eigenen Willen; die Meister der Weißen Loge handeln nur nach dem Willen des Vaters, sowohl im Himmel als auch auf Erden.

Wenn der Kandidat siegreich die dritte Prüfung besteht, wird er erneut im Salon der Kinder mit größter Freude empfangen. Die Musik ist wunderbar, das Fest feierlich.

Der Saal des Feuers

Nachdem der Kandidat in den drei grundlegenden Prüfungen mit dem Hüter der Schwelle dieser unermesslichen Region gesiegt hat, muss er in den Salon des Feuers eintreten.

Dort reinigen die Flammen seine inneren Vehikel.

Prüfung des Feuers, der Luft, des Wassers und der Erde

Im alten Ägypten der Pharaonen mussten diese Prüfungen mit viel Mut in der physischen Welt ausgefochten werden. In unserer Zeit muss der Kandidat diese vier Prüfungen in den übersinnlichen Welten bestehen.

Prüfung des Feuers

Bei der Feuerprobe wird die Gemütsruhe und Sanftmut des Kandidaten geprüft. Jähzornige und cholerische Menschen scheitern unweigerlich. Der Kandidat sieht sich verfolgt, beleidigt, geschmäht, verletzt, usw.

Viele reagieren heftig und kehren in ihren physischen Körper zurück, sie haben versagt. Die Siegreichen werden dagegen im Salon der Kinder empfangen und bei himmlischer Musik bewirtet.

Die Musik der Sphären. Die Flammen erfüllen die Schwachen mit Grauen.

Prüfung der Luft

Wer über den Verlust einer Person oder Sache verzweifelt, wer die Armut fürchtet, wer nicht bereit ist, sein Liebstes zu verlieren, wird bei der Luftprobe scheitern. Der Kandidat wird in einen tiefen Abgrund gestürzt. Der Schwache schreit auf und kehrt erschrocken in den physischen Körper zurück. Die Siegreichen werden im Salon der Kinder empfangen und festlich bewirtet.

Prüfung des Wassers

Die große Prüfung des Wassers ist wahrhaft entsetzlich. Der Kandidat wird in den Ozean geworfen und glaubt ertrinken zu müssen. Wer nicht imstande ist, sich den verschiedenen gesellschaftlichen

Bedingungen im Leben anzupassen, wer nicht imstande ist, unter den Armen zu leben, wer nach einem Schiffbruch im Ozean des Lebens den Kampf scheut und zu sterben vorzieht, jene Schwächlichen werden die Prüfung des Wassers nicht bestehen.

Die Siegreichen werden im Salon der Kinder mit kosmischen Feierlichkeiten empfangen.

Prüfung der Erde

Wir müssen lernen, aus den schlimmsten Widrigkeiten das Beste zu machen. Die größten Probleme bieten uns die besten Gelegenheiten. Wir müssen lernen, den Widrigkeiten lächelnd zu begegnen, so lautet das Gesetz. Wer den Widrigkeiten dieser Existenz schmerzerfüllt unterliegt, kann die Prüfung der Erde nicht siegreich bestehen.

In den höheren Welten findet sich der Kandidat zwischen zwei riesigen Bergen, die sich drohend schließen. Wenn der Kandidat angsterfüllt schreit, kehrt er gescheitert in den Körper zurück.

Bleibt er indes ruhig und gelassen, geht er als Sieger hervor, so wird er mit einem großen Freudenfest im Salon der Kinder empfangen.

Einweihung in die niedrigen Mysterien

Wenn der Kandidat alle Einführungsprüfungen für den Pfad siegreich bestanden hat, steht ihm das Recht zu, in die niedrigen Mysterien einzutreten. Jede der neun Einweihungen in die niedrigen Mysterien empfängt man im innersten Bewusstsein. Hat der Kandidat ein gutes Gedächtnis, kann er die Erinnerung an diese Einweihungen in das physische Gedächtnis übernehmen.

Wenn er aber ein schlechtes Gedächtnis hat, dann weiß der arme Neophyt in der physischen Welt nichts von dem, was er in den höheren Welten gelernt und empfangen hat. Diejenigen, die in der physischen Welt die Vorgänge der Einweihung bewahren möchten, müssen ihr Gedächtnis schulen. Es ist für den Kandidaten absolut notwendig, bewusst astralreisen zu können.

Es ist von größter Dringlichkeit, dass der Kandidat sein Bewusstsein erweckt.

Die neun Einweihungen in die niedrigen Mysterien stellen den Pfad der Bewährung dar. Die neun Einweihungen in die niedrigen Mysterien sind für die Schüler, die in der Bewährungszeit sind.

Verheiratete Schüler, die das Arkanum A.Z.F. praktizieren, können diese neun Grundeinweihungen sehr schnell durchlaufen.

Ist der Schüler alleinstehend und völlig keusch, kann er diese neun Einweihungen auch durchlaufen, wenn auch etwas langsamer. Jene, die sich der Unzucht hingeben, können keine Einweihung erhalten.

Einweihung in die höheren Mysterien

Es gibt fünf große Einweihungen in die höheren Mysterien. Es gibt sieben Schlangen. Zwei Gruppen zu je drei, deren höchste Krönung die siebente Feuerzunge ist, die uns mit dem Einen, mit dem Gesetz, mit dem Vater vereint. Wie müssen die sieben Stufen der Feuerleiter emporsteigen.

Die erste Einweihung betrifft die erste Schlange.

Die zweite Einweihung die zweite Schlange.

Die dritte Einweihung die dritte Schlange.

Die vierte Einweihung die vierte Schlange.

Die fünfte Einweihung die fünfte Schlange.

Die sechste und siebente Schlange gehören zu Buddhi, zu Seele-Bewusstsein, und zu Atman, dem Innersten des Menschen.

Erste Einweihung in die höheren Mysterien

Die erste Schlange entspricht dem physischen Körper. Die erste Schlange muss durch den Rückenmarkskanal des physischen Körpers erhoben werden. Wenn die Schlange das Magnetfeld der Nasenwurzel erreicht, empfängt der Kandidat die erste Einweihung in die höheren Mysterien.

Die Seele und der Geist begeben sich vor die große Weiße Loge ohne die Körper der Sünde und in völliger Abwesenheit des *Ichs*. Sie blicken sich an, lieben sich und vereinen sich wie zwei Flammen, die zu einer einzigen Flamme werden. So wird der göttliche Hermaphrodit geboren.

Dieser erhält einen Thron, um zu gebieten, und einen Tempel, um zu zelebrieren. Wir müssen zu Königen und Priestern der Natur werden, gemäß dem Orden des Melchisedek. Wer die erste Einweihung in die höheren Mysterien empfängt, empfängt auch das Flammenschwert, das ihm Gewalt über die vier Elemente der Natur verleiht. Es ist notwendig die Sexualmagie intensiv zu praktizieren, um die Schlange auf den Stab zu erheben, wie es Moses in der Wüste getan hat. Die Liebe ist die Grundlage und das Fundament der Einweihung. Wir müssen zu lieben wissen. Der Kampf um den Aufstieg der Schlange ist sehr schwer. Die Schlange muss langsam, Grad um Grad emporsteigen. Es sind dreiunddreißig Wirbel. Es sind dreiunddreißig Grade.

Die Finsteren greifen uns in jedem Wirbel mit aller Kraft an. Kundalini steigt sehr langsam auf, in Einklang mit den Verdiensten des Herzens. Wir müssen all unsere Sünden auflösen.

Wir müssen dringend den Pfad der absoluten Heiligkeit gehen. Es ist unerlässlich, Sexualmagie ohne animalische Gelüste zu praktizieren. Wir müssen nicht nur das Verlangen töten, sondern auch dessen eigenen Schatten. Wir müssen wie eine Zitrone sein. Der Sexualakt muss zu einer wahren religiösen Zeremonie umgewandelt werden.

Die Eifersucht muss ausgemerzt werden. Wisset, dass die leidenschaftliche Eifersucht den häuslichen Frieden tötet.

Zweite Einweihung in die höheren Mysterien

Die zweite Schlange steigt nur mit großen Schwierigkeiten durch den Rückenmarkskanal des ätherischen Körpers auf. Wenn die zweite Schlange das Magnetfeld der Nasenwurzel erreicht, tritt der Eingeweihte in den Tempel ein, um die zweite Einweihung in die höheren Mysterien zu empfangen. Es muss aber gesagt werden, dass die menschliche Persönlichkeit den Tempel nicht betritt. Sie verbleibt an der Türschwelle und regelt ihre Angelegenheiten mit den Herren des Karma.

Im Inneren des Tempels kreuzigt sich der Innerste, zusammen mit seinem ätherischen Körper. Das heißt, der Innerste kleidet sich mit dem ätherischen Körper für die Kreuzigung. So wird der ätherische Körper christifiziert. In der zweiten Einweihung wird der Soma Puchicon geboren, das Hochzeitskleid der Seele.

Der goldene Körper. Dieses Vehikel wird aus den beiden höheren Arten des Äthers gebildet.

Der ätherische Körper besteht aus vier Arten des Äthers, zwei höheren und zwei niedrigeren. Mit dem Hochzeitskleid der Seele können wir alle Bereiche des Königreiches betreten.

Diese Einweihung ist sehr schwierig. Der Schüler wird strengstens geprüft. Besteht er die Prüfung, dann erstrahlt die Mitternachtssonne und aus ihr löst sich der fünfzackige Stern mit seinem Auge im Zentrum. Dieser Stern schwebt über dem Kopf des Neophyten, als Zeichen des Sieges. Das Ergebnis dieses Sieges ist die Einweihung.

Dritte Einweihung in die höheren Mysterien

Die dritte Schlange steigt durch den Rückenmarkskanal des Astralphantoms auf. Die dritte Schlange muss das Magnetfeld an der Nasenwurzel erreichen und von dort zum Herzen hinabsteigen, durch einen geheimen Pfad, in dem es sieben heilige Kammern gibt.

Wenn die dritte Schlange das Herz erreicht, wird ein wunderschönes Kind geboren, der christifizierte Astralkörper. Das Resultat all dieser Vorgänge ist die Einweihung.

Der Neophyt muss im Astralkörper das ganze Drama der Passion Christi durchleiden. Er muss gekreuzigt werden, sterben, wird begraben, muss auferstehen und in den Abgrund hinuntersteigen, wo er vierzig Tage bis zur Himmelfahrt verbleibt.

Die höchste Zeremonie der dritten Einweihung wird mit dem christifizierten Astralkörper empfangen.

Über dem Altar erscheint Sanat Kumara, der Alte der Tage, um uns die Einweihung zu gewähren.

Jeder, der die dritte Einweihung der höheren Mysterien erreicht, empfängt den Heiligen Geist.

Man muss die Frau zu lieben wissen, um diese Einweihung zu erreichen. Die sexuelle Vereinigung muss voll unendlicher Liebe sein. Der Phallus darf immer nur langsam und zart in die Vulva eindringen, um die Organe der Frau nicht zu verletzen. Jeder Kuss, jedes Wort, jede Liebkosung muss absolut frei von Verlangen sein. Das tierische Verlangen ist ein sehr großes Hindernis für die Einweihung.

Viele puritanisch denkende Menschen werden uns beim Lesen dieser Zeilen als unmoralisch verurteilen. Jedoch empören sich diese Leute nicht über Bordelle und Prostituierte. Sie beschimpfen uns, sind aber nicht imstande, zu den Prostituierten zu gehen und ihnen das gute Gesetz zu predigen.

Sie hassen uns, sind aber nicht fähig, ihre eigenen Sünden zu verabscheuen. Sie verurteilen uns, weil wir die Religion der Sexualität verkünden, sind aber nicht in der Lage, ihre eigene Unzucht zu verdammen.

Dies ist die Menschheit.

Vierte Einweihung in die höheren Mysterien

Wenn die vierte Schlange durch den Rückenmarkskanal des mentalen Phantomkörpers aufgestiegen ist, dann erfolgt die vierte Einweihung in die höheren Mysterien. Die vierte Schlange erreicht auch den Punkt zwischen den Augenbrauen und steigt dann bis zum Herzen hinab.

In der Mentalwelt heißt Sanat Kumara den Kandidaten immer mit den Worten willkommen: „Du hast dich von den vier Sündenkörpern befreit. Du bist ein Buddha. Du bist in die Welt der Götter eingetreten. Du bist ein Buddha. Jeder, der sich von seinen vier Sündenkörpern befreit, ist ein Buddha. Du bist ein Buddha. Du bist ein Buddha.“

Das kosmische Fest dieser Einweihung ist großartig. Die ganze Welt, das ganze Universum erzittert vor Freude und ruft: „ein neuer Buddha wurde geboren.“

Die göttliche Mutter Kundalini stellt ihr Kind im Tempel mit den Worten vor: „dies ist mein innig geliebtes Kind. Dies ist ein neuer Buddha. Dies ist ein neuer Buddha. Dies ist ein neuer Buddha."

Die heiligen Frauen beglückwünschen den Kandidaten mit einem heiligen Kuss. Das Fest ist schrecklich göttlich. Die großen Meister der mentalen Ebene ziehen aus dem mentalen Phantomkörper das wunderschöne Kind des christifizierten Mentalkörpers. Dieses Kind wird bei der vierten Einweihung der höheren Mysterien geboren. Jeder, der die vierte Einweihung empfängt, erreicht das Nirvana. Das Nirvana ist die Welt der heiligen Götter.

Wer die vierte Einweihung erreicht, empfängt den Reichsapfel des Imperators des Verstandes. Auf diesem Reichsapfel erstrahlt das Zeichen des Kreuzes. Der Verstand muss in der Einweihung gekreuzigt und stigmatisiert werden. In der Mentalwelt strahlt das universale Feuer. Jede einzelne der dreiunddreißig Kammern des Mentalkörpers lehrt uns schreckliche Wahrheiten.

Fünfte Einweihung In die höheren Mysterien

Die fünfte Schlange steigt durch den Rückenmarkskanal jenes Seelenembryos auf, den wir inkarniert haben. Die fünfte Schlange muss bis zu den Augenbrauen aufsteigen und dann bis zum Herzen absteigen.

In der fünften großen Einweihung wird der bewusste Willenskörper geboren. Wer in der Welt des bewussten Willens geboren wird, inkarniert unweigerlich seine Seele. Wer seine Seele inkarniert, verwandelt sich zu einem wahren Menschen mit Seele. Jeder wahre, unsterbliche und vollständige Mensch ist ein wirklicher Meister. Vor der fünften Einweihung in die höheren Mysterien darf niemand als Meister bezeichnet werden.

In der fünften Einweihung lernen wir, den Willen des Vaters zu tun. Wir müssen lernen, dem Vater zu gehorchen. Dies ist das Gesetz.

In der fünften Einweihung müssen wir uns für einen der beiden Wege entscheiden; entweder im Nirwana bleiben, das unendliche

Glück des heiligen grenzenlosen Raumes genießen und bei den unaussprechlichen Götter sein oder auf dieses unendliche Glück verzichten, um in diesem Tal der Tränen weiterzuleben, um der armen, leidenden Menschheit zu helfen. Das ist der Weg der langen und bitteren Pflicht. Jeder, der das Nirwana verdient hat, aber aus Liebe zur Menschheit darauf verzichtet hat, erhält später die venusische Einweihung.

Jeder, der die venusische Einweihung empfängt, inkarniert den inneren Christus. Im Nirwana gibt es Millionen von Buddhas, die den Christus nicht inkarniert haben. Es ist besser, aus Liebe zur Menschheit auf das Nirwana zu verzichten und das Glück zu erfahren, den Christus zu inkarnieren. Der Christus-Mensch tritt in die Welten übernirvanischen Glückes ein und gelangt später in das Absolute.

Die Perfekte Ehe

Der Pfad der kosmischen Verwirklichung ist der Weg der perfekten Ehe.

Viktor Hugo, der große Humanist und Eingeweihte, sagt wörtlich Folgendes:

Mann und Frau

von Viktor Hugo

Der Mann ist das Höchste aller Wesen.
Die Frau ist das erhabenste aller Ideale.
Gott schuf für den Mann einen Thron, für die Frau einen Altar.
Der Thron erhöht, der Altar heiligt.
Der Mann ist das Gehirn, die Frau das Herz.
Das Gehirn erzeugt das Licht, das Herz die Liebe.
Das Licht befruchtet, die Liebe erweckt.
Der Mann ist stark durch die Vernunft, die Frau unbesiegbar durch die Träne.
Die Vernunft überzeugt, die Träne bewegt.
Der Mann ist jeder Heldentat fähig, die Frau jeder Opfertat.
Die Heldentat adelt, die Opfertat erhöht.
Der Mann hat Überlegenheit, die Frau Vorrecht.

Die Überlegenheit bedeutet Kraft, das Vorzug bedeutet Recht.
Der Mann ist ein Genie, die Frau ein Engel.
Das Genie ist unmessbar, der Engel unfassbar.
Das Streben des Mannes ist der höchste Ruhm, das Streben der Frau die äußerste Tugend.
Der Ruhm schafft alles Große, die Tugend alles Göttliche.
Der Mann ist das Gesetz, die Frau das Evangelium.
Das Gesetz verbessert, das Evangelium vervollkommnet.
Der Mann denkt, die Frau träumt.
Denken bedeutet, eine Larve im Gehirn zu haben, träumen bedeutet, eine Aureole auf der Stirn zu haben.
Der Mann ist ein Ozean, die Frau ein See.
Der Ozean hat die Perle, die ihn schmückt, der See hat die Poesie, die sie betört.
Der Mann ist der Adler, der fliegt, die Frau die Nachtigall, die singt.
Fliegen heißt, den Raum erobern, Singen heiß die Seele erobern.
Der Mann ist ein Tempel, die Frau ein Heiligtum.
Vor dem Tempel entblößen wir uns, vor dem Heiligtum knien wir.
Der Mann steht dort, wo die Erde endet, die Frau, wo der Himmel beginnt.

Diese sublimen Aussagen des großen Humanisten und Eingeweihten Viktor Hugo laden uns ein, den Weg der Perfekten Ehe zu leben. Gesegnet sei die Liebe. Gesegnet die Wesen, die sich lieben.

Die Nahrung für die Schlange

Jeder Einweihungsweg basiert auf der Schlange. Die Schlange hat ihre spezielle kosmische Nahrung. Es gibt fünf bekannte grundlegende Elemente, die die Nahrung für die Schlange bilden. Diese sind: die philosophische Erde, das elementale Wasser der Weisen, das elementale Feuer, die elementale Luft und der Äther.

In diesen Elementen leben die Elementargeister der Natur. Die Gnome leben in der philosophischen Erde. Die Undinen leben im Wasser. Die Sylphen in der Luft, usw.

Die Gnome arbeiten in den Tiefen der großen Gebirgsketten. Das ist die Wirbelsäule. Die Arbeit der Gnome besteht in der

Umwandlung des Bleies der Persönlichkeit in das Gold des Geistes. Das Rohmaterial ist die Samenflüssigkeit. Die Esse des Laboratoriums ist das Chakra des Steißbeines. Das Wasser ist die Samenflüssigkeit und die Nervenstränge des Sympathikus bilden den großen Kamin, durch den die Samendämpfe aufsteigen, bis zum Destillator des Gehirns. Die ganze Arbeit der Gnome ist alchemistisch. Die metallische Transmutation ist die Basis der Einweihung.

Die rohe Materie muss in das Gold der Weisen umgewandelt werden.

Die Gnome benötigen das Feuer der Salamander und das Wasser der Undinen. Darüber hinaus benötigen sie die vitale Luft und die sympathischen Sylphen des Verstandes, damit sie die Samendämpfe nach innen und nach oben leiten können. Das Ergebnis ist die Umwandlung von Blei zu Gold. Wenn die Aura des Eingeweihten zu reinem Gold wird, dann ist die Arbeit vollständig abgeschlossen.

Der Bereich der Erde erstreckt sich von den Füßen bis zu den Knien. Das entsprechende Mantram ist LA.

Der Bereich des Wassers befindet sich zwischen den Knien und dem After. Das entsprechende Mantram ist VA.

Der Bereich des Feuers befindet sich zwischen dem After und dem Herzen. Sein Mantram ist RA.

Der Bereich der Luft befindet sich zwischen dem Herzen und den Augenbrauen. Das zugehörige Mantram ist YA.

Der Bereich des Äthers erstreckt sich von den Augenbrauen bis zum Scheitel des Kopfes, sein Mantram ist HA.

Die feurige Schlange nährt sich mit diesen fünf grundlegenden Elementen. Jetzt verstehen wir auch, warum der Neophyt die Prüfungen der Erde, des Wassers, des Feuers und der Luft bestehen muss. Die Reinigung und Heiligung in Verbindung mit diesen Elementen der Natur nährt die Schlange und ermöglicht ihr den Aufstieg durch das heilige Gebirge der Wirbelsäule. Ohne Reinigung und Heiligung dieser vier Elemente kann die Schlange niemals aufsteigen.

Brahma ist der Gott der Erde. Narayana ist der Gott des Wassers. Rudra ist der Gott des Feuers. Ishwara ist der Gott der Luft. Suddhashiva ist der Gott des Äthers.

Durch Meditation über diese erhabenen Götter können wir erreichen, dass sie uns helfen, die Chakras oder Räder unseres Vitalkörpers zu erwecken. Es ist wichtig, die magnetischen Zentren zum Vibrieren zu bringen, um sie für die Ankunft des Feuers vorzubereiten. Meditiert und vokalisiert das Mantram jeden Elementes.

Konzentriert eure Aufmerksamkeit auf jeden einzelnen dieser elementalen Götter und bittet sie, euch bei der Erweckung der Chakras behilflich zu sein. So werdet ihr zu praktischen Okkultisten.

Das Laboratorium des dritten Logos

Die Erde besteht aus neun Schichten, und die neunte Schicht ist das Laboratorium des dritten Logos. Die neunte Schicht der Erde befindet sich im Mittelpunkt der planetaren Masse. Dort ist auch die heilige Acht. Das ist das göttliche Symbol des Unendlichen. In diesem Symbol werden das Gehirn, das Herz und das Geschlecht des Planetengenius dargestellt. Der Name dieses Genius ist Changam. Der Mittelpunkt der heiligen Acht entspricht dem Herzen und der obere und untere Teil dem Gehirn bzw. der Sexualität. Auf dieser Grundlage sind alle Wesen auf der Erde organisiert.

Der Kampf ist furchtbar. Gehirn gegen Sexualität. Sexualität gegen Gehirn und, am schrecklichsten und schmerzhaftesten, Herz gegen Herz.

Die heilige Schlange befindet sich eingerollt im Herzen der Erde, genau in der neunten Sphäre. Die Schlange ist ihrer Konstitution nach siebenfach, und jedem einzelnen ihrer sieben feurigen Aspekte entspricht einer der sieben Schlangen des Menschen.

Die zeugende Energie des dritten Logos erschafft die chemischen Elemente der Erde mit all ihrer vielfältigen Komplexität der Formen. Wenn sich diese zeugende Energie vom Zentrum der Erde zurückziehen würde, dann würde unsere Welt zu einem Kadaver. Auf diese Art sterben die Welten.

Das Schlangenfeuer des Menschen entströmt dem Schlangenfeuer der Erde. Die furchtbare Schlange schläft tief in ihrem geheimnisvollen Nest in den hohlen Sphären der Erde, die in der Tat einem chinesischen Puzzle gleichen. Es handelt sich um konzentrische astrale und subtile Sphären. So wie die Erde neun konzentrische Sphären besitzt, auf deren Grund die furchtbare Schlange lebt, so besitzt sie auch der Mensch. Er ist der Mikrokosmos des Makrokosmos.

Der Mensch ist ein Universum im Kleinen. Das unendlich Kleine entspricht dem unendlich Großen.

Wasserstoff, Kohlenstoff, Stickstoff und Sauerstoff sind die vier grundlegenden Elemente, mit denen der dritte Logos arbeitet. Die chemischen Elemente sind in der Reihenfolge ihrer Atomgewichte angeordnet. Wasserstoff ist am leichtesten, mit dem Atomgewicht eins. Eines der Letzten uns bekannten Elementen, sowie eines der Schwersten ist das Uran mit einem Atomgewicht von 238,5.

Die Elektronen bilden eine Brücke zwischen dem Geist und der Materie. Der Wasserstoff an sich ist das seltenste uns bekannte Element, die erste Manifestation der Schlange. Jedes Element, jede Nahrung, jeder Organismus entspricht einer bestimmten Art des Wasserstoffes. Die sexuelle Energie entspricht dem Wasserstoff 12 und seine musikalische Note ist Si.

Die elektronische solare Materie ist das heilige Feuer von Kundalini. Wenn wir diese Energie freisetzen, betreten wir den Weg der wahren Einweihung.

Chac Mool

Der Chac Mool des aztekischen Mexiko ist großartig. Der Chac Mool existierte tatsächlich, er war ein inkarnierter Adept, einer der großen Eingeweihten der mächtigen Schlangenkultur des alten Mexiko und des großen Tenochtitlan.

Das Grab des Chac Mool wurde entdeckt und seine Überresten wurden gefunden. Es besteht also kein Zweifel, dass der Chac Mool tatsächlich existierte. Wenn man die Figur des liegenden Chac Mool betrachtet, stellt man fest, dass er die gleiche Position einnimmt wie die Eingeweihten Ägyptens, wenn sie im Astralkörper reisen wollten und dabei das Mantram Fa-Ra-On aussprachen. Im Nabelbereich des

Chac Mool aber stellen wir etwas Eigenartiges fest; Er ist als Schale oder Gefäß ausgebildet, wie um etwas zu empfangen. Das Sonnengeflecht ist wirklich etwas Wunderbares und der Chac Mool hinterließ der Menschheit eine große Lehre.

Kundalini oder die feurige Schlange unserer magischen Kräfte hat im Bereich des Nabels, im Chakra des Solarplexus, einen großen Vorrat an solarer Energie gespeichert. Dieses magnetische Zentrum ist sehr wichtig für die Einweihung, denn es ist dieses Zentrum, das die Primärenergie empfängt, die unterteilt ist in zehn prachtvolle Strahlen. Diese Primärenergie zirkuliert durch die sekundären Nervenkanäle, wobei sie alle Chakren belebt und nährt. Der Solarplexus wird durch die Sonne regiert.

Wenn der Schüler eine wirklich objektive Hellsichtigkeit im wahrsten Sinn des Wortes erlangen will, muss er lernen, die solare Energie vom Speicher im Solarplexus bis zum Stirnchakra emporzuführen. Das Mantram Sui-Ra ist der Schlüssel, der es uns ermöglicht, solare Energie aus dem Solarplexus zu entnehmen und zum Stirnchakra empor zu leiten. Man vokalisiere dieses Mantram wie folgt: Suuuuiiii... Raaaa....

Eine Stunde täglich; das Resultat wird das positive Erwachen des Stirnchakras sein. Wenn wir solare Kraft für das Kehlkopfchakra benötigen, müssen wir das Mantram Sue-Ra wie folgt vokalisieren: Suuuueeee.... Raaaa

Benötigen wir solare Energie für das Herzchakra, vokalisieren wir das Mantram Suo-Ra auf folgende Weise: Suuuuoooo....Raaaa.

Alles wird im großen Mantram Suo-Ra zusammengefasst, in dem sich nach den Veden und Sastras der schweigende Ghandarva (der himmlische Musikant) manifestiert. Es ist notwendig, die im Solarplexus deponierte solare Energie nutzen zu wissen. Es ist ratsam, dass die Aspiranten für die Einweihung sich auf den Rücken legen, die Knie angewinkelt, die Füße auf dem Bett (siehe Position des Chac Mool). Es ist klar, dass, wenn man die Fußsohlen auf das Bett stellt, die Knie erhoben sind, zum Himmel gerichtet, zu Urania.

In dieser Position stelle sich der Schüler vor, dass die Energie der Sonne sein Sonnengeflecht durchdringt und es vibrieren und rotieren lässt, von links nach rechts, wie die Zeiger einer Uhr, die man von vorne betrachtet. Diese Übung kann täglich eine Stunde lang durchgeführt werden. Das Grundmantram für dieses Chakra ist der Vokal U. Der Klang dieses Vokales kann so verlängert werden: Uuuuu

Ein erwachtes Sonnengeflecht belebt alle Chakras des Organismus in großartiger Weise. So bereiten wir uns auf die Einweihung vor.

Der Chac Mool wurde in der Schlangenkultur Mexikos verehrt. Zwei Kriegerkasten beteten ihn an.

Der Chac Mool wurde bei großen Prozessionen mitgetragen und in die Tempel der Azteken gebracht, wo er von der Menge verehrt wurde. Zu ihm betete man auch um Regen für die Erde. Dieser große Meister hilft allen, die ihn anrufen. Man kann auch Amulette mit der Gestalt des Chac Mool anfertigen und um den Hals tragen oder kleine Figuren von ihm aufstellen.

Schlangenzivilisationen

In den großen Mysterientempeln der Schlangenzivilisationen erhielt man die wahre Einweihung. Nur diese Schlangenzivilisationen sind wahre Zivilisationen.

Es ist notwendig, dass die Vorkämpfer der menschlichen Zivilisation, die aus all unseren geliebten Brüdern, den Theosophen, den Rosenkreuzern, Yogis, Hermetikern, usw., bestehen, ihre alten Ängste und Vorurteile aufgeben, um mit vereinten Kräften gemeinsam eine neue Schlangenzivilisation zu schaffen. Wir müssen wissen, dass die gegenwärtige Barbarei, die sich fälschlich moderne Zivilisation nennt, ihrem katastrophalen Ende zusteuert.

Die Welt befindet sich in einem schrecklichen Chaos und wenn wir sie wirklich retten wollen, müssen wir uns vereinen, um eine neue Schlangenkultur zu schaffen: die Zivilisation des Wassermannzeitalters. Wir müssen größte, ja verzweifelte Anstrengungen unternehmen, um die Welt zu retten, denn bis jetzt scheint alles verloren zu sein.

Die universale christliche gnostische Bewegung ist keine Sekte. Die gnostische Bewegung besteht aus der Armee zur Rettung der Welt, aus allen geistigen Schulen, allen Logen, Religionen und Sekten.

Der exoterische Kreis und der esoterische Kreis

Die Menschheit entwickelt sich in zwei Kreisen, den exoterischen und den esoterischen. Der exoterische Kreis ist öffentlich. Der esoterische Kreis ist geheim. Die Mehrheit der Menschen lebt im exoterischen Bereich. Im esoterischen Bereich leben die Adepten der großen weißen Bruderschaft. Es ist die Pflicht eines jeden eingeweihten Bruders, den Menschen des öffentlichen Kreises zu helfen. Es ist notwendig, viele in den geheimen Kreis der weißen Bruderschaft zu bringen.

Der Weg der Einweihung ist eine wahrhafte Revolution des Bewusstseins. Diese Revolution hat drei genau definierte Aspekte: erstens - geboren werden; zweitens - sterben; drittens - uns für die Menschheit opfern, das Leben für die Menschheit hingeben, kämpfen, um andere auf den geheimen Pfad zu bringen.

Geboren werden ist ein rein sexuelles Problem. Sterben ist die Arbeit der Auflösung des *Ich*, des Egos. Sich für die Anderen opfern, bedeutet Liebe.

Im öffentlichen Kreis gibt es Tausende von Schulen, Büchern, Sekten, Widersprüchen, Theorien, usw. Es ist ein Labyrinth, aus dem nur der Stärkste herausfindet. Alle diese Schulen sind nützlich.

Bei allen finden wir Teile der Wahrheit. Alle Religionen sind heilig und göttlich; alle sind notwendig. Den geheimen Pfad aber finden nur die Stärksten. Dieser Pfad wird von den Infrasexuellen tödlich gehasst.

Diese fühlen sich vollkommener als der Dritte Logos. Sie können nie den geheimen Pfad finden, den Pfad auf des Messers Schneide. Der geheime Pfad ist die Sexualität. Auf diesem engen, schmalen und schwierigen Weg kommen wir zum esoterischen Kreis, zum Sanctum Regnum Dei, Magnum Regnum.

Die Chakras und die Plexus

Der Einweihungskandidat muss die Position der Chakras und Plexus genau kennen. Das Wurzelchakra befindet sich an der Basis der Wirbelsäule, am vierten Sakralwirbel, im Steißbeinplexus. Das

Milzchakra befindet sich im Bereich der Milz, am ersten Lendenwirbel, dem Milzplexus. Dieses Zentrum gehorcht dem Solarplexus. Wir müssen aber feststellen, dass das wahre zweite Zentrum das prostatische Zentrum und nicht das Milz-Zentrum ist.

Das Nabel-Chakra befindet sich im Bereich des Nabels, des achten Brustwirbels, des Sonnengeflechtes. Das Herzchakra ist im Bereich des Herzens, des Kardialplexus.

Das Kehlkopfchakra ist im Bereich des Kehlkopfes, der Schilddrüse, des dritten Halswirbels, des Rachenplexus. Das Stirnchakra befindet sich zwischen den Augenbrauen im Bereich des ersten Halswirbels, des Plexus caroticus.

Es ist wichtig zu wissen, dass die Chakras und die Plexus durch Nervenfasern miteinander verbunden sind.

Wenn nun die Schlange durch den Kanal des Rückenmarks aufsteigt, werden die Wirbelsäulenchakras aktiviert und durch Induktion aktivieren sie die Plexus. Die Chakras befinden sich im zerebrospinalen Nervensystem und die Plexus im Nervensystem des Sympathikus.

Wenn die Schlange durch den Rückenmarkskanal aufsteigt, aktiviert sie der Reihe nach vollständig die Kirchen oder Wirbelsäulenchakras. Diese wiederum bringen durch elektrische Induktion die entsprechenden Plexus des Sympathikus zum Vibrieren.

Jedes Wirbelsäulenchakra und jeder Sympathikus-Plexus weist eine siebenfache innere Konstitution auf, die genau der siebenfachen feurigen Schlange unserer magischen Kräfte entspricht.

Die erste Schlange öffnet die Chakras der physischen Welt. Die Zweite öffnet die Chakras der ätherischen Welt. Die Dritte die Chakras der Astralwelt. Die Vierte die Chakras der mentalen Welt. Die Fünfte öffnet die Chakras der Kausalwelt. Die Sechste die Chakras der buddhischen Welt und die Siebte die Chakras des Innersten. Dieser Vorgang ist der gleiche für die Plexus, denn die Chakras oder Kirchen sind mit den Plexus durch Nervenstränge verbunden.

Der Eingeweihte möge nicht verzweifeln, dass die erste Schlange noch nicht die astralen Chakras öffnet. Diese werden nur durch die dritte Schlange, die des Astralkörpers geöffnet.

Mit der ersten Schlange öffnen sich im Innersten die Entsprechungen des Physischen. Man vergesse nicht, dass der Innerste das Gegenstück des Physischen ist.

Erklärungen

Die Einweihung kann weder durch Geld noch durch Korrespondenz erworben werden. Die Einweihung kann man nicht kaufen oder verkaufen. Die Einweihung ist dein eigenes Leben und wird durch die Feste in den Tempeln entsprechend begleitet.

Wir müssen uns von allen Betrügern, die Einweihungen verkaufen, distanzieren. Es ist wichtig, uns von all jenen zu distanzieren, die Einweihungen in Briefkursen geben.Die Einweihung ist etwas sehr Intimes, etwas sehr Geheimes, sehr Göttliches.

Hütet euch vor allen die sagen: „Ich habe so und so viele Einweihungen, so und so viele Grade".

Meidet jene, die von sich behaupten „Ich bin ein Meister der höheren Mysterien, ich habe so und so viele Einweihungen empfangen."

Denke daran, lieber Leser, dass das *Ich*, die Persönlichkeit, keine Einweihungen empfängt. Die Einweihung ist eine Frage des Innersten, eine Sache des Bewusstseins, eine heikle Angelegenheit der Seele. Darüber spricht man mit niemandem.

Kein wahrer Adept würde jemals sagen: „ich bin ein Meister der Weißen Loge."

„Ich habe diesen oder jenen Grad."

„Ich habe so und so viele Einweihungen", „ich habe diese und jene Kräfte, usw."

Das Problem der inneren Erleuchtung

Viele Schüler des Okkultismus wollen die innere Erleuchtung, sie leiden schrecklich, denn trotz vieler Jahre des Studiums und der esoterischen Übungen sind sie weiterhin blind und ohne Bewusstsein, wie zu dem Zeitpunkt, an dem sie ihre ersten Bücher zu lesen begannen. Wir, die Brüder des Tempels, wissen aus eigener Erfahrung, dass das Herzchakra für die innere Erleuchtung entscheidend ist.

„Shiva Samhita", das große Buch der Hindus, spricht genau und detailliert über die Segnungen, die dem Yogi zuteil werden, der über das Chakra des ruhigen Herzens meditiert: „Der Yogi erwirbt immenses Wissen, er kennt die Vergangenheit, die Gegenwart und die Zukunft. Er ist hellhörig und hellsichtig, er kann durch die Luft reisen, wohin er möchte.

Er sieht die Adepten und die göttlichen Yoginis, er erwirbt die Fähigkeit des Khechari (durch die Luft zu reisen) und des Buchari (alle Gegenden der Welt nach Wunsch zu besuchen)."

Alle, die lernen wollen, bewusst astral zu reisen, alle, die die Wissenschaft des Jinas lernen wollen, um ihren physischen Körper in die vierte Dimension zu versetzen und sich ohne Flugzeug mit dem physischen Körper an jeden beliebigen Ort der Welt zu versetzen, alle, die dringend die Hellsichtigkeit und Hellhörigkeit erwerben wollen, müssen sich täglich auf ihr Herzchakra konzentrieren und tief über dieses wunderbare Zentrum meditieren.

Eine Stunde der Meditation über dieses Zentrum bringt wunderbare Ergebnisse. Das Mantram für dieses Chakra ist der Vokal "O", der durch Verlängerung des Tones so vokalisiert wird: Ooooo …

Während dieser Übung müssen wir zu Christus beten und ihn bitten, unser Herzchakra zu erwecken.

Zusammenfassung der fünf großen Einweihungen

Erste Einweihung: Der Innerste und das Seele-Bewusstsein (Buddhi) vereinen sich und es bildet sich so ein neuer Eingeweihter. Einer mehr, der in den Strom eintrat.

Zweite Einweihung: Der Ätherkörper, genannt „Soma Puchicon", wird geboren.

Dritte Einweihung: Die Chakras des Astralkörpers öffnen sich und der astrale Christus wird als wunderschönes Kind geboren.

Vierte Einweihung: Der mentale Christus wird als kostbares Kindes geboren. Der Eingeweihte wurde geboren als ein neuer Buddha.

Fünfte Einweihung. Die menschliche Seele oder der Kausal- bzw. Willenskörper vereint sich mit dem Inneren Meister, dem Atman Buddhi (Innerster und Bewusstsein).

So sind die drei Flammen eins geworden. Dies ist ein neuer und wahrhafter Meister der höheren Mysterien der Weißen Loge. Wer die fünfte Einweihung erlangt, kann ins Nirwana eintreten. Wer die fünfte Einweihung erreicht, wird in der Kausalwelt geboren.

Wer die fünfte Einweihung erlangt, inkarniert die Seele.

Nur wer die fünfte Einweihung erreicht, ist ein Mensch mit einer Seele, das heißt ein wahrhafter Mensch.

Die Vehikel des Feuers

Die echten und wahren Astral-, Mental- und Kausalvehikel werden durch die Sexualmagie geboren. Während der Vereinigung von Mann und Frau öffnet sich die Aura des Paares ganz und es können wunderbare seelische Befruchtungen in unserem tiefsten Inneren stattfinden.

Das Ergebnis ist dann die Geburt unseres wahren Astralkörpers und später, in entsprechender Reihenfolge, die Geburt der anderen Körper.

Geduld und Ausdauer

Die Kräfte können nicht spielend erworben werden. Dies ist eine Frage größter Geduld. Die Unbeständigen, die nur Resultate suchen, die nach wenigen Monaten der Übungen schon Manifestationen erwarten, sind für den Okkultismus nicht vorbereitet. Derartige Leute sind für diese Art des Studiums ungeeignet.

Solche Leute sind nicht reif. Solchen Personen raten wir, sich irgendeiner religiösen Richtung anzuschließen und zu warten, bis sie reifer geworden sind. Um den Weg auf des Messers Schneide zu gehen bedarf es der Geduld eines Hiob.

Für den Weg auf des Messers Schneide bedarf es der Festigkeit eines gehärteten Stahls.

Bewusster Glaube

Zweifler, die sich dem praktischen Okkultismus zuwenden, scheitern unweigerlich. Wer unsere Lehren anzweifelt, ist für den Pfad auf des Messers Schneide nicht vorbereitet. Für solche Menschen ist es besser, sich irgendeiner Religion zuzuwenden und die große Wirklichkeit zu bitten, ihnen die solare Kraft des bewussten Glaubens zu schenken.

Wenn sie den bewussten Glauben erworben haben, sind sie bereit, diesen schmalen, engen und schwierigen Pfad zu betreten. Wer den Okkultismus anzweifelt, sollte diesen schwierigen Weg erst dann gehen, wenn er die Kraft des bewussten Glaubens empfangen hat.

Der zweifelnde Okkultist kann wahnsinnig werden. Der Glaube ist eine wunderbare solare Kraft.

Religionen und Schulen

Alle Religionen und geistigen Schulen, die auf dieser Welt existieren, sind notwendig und dienen als Warteraum, um in die Halle der Weisheit einzutreten. Wir dürfen uns niemals gegen solche Schulen oder Religionen aussprechen, denn sie sind alle notwendig.

In diesen Schulen und Religionen erhalten wir die ersten Lichter der Spiritualität. Ein Volk ohne Religion, ein Volk, das Menschen verfolgt, die sich spirituellen Studien hingeben, wäre mehr als bedenklich.

Ein Volk ohne Religion ist geradezu schrecklich. Jede menschliche Gruppe benötigt ihre Schule, ihre Religion, ihre Sekte, ihre Lehrer usw. Alle Gruppen von Menschen sind verschieden und deshalb sind die unterschiedlichen Schulen und Religionen notwendig.

Wer den Weg der Einweihung geht, muss lernen, den Glauben anderer zu respektieren.

Nächstenliebe

Wer den Weg der Perfekten Ehe geht, muss die Nächstenliebe entwickeln. Grausame und unbarmherzige Menschen können auf diesem Wege keine Fortschritte erzielen. Wir müssen dringend lernen zu lieben und immer bereit zu sein, den letzten Blutstropfen für die Anderen hinzugeben.

Die Wärme der Nächstenliebe öffnet alle Türen des Herzens. Die Wärme der Nächstenliebe bringt solaren Glauben in unseren Verstand. Nächstenliebe ist bewusste Liebe.

Das Feuer der Nächstenliebe entwickelt das Herzchakra. Das Feuer der Nächstenliebe ermöglicht es der Schlangenkraft, schnell durch den Kanal des Rückenmarks aufzusteigen.

Wer auf dem Weg auf des Messers Schneide schnell vorwärtskommen will, muss intensiv Sexualmagie praktizieren und sich völlig der großen universalen Nächstenliebe hingeben.

Wer sich vollkommen für seine Nächsten opfert und sein Blut und sein Leben für sie hingibt, wird sich schnell christifizieren.

Psychische Entwicklung

Jede Empfindung ist eine grundlegende Veränderung des psychischen Zustandes. In jeder der sechs grundlegenden Dimensionen der Natur und des Menschen gibt es bestimmte Empfindungen, die alle von grundlegenden Veränderungen der Psyche begleitet werden.

Die erfahrenen Empfindungen hinterlassen immer Spuren in unserer Erinnerung. Wir haben zwei Arten von Gedächtnissen: das spirituelle und das tierische Gedächtnis. Ersteres bewahrt die Erinnerungen der Empfindungen, die in den höheren Dimensionen des Raumes erfahrenen wurden.

Das Zweite bewahrt die Erinnerungen an physische Empfindungen. Die Erinnerungen der Empfindungen bilden die Wahrnehmungen.

Jede physische oder psychische Wahrnehmung ist in Wirklichkeit die Erinnerung an eine Empfindung. Die Erinnerungen an die Empfindungen gliedern sich in Gruppen, die sich zusammenschließen oder trennen, sich anziehen oder abstoßen. Die Empfindungen polarisieren sich in zwei genau definierte Strömungen. Die erste spiegelt den Charakter der Empfindungen wieder.

Die Zweite spiegelt den Zeitpunkt des Empfanges der Empfindungen wieder. Die Gesamtsumme der verschiedenen, in eine gemeinsame Ursache umgewandelten Empfindungen wird als Objekt nach außen projiziert. Wir sagen daher: Der Baum ist grün, hoch, niedrig, er hat einen angenehmen oder unangenehmen Geruch, usw.

Findet die Wahrnehmung in der Astral- oder Mentalwelt statt, dann sagen wir: dieses Objekt oder Subjekt hat diese und jene Eigenschaften, Farben, usw. In letzterem Fall ist die Gesamtsumme der Empfindungen innerlich und ihre Projektionen sind auch innerlich. Sie gehören demnach der vierten, fünften oder sechsten Dimension, usw., an.

Physische Wahrnehmungen sehen wir mit dem physischen Organismus, die psychischen mit unserem psychischen Apparat. Genauso wie wir über physische Sinnesorgane verfügen, verfügen wir auch über psychische Sinnesorgane. Jeder, der den Weg der Einweihung geht, muss diese psychischen Sinne entwickeln.

Konzepte bilden sich immer aus den Erinnerungen der Wahrnehmungen. Die von den großen Adepten und Religionsgründern vermittelten Konzepte entstammen dem transzendentalen Gedächtnis ihrer psychischen Wahrnehmungen.

Die Bildung von Wahrnehmungen führt zur Entstehung von Worten und der Sprache. Die Bildung von inneren Wahrnehmungen führt zur Bildung der mantrischen Sprache und zum Entstehen der goldenen Sprache, in der die Adepten und Engel miteinander sprechen.

Die Existenz der Sprache wäre unmöglich, wenn es keine Konzepte gäbe und es gibt keine Konzepte ohne Wahrnehmungen. Wer Konzepte über die inneren Welten verkündet, ohne sie je wahrgenommen zu haben, verfälscht die Wirklichkeit, auch wenn seine Absichten gut sind.

Auf den elementalen Ebenen des psychischen Lebens werden viele Empfindungen durch Schreie, Geheul, Klänge, usw. ausgedrückt, die Freude oder Angst, Vergnügen oder Schmerz darstellen. Dies geschieht sowohl in der physischen als auch in den inneren Welten.

Das Entstehen der Sprache stellt eine Veränderung des Bewusstseins dar. Das Gleiche findet statt, wenn der Schüler anfängt, in der kosmischen Universalsprache zu kommunizieren, es fand eine Veränderung des Bewusstseins statt. Nur das universale Schlangenfeuer und die Auflösung des immer wiederkehrenden Egos können eine solche Veränderung bewirken.

Konzept und Wort sind eine einzige Substanz. Das Konzept innerlich, das Wort ist äußerlich. Dieser Vorgang ist auf allen Bewusstseinsebenen und in allen Dimensionen des Raumes ähnlich. Ideen sind lediglich abstrakte Konzepte.

Die Ideen sind größere Konzepte und gehören den Welten der spirituellen Archetypen an. Alle in der physischen Welt existierenden Dinge sind Kopien dieser Archetypen. Während des Samadhi kann der Eingeweihte durch astrale oder superastrale Reisen die Welten der spirituellen Archetypen besuchen.

Der mystische Inhalt der transzendentalen Emotionen und Empfindungen kann nicht durch Worte des üblichen Sprachgebrauches ausgedrückt werden. Gewöhnliche Worte können sie nur andeuten, darauf hinweisen. Nur die *Ars Regia*, die königliche Kunst der Natur, kann diese superlativen und transzendentalen Emotionen definieren. In jeder Schlangenzivilisation kannte man diese *Ars Regia.*

Die Pyramiden Ägyptens und Mexikos, die Jahrtausende alte Sphinx, die alten Monolithen, die heiligen Hieroglyphen, die Skulpturen der Götter, usw. sind archaische Zeugen dieser königlichen Kunst, die nur zum Bewusstsein und zu den Ohren der Eingeweihten spricht. Der Eingeweihte erlernt diese königliche Kunst während der mystischen Ekstase.

Der Raum mit seinen Eigenschaften ist eine Art unserer sensitiven Aufnahmefähigkeit. Dies können wir erfahren, wenn wir durch die Entwicklung der Chakras den gesamten Raum tetradimensional und nicht wie üblich dreidimensional wahrnehmen können.

Die Eigenschaften der Welt ändern sich, wenn sich der psychische Apparat ändert. Die Entwicklung der Chakras bewirkt, dass sich die Welt für den Eingeweihten verändert. Mit der Entwicklung der Chakras eliminieren wir aus unserem Verstand die subjektiven Elemente der Wahrnehmung. Subjektiv ist, was keine Wirklichkeit besitzt. Objektiv ist das Spirituelle, das Wirkliche.

Mit dem Erwecken der Chakras durch innere Disziplinen nehmen die psychischen Eigenschaften zu. Das Neue im psychischen Bereich überschattet die Veränderungen, die sich gleichzeitig bei der Wahrnehmung der physischen Welt ergeben. Man fühlt das Neue, aber der Eingeweihte ist noch nicht imstande, logisch oder axiomatisch den konkreten Unterschied zwischen dem Alten und dem Neuen zu definieren. Das Resultat dieses Unvermögens ist das Fehlen eines perfekten konzeptuellen Gleichgewichtes. Das konzeptuelle Gleichgewicht muss daher dringend erreicht werden, damit die Darlegung der geheimen Lehre der Eingeweihten ihren Zweck richtig erfüllen kann.

Die Veränderung des Bewusstseins ist das wahre Ziel der esoterischen Disziplin. Wir brauchen das kosmische Bewusstsein. Dies ist der Sinn eines Bewusstseins des Kosmos; dies ist das Leben und die Ordnung des Universums.

Das kosmische Bewusstsein gebiert eine neue Art des Intellektualismus: den erleuchteten Intellekt. Dies ist eine charakteristische Eigenschaft des Übermenschen.

Es gibt drei Arten des Bewusstseins:

Erstens: einfaches Bewusstsein.

Zweitens: individuelles Selbstbewusstsein.

Drittens: kosmisches Bewusstsein.

Das Erste besitzen die Tiere. Das zweite Bewusstsein besitzt das intellektuelle Tier, Mensch genannt. Das dritte Bewusstsein besitzen die Götter. Wenn im Menschen das kosmische Bewusstsein geboren wird, hat er in seinem Inneren das Gefühl, vom Feuer der Schlange verschlungen zu werden. Der Funke des brahmanischen

Glanzes durchdringt seinen Verstand und sein Bewusstsein und von diesem Augenblick an ist er ein Eingeweihter in einer neuen und höheren Ideenordnung. Die brahmanischen Wonnen haben den Geschmack des Nirvana.

Wenn der Eingeweihte durch das brahmanische Feuer erleuchtet wird, tritt er in den esoterischen oder geheimen Kreis der Menschheit ein. In diesem Kreis finden wir eine wundervolle Familie, die aus jenen alten Hierophanten besteht, die auf der Welt als Avatare, Propheten, Götter, usw. bekannt sind. Mitglieder dieser vornehmen Familie finden sich unter allen fortgeschrittenen menschlichen Rassen. Diese hohen Wesen sind die Gründer des Buddhismus, des Taoismus, des Christentums, des Sufismus, usw. Diese Wesen sind nicht zahlreich, aber trotz ihrer geringen Anzahl sind sie die wahren Lenker und Führer der menschlichen Spezies.

Das kosmische Bewusstsein hat unendlich viele Entwicklungsgrade. Das kosmische Bewusstsein eines neuen Eingeweihten ist niedriger als das Bewusstsein eines Engels, und das eines Engels ist nicht das Bewusstsein eines Erzengels. Es gibt unzählige Grade. Dies ist die Jakobsleiter.

Es ist unmöglich, ohne Heiligkeit das kosmische Bewusstsein zu erreichen. Es ist unmöglich, Heiligkeit ohne Liebe zu erreichen. Liebe ist der Weg zur Heiligkeit. Die größte Manifestation der Liebe findet während der Sexualmagie statt. In diesen Augenblicken sind Mann und Frau ein einziger schrecklich göttlicher Hermaphrodit.

Die Sexualmagie bietet dem Schüler alle inneren Bedingungen, um den brahmanischen Glanz zu empfangen.

Die Sexualmagie vermittelt dem Schüler alle feurigen Elemente, die er für die Geburt des kosmischen Bewusstseins braucht.

Für das Erreichen des kosmischen Bewusstseins müssen wir bestimmte Dinge pflegen. Wir müssen die dem kosmischen Bewusstsein verwandten Elemente ausbilden und die Elemente eliminieren, die mit dem kosmischen Bewusstsein nicht im Einklang sind.

Das charakteristische Merkmal jener Individuen, die vorbereitet sind, das kosmische Bewusstsein zu empfangen, ist der Umstand, dass sie diese Welt als Maya (Illusion) betrachten. Sie fühlen, dass die Welt, so wie sie die Menschen üblicherweise sehen, nur eine Illusion ist. Sie selbst hingegen suchen die große Wirklichkeit, das Spirituelle, das Wahre, jenseits aller Illusion. Für die Geburt des kosmischen Bewusstseins muss sich der Mensch gänzlich dem Spirituellen, dem Inneren hingeben.

Die Sexualmagie bietet dem Eingeweihten alle Möglichkeiten, die erforderlich sind, um den brahmanischen Glanz und die Geburt des kosmischen Bewusstseins zu erlangen. Es ist wichtig, dass die Sexualmagie mit der inneren Meditation und mit Heiligkeit verbunden wird. So bereiten wir uns auf den Empfang des brahmanischen Glanzes vor.

Engel sind in Wirklichkeit vollkommene Menschen. Wer den perfekten Zustand des Menschen erlangt, verwandelt sich zu einem Engel. Jene, die behaupten, ein Engel sei niedriger als ein Mensch, verfälschen die Wahrheit. Niemand kann den Zustand eines Engels erreichen, wenn er nicht zuerst den Zustand des perfekten Menschen erreichen konnte. Niemand kann den Zustand eines perfekten Menschen erlangen, wenn er nicht zuerst seine Seele inkarniert hat. Dies ist ein sexuelles Problem. Nur im wahren Menschen wird der Engel geboren. Nur im wahren Menschen wird kosmisches Bewusstsein geboren.

20. Auferstehung und Reinkarnation

Wesen, die einander lieben, können unsterblich werden wie Götter. Selig sind jene, die bereits von den köstlichen Früchten des Baumes des Lebens essen können. Wisset, geliebte Brüder, dass im Paradies zwei wunderbare Bäume existieren, die sogar ihre Wurzeln teilen.

Einer ist der Baum der Erkenntnis. Der Andere ist der Baum des Lebens. Der Erste schenkt Weisheit. Der Zweite macht unsterblich.

Alle, die bereits am großen Werke arbeiteten, haben das Recht, von den köstlichen Früchten des Baumes des Lebens zu essen. Wahrhaftig, die Liebe ist der Gipfel der Weisheit.

Männer und Frauen, die den Weg der Perfekten Ehe gehen, erwerben das Glück, in das Nirvana einzugehen. Das bedeutet, die Welt und die Menschen für immer zu vergessen. Es ist unmöglich, das Glück des Nirvana zu beschreiben.

Dort sind alle Tränen für immer verschwunden. Die Seele, von ihren vier Sündenkörpern befreit, taucht dort ein in das unendliche Glück der Sphärenmusik. Das Nirvana ist der heilige sternenbesäte Raum.

Die Meister des Mitleids, durch das Leid der Menschen bewegt, verzichten auf das große Glück des Nirvana und beschließen, bei uns in diesem Tal der Tränen und Bitternis zu bleiben.

Jedes perfekte Ehepaar erreicht unweigerlich die Adeptschaft. Jeder Adept kann auf das Nirvana verzichten, aus Liebe zur großen verwaisten Menschheit. Wenn ein Adept auf das höchste Glück des Nirvana verzichtet, kann er um das Elixier des langen Lebens bitten. Die Glücklichen, die dieses wunderbare Elixier empfangen, sterben und sterben doch nicht. Am dritten Tage stehen sie von den Toten auf. Das hat uns der Anbetungswürdige gezeigt.

Am dritten Tag begibt sich der Adept vor das Grab, begleitet von den heiligen Frauen, die Heilmittel und aromatischen Salben mitbringen. Außerdem begleiten den Adepten die Engel des Todes und andere unaussprechliche Hierarchien.

Der Adept verlangt mit lauter Stimme nach seinem physischen Körper, der im heiligen Grabe schläft. Der Körper wird erhoben und kann das Grab verlassen, indem er die Existenz des Hyperraumes nutzt. In den höheren Welten wird der physische Körper von den heiligen Frauen mit Heilmitteln und aromatischen Salben behandelt. Sobald der Körper, höheren Befehlen gehorchend, wieder zum Leben erwacht ist, dringt er durch den siderischen Kopf der Seele des Meisters ein. So kommt er erneut in den Besitz seines verklärten Leibes. Dies ist das köstliche Geschenk Cupidos.

Jeder auferstandene Körper lebt normalerweise in den höheren Welten. Wir müssen aber klarstellen, dass auferstandene Meister sich an jedem beliebigen Ort sichtbar und berührbar machen können. Wir erinnern uns an den Grafen Cagliostro. Dieser große Meister erfüllte in Europa eine große politische Mission und setzte die gesamte Menschheit in Erstaunen. Es war dieser große Meister, der den Sturz der Könige Europas herbeiführte. Ihm verdanken wir letztendlich die Republik.

Er lebte zur Zeit von Jesus Christus; war ein persönlicher Freund von Cleopatra; er arbeitete für Katharina von Medici. In Europa war er während einiger Jahrhunderte unter verschiedenen Namen bekannt, wie zum Beispiel Giuseppe Balsamo, Graf Cagliostro, usw.

In Indien lebt noch immer der unsterbliche Babaji, der Yogi-Christus Indiens. Dieser Meister war der Lehrer großer Meister, die in der Dunkelheit längst vergangener Zeiten lebten. Dennoch sieht dieser erhabene Greis aus wie ein Jüngling von fünfundzwanzig Jahren.

Erinnern wir uns auch an den Grafen Zanoni, der trotz seines Alters von Tausenden von Jahren ständig jung blieb. Dieser chaldäische Weise scheiterte aber gänzlich, weil er sich in eine Künstlerin aus Neapel verliebte. Er beging den Fehler, sich mit ihr sexuell zu vereinen und den Becher des Hermes zu vergießen. Das Ergebnis war schrecklich. Zanoni starb während der Französischen Revolution unter der Guillotine.

Die auferstandenen Meister reisen von einem Ort zum anderen, indem sie den Hyperraum benützen. Dies kann durch die Hypergeometrie demonstriert werden. Die Astrophysik wird in Kürze die Existenz des Hyperraumes entdecken.

Manchmal leisten sich die auferstandenen Meister nach Erfüllung einer bestimmten Mission in einem Land auch den Luxus, für tot zu gelten. Am dritten Tag wiederholen sie ihre Auferstehung und begeben sich in ein anderes Land, um unter einem anderen Namen weiter zu arbeiten. So erschien Cagliostro zwei Jahre nach seinem Tod in anderen Städten mit einem anderen Namen, um sein Werk fortzusetzen.

Die Perfekte Ehe verwandelt uns zu Göttern. Wie groß ist das Glück der Liebe. Nur die Liebe schenkt uns Unsterblichkeit.

Gesegnet sei die Liebe. Gesegnet seien die Wesen, die einander lieben.

Auferstehung und Reinkarnation

Viele Schüler des Okkultismus verwechseln die Auferstehung mit der Reinkarnation. Die Evangelien wurden von den Schülern des Okkultismus immer sehr schlecht interpretiert. Es gibt verschiedene Arten der Auferstehung, genau so, wie es verschiedene Arten der Reinkarnation gibt. In diesem Kapitel wollen wir dies genauer erläutern.

Jeder wahre Adept hat einen Paradieskörper. Dieser Körper ist aus Fleisch und Blut. Aber dieses Fleisch stammt nicht von Adam. Der Paradieskörper wird aus den besten Atomen des physischen Organismus gebildet.

Viele Adepten erheben sich nach dem Tod mit diesem Paradieskörper in die höheren Welten. Mit diesem Paradieskörper können solche auferstandenen Meister die physische Welt besuchen und sich nach ihrem Willen sichtbar und berührbar machen. Dies ist eine wunderbare Art der Auferstehung. Aber wir versichern, dass die Auferstehung mit dem sterblichen Körper Adams, obwohl sie viel schmerzhafter ist, wegen der Rückkehr in dieses Tal der Tränen, deshalb um so ruhmreicher ist. Alle Adepten des geheimen Pfades, die die Mauer der Wächter bilden, sind mit dem Körper Adams auferstanden.

Außerdem gibt es die Einweihungs-Auferstehungen. Die dritte Einweihung des Feuers bedeutet eine Auferstehung in der Astralwelt.

Jeder, der die dritte Einweihung des Feuers erhält, muss in der Astralwelt das Drama Christi mit Leben, Leiden, Tod und Auferstehung selber erleben.

Persönlichkeit

Die Persönlichkeit ist Zeit. Die Persönlichkeit lebt in ihrer Zeit und reinkarniert nicht. Nach dem Tod geht auch die Persönlichkeit ins Grab. Für die Persönlichkeit gibt es kein Morgen. Die Persönlichkeit lebt auf dem Friedhof, schweift dort umher oder begibt sich in ihr Grab. Sie ist weder der Astralkörper noch der ätherische Doppelgänger. Sie ist auch nicht die Seele. Sie ist Zeit. Sie ist Energie und löst sich sehr langsam auf. Die Persönlichkeit kann niemals reinkarnieren. Sie reinkarniert niemals.

Für die menschliche Persönlichkeit gibt es kein Morgen.

Das Ego

Was fortlebt, was sich reinkarniert, ist auch nicht die Seele, denn der Mensch hat noch keine Seele. Das, was sich wieder verkörpert, ist das Ego, das *Ich*, das reinkarnierende Prinzip. Es ist das Phantom des Verstorbenen, die Erinnerung, der ewig wiederkehrende Fehler.

Lebensdauer

In jeder lebendigen Kreatur entspricht eine Einheit des Lebens einem Herzschlag. Alles Lebendige hat eine bestimmte Lebensdauer. Die Lebensdauer eines Planeten beträgt 2.700.000.000 Herzschläge. Die gleiche Anzahl haben die Ameise, der Wurm, der Adler, die Mikrobe, der Mensch und generell alle Kreaturen. Die Lebensdauer einer jeden Welt und einer jeden Kreatur ist proportional gleich. Es ist klar, dass der Herzschlag einer Welt alle 27.000 Jahre stattfindet, während die Herzen der Insekten viel schneller schlagen. Ein Insekt, das nur einen einzigen Sommernachmittag lebt, trägt in seinem Herzen die gleiche Anzahl von Schlägen wie ein Planet, nur schlug das Insektenherz in einem viel schnelleren Rhythmus.

Die Zeit ist keine gerade Linie, wie die gebildeten Ignoranten glauben. Die Zeit ist eine geschlossene Kurve. Die Ewigkeit ist etwas anderes. Die Ewigkeit hat mit der Zeit nichts zu tun und was jenseits von Zeit und Ewigkeit ist, kann nur von den wahren, erleuchteten Adepten, den Meistern der Menschheit, erfahren werden.

Es gibt drei bekannte und drei unbekannte Dimensionen. Zusammen also sechs grundlegende Dimensionen. Die drei bekannten Dimensionen sind: Länge, Breite und Höhe. Die drei unbekannten Dimensionen sind: Zeit, Ewigkeit und das, was jenseits von Zeit und Ewigkeit ist. Das ist die Spirale der sechs Kurven.

Die Zeit gehört der vierten Dimension an. Die Ewigkeit der fünften Dimension. Das, was jenseits der Zeit und Ewigkeit ist, gehört der sechsten Dimension an.

Die Persönlichkeit lebt in der geschlossenen Kurve der Zeit. Sie ist das Kind ihrer Zeit und endet zu ihrer Zeit. Die Zeit kann sich nicht reinkarnieren. Es gibt kein Morgen für die menschliche Persönlichkeit.

Der Kreis der Zeit kreist innerhalb des Kreises der Ewigkeit. In der Ewigkeit gibt es keine Zeit, aber die Zeit kreist innerhalb des Kreises der Ewigkeit. Die Schlange beißt sich immer in den Schwanz. Eine Zeit und eine Persönlichkeit hört auf zu sein, aber durch das Drehen des Rades erscheint auf der Erde eine neue Zeit und eine neue Persönlichkeit.

Das Ego reinkarniert und alles wiederholt sich. Die letzten Tätigkeiten, Gefühle, Sorgen, Zuneigungen und Worte verursachen alle sexuellen Gefühle und das ganze Drama der Liebe, das den Ursprung für einen neuen physischen Körper bildet. Alle Romanzen der Ehepaare und der Verliebten stehen in Beziehung zu den letzten Momenten der Sterbenden.

„Der Pfad des Lebens wird aus den Hufspuren des Todespferdes gebildet."

Mit dem Tod schließt sich der Kreis der Zeit und die Ewigkeit öffnet sich. Der Kreis der Ewigkeit öffnet sich, wenn das Ego in den Kreis der Zeit zurückkehrt, und schließt sich dann wieder.

Rekurrenz

Die Eingeweihten des vierten Pfades bezeichnen die Wiederholung von Handlungen, Szenen und Abläufen als Rekurrenz.

Alles wiederholt sich. Das Gesetz der Rekurrenz ist eine furchtbare Realität. In jeder Reinkarnation wiederholen sich die gleichen Vorkommnisse. Die Wiederholung der Handlungen wird vom entsprechenden Karma begleitet. Das ist das Gesetz, welches die Auswirkungen an die Ursachen, die sie verursachten, anpasst. Jede Wiederholung von Handlungen bewirkt Karma, manchmal auch Dharma (Belohnung).

Wer mit dem großen Arkanum arbeitet, wer den schmalen, engen und schwierigen Weg der Perfekten Ehe geht, befreit sich allmählich vom Gesetz der Rekurrenz. Dieses Gesetz hat eine Grenze. Jenseits dieser Grenze verwandeln wir uns zu Engeln oder Teufeln. Mit der weißen Sexualmagie werden wir zu Engeln. Mit der schwarzen Sexualmagie verwandeln wir uns zu Teufeln.

Die Frage der Persönlichkeit

Die Frage der Persönlichkeit, dieses Kindes der Zeit, das auch innerhalb seiner Zeit stirbt, verdient unsere Aufmerksamkeit. Es ist offensichtlich, dass, wenn die Persönlichkeit reinkarnieren würde, auch die Zeit reinkarnieren würde und das ist absurd, denn die Zeit ist eine geschlossene Kurve. Ein Römer, der in der modernen Zeit des zwanzigsten Jahrhunderts mit der Persönlichkeit aus der Zeit der Cäsaren inkarnieren würde, wäre sicherlich unerträglich; ohne Zweifel würde man ihn wie einen Delinquenten behandeln, denn seine Sitten entsprächen in keiner Weise den heutigen Gepflogenheiten.

Rückkehr des Egos

Das Symbol Jesu, der mit der Peitsche in der Hand die Händler aus dem Tempel verjagt, entspricht einer furchtbaren Wirklichkeit von Tod und Schrecken. Wir haben bereits gesagt, dass das *Ich* vielfältig ist. Das *Ich*, das Ego, ist eine Legion von Teufeln. Vielen Lesern mag diese Feststellung missfallen, aber es ist die Wahrheit, die wir sagen müssen, auch wenn sie uns nicht gefällt.

Während der Arbeit mit dem Dämon, während der Arbeit an der Auflösung des Egos werden Teile des *Ichs*, unmenschliche Wesenheiten, Wesenheiten, die einen Teil unseres Bewusstseins und unseres Lebens besitzen, eliminiert und aus unserem inneren Tempel verjagt. Manchmal reinkarnieren sich diese Wesenheiten auch in Körpern von Tieren. In den zoologischen Gärten sind wir sicher schon mehrmals eigenen, aus uns selbst beseitigten Wesenheiten begegnet, die nun in Tierkörpern weiterleben. Es gibt derart tierische Menschen, von denen nichts mehr übrig bleiben würde, wenn man all ihre animalischen Teile entfernen würde. Diese Arten von Personen sind verlorene Fälle. Für sie ging das Gesetz der Rekurrenz zu Ende. Das Gesetz der Reinkarnation ist für sie beendet. Solche Leute können in den Körpern von Tieren geboren werden oder endgültig in den Abgrund fallen. Dort lösen sie sich ganz langsam auf.

Vorteile der Auferstehung

Wer aus Liebe zur Menschheit auf das Nirvana verzichtet, kann seinen physischen Körper Millionen von Jahren behalten. Ohne die Auferstehung wäre der Adept vor die Notwendigkeit gestellt, ständig seinen Körper zu wechseln. Dies wäre ein offensichtlicher Nachteil. Mit der Auferstehung braucht der Adept seinen Körper nicht zu wechseln, er kann sein Vehikel Millionen von Jahren behalten.

Der Körper eines auferstandenen Adepten wird völlig transformiert. Die im Körper befindliche Seele verwandelt ihn vollkommen, sie verwandelt ihn auch in Seele, bis der Adept nur Seele ist.

Ein auferstandener Körper lebt grundsätzlich in den inneren Welten. Er lebt in den inneren Welten und macht sich in der physischen Welt nur durch den Willen sichtbar. Auf diese Weise kann ein auferstandener Meister jederzeit und an jedem beliebigen Ort erscheinen und verschwinden. Niemand kann ihn einschließen oder gefangen nehmen. Er reist in der Astralebene, wohin immer er will.

Das Interessanteste für den auferstandenen Adepten ist der „große Sprung“. Wenn die Zeit und die Stunde gekommen ist, kann der auferstandene Meister seinen Körper auf einen anderen Planeten mitnehmen. Der auferstandene Meister kann mit seinem auferstandenen Körper auf einem anderen Planeten leben. Dies ist einer der großen Vorteile.

Jeder auferstandene Meister kann Dinge aus der Astralwelt sichtbar und berührbar machen, indem er sie auf der physischen Ebene materialisiert. Dies erklärt sich daraus, dass der Meister grundsätzlich in der Astralwelt lebt, obwohl er sich physisch manifestieren kann. Cagliostro, der rätselhafte Graf Cagliostro, lud nach seinem Verschwinden aus der Bastille seine Freunde zu einem Bankett ein. Während des Festes beschwor er zahlreiche verstorbene Genies, die sich zum großen Erstaunen der Geladenen bei Tisch einfanden.

Bei einer anderen Gelegenheit materialisierte Cagliostro wie durch Zauberhand wunderschönes goldenes Tafelgeschirr, aus dem seine Gäste speisten. Der mächtige Gagliostro verwandelte Blei in Gold und erzeugte reine Diamanten bester Qualität durch Belebung des Kohlenstoffes.

Die Kräfte eines auferstandenen Meisters sind wirklich ein großer Vorteil.

Ein guter Freund und auferstandener Adept, der gegenwärtig in der großen Tatarei lebt, sagte mir Folgendes: „Bevor man Erde verschlingt, ist man nur ein gewöhnlicher Narr. Man glaubt viel zu wissen, und weiß gar nichts. Man wird erst gut, wenn man Erde verschlingt; vorher weiß man überhaupt nichts."

Auch sagte er mir: „Die Meister kommen durch die Sexualität zu Fall." Das erinnert uns an den Grafen Zanoni, er kam zu Fall, als er seinen Samen verlor. Zanoni war ein auferstandener Meister. Er verliebte sich in eine Künstlerin aus Neapel und kam zu Fall. Er starb unter der Guillotine während der Französischen Revolution.

Wer die Auferstehung anstrebt, muss dem Pfad der Perfekten Ehe folgen. Es gibt keinen anderen Weg. Nur durch die Sexualmagie kann man die Auferstehung erreichen.

Nur durch die Sexualmagie befreien wir uns auf positive und transzendentale Weise vom Rad der Wiedergeburt.

Der Verlust der Seele

In den vorhergehenden Kapiteln sagten wir bereits, dass der Mensch seine Seele noch nicht inkarniert hat. Nur mithilfe der Sexualmagie können wir die inneren Vehikel erschaffen. Diese sind, ähnlich wie bei den Pflanzen, latent im Inneren des harten Kerns vorhanden, im Samen, der im Samensystem aufbewahrt ist. Wenn der Mensch die christischen Vehikel besitzt, dann kann er seine Seele inkarnieren. Wer nicht mit dem Kern arbeitet, wer keine Sexualmagie praktiziert, kann seine christischen Körper nicht zum Wachsen bringen. Wer keine christischen Körper besitzt, kann auch seine Seele nicht inkarnieren; er verliert seine Seele und fällt schließlich in den Abgrund, wo er sich langsam auflöst. Jesus, der große Meister, sagte: „denn, was nützt es dem Menschen, wenn er die ganze Welt gewinnt und dabei seine Seele Schaden nimmt? Denn was kann der Mensch geben, womit er seine Seele auslöse?“

Wer seine Seele nicht inkarniert, verliert sie. Ohne christische Körper kann man die Seele nicht inkarnieren. Wer nicht mit dem Korn arbeitet, verfügt über keine christischen Vehikel. Niemand arbeitet mit dem Samenkorn, der nicht Sexualmagie praktiziert. Die Auferstehung von den Toten ist nur für Menschen mit einer Seele. Die Menschen mit einer Seele sind wahre Menschen im vollkommenen Sinne des Wortes. Nur wahre Menschen können die große Auferstehung erreichen. Nur Menschen mit einer Seele können die Prüfungen des Begräbnisses des Arkanums dreizehn ertragen. Diese Prüfungen sind schrecklicher als der Tod selbst.

Wer keine Seele hat, ist nur der Entwurf eines Menschen, ein Phantom des Todes. Das ist alles.

Die Vehikel der Menschen ohne Seele sind Phantome, sie sind nicht die authentischen Vehikel des Feuers. Menschen ohne Seele sind keine wahren Menschen. Gegenwärtig ist der Mensch noch ein gescheitertes Wesen. Nur sehr wenige besitzen eine Seele. Die große Mehrheit der Wesen, die Menschen genannt werden, haben noch keine Seele. Was nützt es dem Menschen alle Reichtümer der Welt anzuhäufen, wenn er seine Seele verliert?

Die Auferstehung von den Toten ist nur für Menschen mit einer Seele. Die wahre Unsterblichkeit erreichen nur Menschen mit Seele.

Liebe und Tod

Viele Leser mag es befremden, dass wir die Liebe mit dem Tod und der Auferstehung in Zusammenhang bringen. In der indischen Mythologie sind Liebe und Tod die zwei Gesichter der gleichen Gottheit.

Shiva, der Gott der schöpferischen universellen sexuellen Kraft, ist gleichzeitig der Gott der Zerstörung und des gewaltsamen Todes. Auch Shivas Gattin hat zwei Gesichter. Sie ist Parvati und Kali zugleich. Als Parvati ist sie höchste Schönheit, Liebe und Glück. Als Kali oder Durga kann sie sich in Tod, Elend und Verderben verwandeln.

Gemeinsam symbolisieren Shiva und Kali den Baum der Erkenntnis, den Baum des Wissens von Gut und Böse.

Liebe und Tod sind Zwillingsgeschwister, die sich niemals trennen. Der Pfad des Lebens wird aus den Hufspuren des Pferdes des Todes gebildet.

Der Fehler vieler Kulte und Schulen besteht in ihrer Einseitigkeit. Sie studieren den Tod, aber die Liebe wollen sie nicht studieren, obwohl es sich in Wirklichkeit um die beiden Gesichter der gleichen Gottheit handelt.

Die verschiedenen Lehren des Ostens und des Westens glauben wirklich, die Liebe zu kennen obwohl sie sie in Wirklichkeit nicht kennen. Die Liebe ist ein kosmisches Phänomen, in dem die gesamte Geschichte der Erde und ihrer Rassen einfache Zufälle sind.

Die Liebe ist die mysteriöse und geheime magnetische Kraft, die der Alchimist benötigt, um den Stein der Weisen und das Elixier des langen Lebens herzustellen; ohne das eine Auferstehung unmöglich ist. Liebe ist eine Kraft, die das *Ich* niemals unterjochen kann, denn Satan kann Gott niemals bezwingen.

Die gebildeten Ignoranten irren sich bezüglich des Ursprungs der Liebe. Die Törichten irren sich bezüglich ihrer Ergebnisse. Es ist dumm, anzunehmen, dass der einzige Zweck der Liebe die Reproduktion der Spezies sei. Liebe entsteht und entwickelt sich auf einer ganz anderen Ebene, die von den Schmutzfinken des Materialismus völlig ignoriert wird. Nur ein winzig kleiner Teil der Liebe ist notwendig, um die Arterhaltung zu gewährleisten. Was geschieht mit der restlichen Energie? Wohin geht sie? Wo entfaltet sie sich? Die gebildeten Ignoranten wissen es nicht.

Liebe ist Energie, und diese kann nicht verloren gehen. Die überschüssige Energie hat andere Verwendungen und Zwecke, die die Leute nicht kennen.

Die überschüssige Energie der Liebe ist mit Gedanken, Gefühlen und dem Willen innigst verbunden. Ohne Sexualenergie können sich diese Eigenschaften nicht entwickeln. Die schöpferische Energie verwandelt sich in Schönheit, Gedanken, Gefühle, Harmonie, Poesie, Kunst, Weisheit, usw. Die höchste Verwandlung der schöpferischen Energie ergibt als Resultat das Erwachen des Bewusstseins, den Tod und die Auferstehung des Eingeweihten.

Jede schöpferische Aktivität der Menschheit entsteht aus der wunderbaren Kraft der Liebe. Die Liebe ist die wunderbare Kraft, die alle mystischen Fähigkeiten im Menschen erweckt. Ohne Liebe wäre die Auferstehung von den Toten unmöglich.

Es ist dringend notwendig, dass die Tempel der Liebe erneut geöffnet werden, um wieder die mystischen Feste der Liebe zu feiern. Nur durch die Wonnen der Liebe erwacht die feurige Schlange. Wenn wir die Auferstehung von den Toten wollen, muss uns die Schlange zuerst verschlingen. Wertlos ist der, der nicht von der Schlange verschlungen wurde. Wenn wir wollen, dass das Wort in uns Fleisch werde, dann müssen wir intensiv Sexualmagie praktizieren. Das Wort ist in der Sexualität. Das Lingam Yoni ist die Grundlage aller Macht.

Wir müssen zuerst die Schlange auf den Stab erheben und dann von der Schlange verschlungen werden. So verwandeln wir uns zu Schlangen. In Indien nennt man die Adepten Nagas, Schlangen. In Teotihuacan, Mexiko, gibt es den großartigen Schlangentempel. Nur die Schlangen des Feuers können von den Toten auferstehen.

Ein Bewohner der zweidimensionalen Welt mit seiner zweidimensionalen Psychologie würde glauben, dass alle auf seiner Ebene stattfindenden Phänomene dort ihren Ursprung und ihre Wirkung, ihre Geburt und ihren Tod haben. Einander ähnliche Phänomene wären für ein solches Wesen gleich. Alle Phänomene, die von der dritten Dimension stammen, würden von diesen zweidimensionalen Wesen nur als Ereignisse ihrer zweidimensionalen Welt angesehen; sie würden es nicht akzeptieren, wenn man ihnen von einer dritten Dimension erzählen würde, da für sie nur ihre zweidimensionale flache Welt existieren würde. Könnten sich diese Wesen jedoch entschließen, ihre zweidimensionale Psychologie aufzugeben, um die Ursachen all dieser Phänomene ihrer Welt genau zu verstehen, könnten sie sich über diese erheben und würden mit großem Staunen eine unbekannte Welt entdecken.

Die dreidimensionale Welt. Das Gleiche gilt für die Frage der Liebe. Die Leute glauben, die Liebe diene nur zur Erhaltung der Spezies. Die Leute glauben, dass die Liebe nur Vulgarität, Fleischeslust, triebhaftes Verlangen, Befriedigung, usw. sei. Nur wer über diese animalischen Leidenschaften hinaus sehen kann, nur wer auf diese Art der tierischen Psychologie verzichtet, kann in anderen Welten und Dimensionen die Größe und Majestät dessen entdecken, was man Liebe nennt. Die Leute träumen zutiefst. Die Leute leben schlafend und träumen von der Liebe, haben die Liebe aber nicht erweckt. Sie besingen die Liebe und glauben, die Liebe sei das, was sie träumen. Wenn der Mensch die Liebe erweckt, wird er sich der Liebe bewusst und erkennt, dass er träumt.

So und nur so entdeckt er die wahre Bedeutung der Liebe. Nur so erkennt er, dass es das war, wovon er träumte. Nur so erkennt er, was das ist, was Liebe genannt wird. Dieses Erwachen ist dem ähnlich, das ein Mensch erfährt, der im Astralkörper, außerhalb seines physischen Körpers, sein Bewusstsein erweckt. Die Menschen träumen in der Astralwelt. Wenn jemand erkennt, dass er träumt und sagt: „dies ist ein Traum, ich träume, ich befinde mich im Astralkörper, ich befinde mich außerhalb meines physischen Körpers“, dann verschwindet der Traum wie durch Zauberhand und das Individuum erwacht in der Astralwelt. Ihm, der vorher träumte, öffnet sich eine neue und wunderbare Welt, sein Bewusstsein ist erwacht. Jetzt kann er alle Wunder der Natur kennenlernen. So ist auch das Erwachen der Liebe. Vor diesem Erwachen träumen wir von der Liebe. Wir halten diese Träume für die Wirklichkeit, wir glauben zu lieben, wir leben in einer Welt der Leidenschaften, in einer Welt manchmal wunderbarer Romanzen, Enttäuschungen, eitler Schwüre, fleischlicher Lüste, Eifersucht usw., usw. und glauben, dass dies Liebe sei. Wir schlafen und wissen es nicht.

Die Auferstehung von den Toten ist ohne Liebe unmöglich, denn Liebe und Tod sind die beiden Gesichter der gleichen Gottheit. Wir müssen die Liebe erwecken, um die Auferstehung zu erlangen.

Wir müssen unsere dreidimensionale Psychologie aufgeben und die vulgären Handlungen dringend ändern, um die Bedeutung der Liebe in der vierten, fünften und sechsten Dimension zu entdecken.

Die Liebe kommt von den höheren Dimensionen. Wer seine dreidimensionale Psychologie nicht aufgibt, wird die wahre Bedeutung der Liebe niemals entdecken, denn die Liebe entstammt nicht der dreidimensionalen Welt. Wenn zweidimensionale Wesen ihre zweidimensionale Psychologie nicht aufgäben, würden sie weiterhin annehmen, die einzige Wirklichkeit des Universums seien Linien, wechselnde Farben dieser Linien auf einer Ebene usw. Ein zweidimensionales Wesen wüsste nicht, dass Linien und die Veränderung der Farben bestimmter Linien das Ergebnis der Drehung eines mehrfarbigen Rades eines Wagens sein können. Das zweidimensionale Wesen würde die Existenz eines solchen Wagens ignorieren und mit seiner zweidimensionalen Psychologie nicht an dessen Existenz glauben. Es würde nur an die Linien und den Wechsel der Farben glauben, die es sieht, ohne zu wissen, dass dies nur die Auswirkung höherer Ursachen ist.

Genau so sind auch jene, die glauben, Liebe sei nur von dieser dreidimensionalen Welt, und die nur die vulgären Handlungen als einzige wahre Bedeutung der Liebe akzeptieren. Solche Leute können die wahre Bedeutung der Liebe nicht entdecken. Solche Leute können von der Schlange des Feuers nicht verschlungen werden. Solche Leute können nicht von den Toten auferstehen.

Alle Dichter, alle Liebenden besangen die Liebe, aber keiner weiß, was das, was Liebe genannt wird, tatsächlich ist. Die Leute träumen nur von dem, was Liebe genannt wird. Die Leute haben die Liebe nicht erweckt.

21. Die neunte Sphäre

Der Abstieg in den neunten Kreis war in den großen Zivilisationen der Vergangenheit, die uns im Laufe der Geschichte vorangingen, die härteste Prüfung für die höchste Würde des Hierophanten. Hermes, Buddha, Jesus, Dante, Zarathustra usw. und viele andere große Meister mussten sich dieser schwierigen Prüfung unterziehen.

Bedenkt, liebe Schüler, dass der neunte Kreis die Sexualität ist. Viele treten ein in den neunten Kreis, aber selten findet man eine Person, die diese schwierige Prüfung siegreich besteht. Der Großteil der Schüler des Okkultismus flattert von Schule zu Schule, von Loge zu Loge, stets neugierig, stets auf der Suche nach Neuem, auf der Jagd nach jedem neuen Vortragenden, der in die Stadt kommt.

Wenn einer dieser Schüler sich entschließt, mit dem Arkanum A.Z.F. zu arbeiten, wenn sich einer dieser Schüler dafür entscheidet, in den neunten Kreis abzusteigen, um mit dem Feuer und dem Wasser zu arbeiten, dann tut er dies wie immer, er sucht - immer neugierig, immer töricht. Für ihn sind es immer „kleine Schulen und Theorien."

Wenn er den neunten Kreis betritt, tut er dies so, als ob er in eine weitere „kleine Schule" eintreten würde, immer der gleiche Narr, immer neugierig, immer ein Dummkopf. Es ist schwierig, einen ernsthaften und entschlossenen Aspiranten für den Pfad der Perfekten Ehe zu finden. Manchmal kommen Schüler, die anscheinend sehr reif und ernsthaft entschlossen sind, aber mit der Zeit geben sie auf. Eine traurige Wirklichkeit, aber es ist die Realität dieses Lebens.

Die Prüfungen des neunten Kreises sind sehr fein und heikel. Der Arzt empfiehlt dem Schüler die Unzucht, denn sonst, so sagt man, könne er krank werden. Die Freundinnen jagen der Ehefrau Angst ein, die Brüderchen aller Organisationen erschrecken den Schüler, die Magier der Dunkelheit, als Heilige verkleidet, raten dem Schüler den Samen auf heilige Art zu verlieren; die Pseudo-Eingeweihten lehren negative Sexualmagie mit Ausstoß der Samenflüssigkeit. Die Art der Unterweisung und der sublime mystische Anstrich, den diese als Heilige getarnten Schwarzmagier ihren Lehren geben, führen die

Schüler auf Irrwege und entfernt sie vom Pfad auf des Messers Schneide. Der Schüler verfällt dann schließlich der schwarzen Magie.

Wenn nun der Schüler in die Irre geht, glaubt er weiser zu sein als die Meister der Gnosis. Die Gescheiterten des neunten Kreises, diejenigen, welche die langen und harten Prüfungen dieses Arkanums nicht bestehen, verwandeln sich zu schrecklich perversen Dämonen. Am schlimmsten jedoch ist, dass sich kein Dämon für schlecht und pervers hält. Jeder Dämon fühlt sich heilig und weise.

Wenn die Praxis der Sexualmagie begonnen wird, dann widersetzt sich der Organismus. Manchmal treten sogar Entzündungen der Sexual- und der Ohrspeicheldrüse auf, der Kopf schmerzt, man empfindet ein Schwindelgefühl, usw. Dies erschreckt die Flatterhaften und Neugierigen der „kleinen Schulen", sie fliehen entsetzt, suchen wie immer „Zuflucht" in irgendeiner neuen Schule. So verbringen diese Dummköpfe ihr Leben, immer flattern sie von Blume zu Blume. Eines Tages sterben sie, ohne irgendetwas erreicht zu haben. Sie haben ihre Zeit elendiglich vergeudet. Nach dem Tod werden diese Narren zu Legionen von Dämonen, die weiterleben.

Der neunte Kreis ist endgültig für den Aspiranten der Selbstverwirklichung. Es ist unmöglich, sich innerlich selbstzuverwirklichen, ohne die Seele inkarniert zu haben. Niemand kann die Seele inkarnieren, wenn er nicht den Astralkörper, Mentalkörper und Willenskörper christifiziert hat.

Die gegenwärtigen inneren Vehikel des Menschen, die von der Theosophie erwähnt werden, sind lediglich mentale Formen, die jeder Mensch, wenn er sich innerlich selbstverwirklichen will, auflösen muss.

Wir müssen geboren werden, und jede Geburt ist, war und wird immer ein absolut sexuelles Problem sein. Es ist notwendig, geboren zu werden und dazu muss man in den neunten Kreis absteigen. Dies ist die größte Prüfung für die höchste Würde des Hierophanten. Es ist die schwierigste Prüfung. Nur sehr selten findet man jemanden, der diese schwierige Prüfung bestehen kann. Normalerweise scheitern alle in der neunten Sphäre.

Es ist notwendig, dass die Ehegatten sich zutiefst lieben. Die Menschen verwechseln Verlangen mit Liebe. Alle Welt besingt das

Verlangen und verwechselt es mit dem, was man Liebe nennt. Nur jene, die ihre Seele inkarniert haben, wissen was Liebe ist. Das *Ich* weiß nichts von der Liebe. Das *Ich* ist Verlangen.

Jeder, der seine Seele inkarniert, ist deshalb ein Buddha. Jeder Buddha muss im neunten Kreis arbeiten, um den inneren Christus zu inkarnieren. Im neunten Kreis wird der Buddha geboren. Im neunten Kreis wird der Christus geboren. Zuerst müssen wir als Buddha und dann als Christus geboren werden.

Gesegnet sei die Liebe. Gesegnet die Wesen, die wahrhaft lieben. Gesegnet all jene, die aus dem neunten Kreis als Sieger hervorgehen.

Angstmacher

Viele Pseudoesoteriker haben niederträchtige Morde begangen. In der Tat sind die Angstmacher, die gegen Kundalini sind, wirkliche Mörder. Es ist ein gemeines Verbrechen gegen die Menschheit, wenn den Leuten in gedruckten Büchern erzählt wird, das Erwecken von Kundalini sei gefährlich. Jene, die Angst vor Kundalini propagieren, sind schlimmer als Kriegsverbrecher. Letztere begingen Verbrechen gegen Personen, die Angst verbreitenden Pseudo-Esoteriker aber begehen Verbrechen gegen die Seele. Wer Kundalini nicht erweckt, kann seine Seele nicht inkarnieren. Wer seine Kundalini nicht erweckt, bleibt ohne Seele, verliert seine Seele.

Es ist falsch zu behaupten, Kundalini könne ohne den entsprechenden moralischen Fortschritt erweckt werden und dass man nur warten müsse, bis sich dieser Fortschritt einstelle. Die Entwicklung von Kundalini wird durch die Verdienste des Herzens gesteuert. Wir geben genaue Anweisungen in Bezug auf Kundalini und jede echte Schlangenkultur kennt den Weg ganz genau. Es ist falsch, dass Kundalini einen anderen Weg nimmt, wenn man weiße Sexualmagie praktiziert. Nur wenn schwarze Sexualmagie praktiziert wird, steigt Kundalini in die atomare Hölle des Menschen ab und wird zum Schwanz Satans. Falsch ist auch jene absurde Behauptung der Angstmacher, Kundalini könne den Kanal des Rückenmarks verlassen, Gewebe zerstören, schreckliche Schmerzen verursachen und sogar den Tod herbeiführen. Diese Behauptungen der Mörder der Seelen sind falsch, denn jede der sieben Schlangen hat ihre eigenen spezialisierten Meister, die den Schüler überwachen. Der Schüler ist nie verlassen während der Arbeit. Wenn er die erste Schlange erweckt, leistet ihm ein Spezialist Beistand, und wenn er die zweite Schlange erweckt, hilft ihm ein anderer usw. Diese Spezialisten führen die Schlange durch den Rückenmarkskanal.

Kein Schüler wird sich selbst überlassen. Die Spezialisten sind für den Schüler verantwortlich.

Diese Spezialisten leben in der Astralwelt.

Kundalini wird nur dann negativ erweckt, wenn der Samen ausgestoßen wird. Wer Sexualmagie ohne Samenverlust praktiziert, hat nichts zu fürchten.

Ohne wahrhafte Heiligkeit kann niemand die höheren Aspekte von Kundalini erlangen. Es ist daher falsch zu sagen, es bestünde eine verhängnisvolle Möglichkeit, Kundalini vorzeitig zu aktivieren. Diese Behauptung ist unrichtig, denn eine vorzeitige Aktivierung des Feuers gibt es nicht. Kundalini kann nur auf Basis der Heiligkeit aktiviert werden. Kundalini steigt nicht einen einzigen Wirbel empor, wenn die Bedingungen der für diesen Wirbel notwendigen Heiligkeit nicht errungen wurden. Jeder Wirbel hat seine moralische Bedingungen der Heiligkeit. Es ist falsch und dumm zu behaupten, Kundalini könne Ehrgeiz, Stolz u.a.m. erwecken oder alle niedrigen Eigenschaften und Passionen des animalischen Egos intensivieren. Jene, die solche Angst machenden Argumente nutzen, um die Schüler vom wahren Weg abzubringen, sind wirklich ignorant, denn die durch weiße Sexualmagie erweckte Kundalini kann nicht einen einzigen Grad höher steigen, wenn keine wahre Heiligkeit existiert.

Kundalini ist keine blinde Kraft. Kundalini ist keine mechanische Kraft. Kundalini wird durch die Feuer des Herzens gelenkt und entwickelt sich nur auf Basis der Sexualmagie und der Heiligkeit.

Wir müssen feststellen, dass die Schlangenkultur in Mexiko etwas Großartiges war und noch immer ist. Jede aztekische Skulptur ist ein wundervolles Buch der geheimen Wissenschaft. Wir waren hingerissen, als wir die Statue Quetzalcoatls mit der um seinen Körper gewundenen Schlange und dem Lingam Yoni in seinen Händen betrachteten. Wir staunten, als wir die riesige Schlange betrachteten, die den Magier verschlingt. Wir waren von größter Ehrfurcht erfüllt, als wir den Tiger mit einem um seinen Hals gehängten Phallus sahen. Das Wort ist tatsächlich im Phallus.

In der Kultur der Azteken gibt es keine Angstmacher. Jedes Buch aus Stein, jede indianische Tafel lädt uns ein, Kundalini zu erwecken.

Es ist dringend notwendig, zuerst Kundalini zu erwecken und dann von ihr verschlungen zu werden. Wir müssen von der Schlange verschlungen werden. Es ist notwendig, dass Kundalini uns verzehrt.

Es ist notwendig, dass die Schlange uns verschlingt.

Wenn der Mensch von der Schlange verschlungen wird, verwandelt er sich in eine Schlange. Nur die menschliche Schlange kann den Christus inkarnieren. Christus kann ohne die Schlange nichts erreichen.

Die echten Kulturen der Azteken und Mayas, der Ägypter, Chaldäer usw. sind Schlangenkulturen, die ohne Sexualmagie und ohne Kundalini nicht verstanden werden können.

Jede archaische Kultur ist eine Schlangenkultur. Jede echte und authentische Zivilisation ist eine Schlangenzivilisation. Eine Zivilisation ohne die Weisheit der Schlange ist keine wirkliche Zivilisation.

Aufstieg und Abstieg von Kundalini

Jene Pseudoesoteriker, die behaupten, dass Kundalini nach ihrem Aufstieg bis zum Scheitelchakra oder dem tausendblättrigen Lotos erneut absteigen würde, um in der Kirche von Ephesus oder dem Steißbeinzentrum zu verbleiben, verbreiten eine furchtbare Unwahrheit. Kundalini steigt nur dann ab, wenn der Eingeweihte fällt. Der Eingeweihte fällt, wenn er den Samen verliert. Die Arbeit, die Schlange nach einem Fall wieder zu erheben, ist extrem schwierig.

Der Herr der Vollkommenheit sagte: „Der Schüler darf nicht fallen, denn der Schüler, der gefallen ist, muss sehr viel kämpfen, um das Verlorene wieder zu erobern.“

Die Hindus sagen, dass es innerhalb des Rückenmarkskanals einen Kanal gibt, der Sushumna genannt wird. Innerhalb der Sushumna gibt es einen weiteren Kanal, Vajrini genannt, und innerhalb des Letzteren einen dritten Kanal Chitrini, der „so fein ist wie der Faden eines Spinnennetzes“. Darin befinden sich die Chakras so wie die Knoten eines Bambus. So berichten uns die heiligen Bücher Indiens und wir wissen, dass Kundalini durch den Kanal Chitrini nur durch Übung des Maithuna, der Sexualmagie oder des Arkanums A.Z.F. aufsteigt.

Wir praktizieren die innere Meditation, um den Zustand der Ekstase zu erreichen, doch wissen wir sehr wohl, dass Kundalini durch Meditation nicht erweckt werden kann, da Kundalini sexuell ist. Es ist falsch zu behaupten, Kundalini könne durch Meditation erweckt werden.

Die Meditation ist eine Technik, um Informationen zu empfangen. Die Meditation ist keine Technik, um Kundalini zu erwecken. Die Pseudoesoteriker haben mit ihrer Unwissenheit viel Schaden angerichtet.

In Indien gibt es sieben grundlegende Yogaschulen und sie alle sprechen von Kundalini. Aber diese Yogaschulen sind nutzlos, wenn sie nicht auch Tantrismus studieren. Das Beste des Ostens ist der Tantrismus. In jeder echten esoterischen Yogaschule wird Maithuna (Sexualmagie) praktiziert. Das ist Tantrismus. Der Tantrismus verleiht dem Yoga den grundlegenden Wert.

In der Mitte des Lotus des Herzens gibt es ein wunderbares Dreieck. Dieses Dreieck existiert auch im Steißbeinchakra und im Stirnchakra. In jedem einzelnen dieser Chakras gibt es einen mysteriösen Knoten. Dies sind die drei Knoten.

Diese Knoten haben eine sehr tiefe Bedeutung.

Es gibt drei grundlegende Änderungen bei der Arbeit mit der Schlange. Im ersten Knoten (Kirche von Ephesos) verlassen wir das System des Samenausstoßes. Im zweiten Knoten (Kirche von Thyatira) lernen wir, wahrhaft zu lieben. Im dritten Knoten (Kirche von Philadelphia) erlangen wir die wahre Weisheit und werden hellsichtig. Bei ihrem Aufstieg muss Kundalini diese drei mysteriösen Knoten lösen.

Die Pseudoesoteriker wundern sich, dass die ältesten Hindu-Yogis die ätherischen Chakras oder Plexus nicht erwähnen, sondern sich auf die Chakras der Wirbelsäule und auf Kundalini konzentrieren. Tatsächlich waren die ursprünglichen Yogis Tantriker und praktizierten Maithuna. Sie waren echte Eingeweihte der Weisheit der Schlange. Sie wussten sehr wohl, dass sich im Rückenmark und im Samen der Schlüssel für unsere Rettung befindet. Sie verstanden, dass die erwachte Kundalini die Chakras der Wirbelsäule öffnet und diese wiederum die Chakras der Plexus aktivieren. Das Wichtigste sind daher die Wirbelsäulenchakras und die Schlange. Dies wussten die großen Weisen und Patriarchen der archaischen Schlangenzivilisationen sehr genau.

In den drei Dreiecken (Wurzel, Herz und Stirn) wird die Gottheit wie ein sexueller Lingam dargestellt. Dies spricht wohl eine sehr deutliche Sprache, doch die gebildeten Ignoranten suchen immer Ausreden und Entschuldigungen, um die Wahrheit zu verfälschen. Es ist nicht richtig, dass die Pseudoesoteriker weiterhin die arme, leidende Menschheit bewusst oder unbewusst täuschen. Wir haben die großen Schlangenkulturen gründlich studiert und sprechen deshalb klar und offen, damit sich diejenigen wahrhaftig retten, die sich retten wollen. Wir sind hier, um die Wahrheit zu sagen und wir sagen sie, selbst wenn die Pseudoesoteriker und die Infrasexuellen sich zu unseren schlimmsten Feinden erklären. Die Wahrheit muss gesagt werden und wir sagen sie gerne.

Es ist notwendig, mit Kundalini zu arbeiten und die drei Knoten zu lösen. Die drei Knoten sind die drei Dreiecke, die unser Leben durch Keuschheit, Liebe und Weisheit transformieren.

Der Orgasmus

Die Weiße Loge hat den Orgasmus absolut verboten. Es ist absurd, bis zum Orgasmus zu gelangen. Jene, die Sexualmagie praktizieren, dürfen niemals bis zum Orgasmus kommen. Wer beabsichtigt die Samenejakulation zu vermeiden, ohne auf das Vergnügen des Orgasmus zu verzichten, kann furchtbare Folgen für seinen Organismus davontragen. Der Orgasmus ist sehr gewaltsam, und wenn man den Organismus vergewaltigt, lassen die Folgen nicht lange auf sich warten: Impotenz, Verletzungen des Nervensystems, usw., usw. Alle die Sexualmagie praktizieren, müssen sich vom Sexualakt lange vor dem Erreichen des Orgasmus zurückziehen. Die Ärzte kennen sehr wohl die Gründe, warum sich Personen, die Sexualmagie praktizieren, vor dem Erreichen des Orgasmus vom Akt zurückziehen müssen. Sexualmagie darf nur ein Mal am Tag praktiziert werden. Niemals darf man Sexualmagie zweimal am Tag praktizieren. Niemals im Leben darf man den Samen ausstoßen. Niemals! Niemals! Niemals!

Diese Anordnung der Weißen Loge muss genau verstanden werden, denn falls unglücklicherweise und gegen unseren Willen der Orgasmus eintritt, muss sich der Schüler sofort vom Akt zurückziehen, auf den Rücken legen und versuchen, mit aller Kraft den Vorgang durch folgende Bewegungen zu bremsen.

Anleitung

1. Höchste Anstrengungen machen, wie sie eine Frau beim Gebären macht. Die Nervenströme müssen auf die Sexualorgane gerichtet sein im Bestreben, die Schließmuskeln oder Auslassöffnungen zu schließen, durch welche die Samenflüssigkeit entweichen kann. Dies ist eine riesige Anstrengung.

2. Einatmen, als ob man die Samenflüssigkeit mit der Atmung zum Gehirn pumpen möchte. Beim Einatmen vokalisiere man das Mantram „Ham“ und stelle sich vor, wie die Energie nach oben bis zum Gehirn aufsteigt und von dort weiter bis zum Herzen geht.

3. Ausatmen; dabei stelle man sich vor, dass sich die Sexualenergie im Herzen fixiert. Beim Ausatmen vokalisiere man das Mantram „Sah“.

4. Wenn der Orgasmus sehr stark ist, zurückhalten, zurückhalten und fortfahren mit ein- und ausatmen mithilfe des Mantrams Ham-Sah. Ham ist männlich, Sah ist weiblich. Ham ist solar. Sah ist lunar. Die Luft ist schnell durch den Mund auszustoßen. Dabei forme man den Laut „Sah“ weich und harmonisch. Mit halb offenem Mund folgt dann die Einatmung, dabei singe man mental das Mantram Ham.

Die grundlegende Idee dieser esoterischen Übung ist die Umkehrung der Atmung, damit sie wahrhaftig positiv wird. Gegenwärtig dominiert bei der Atmung der negative, lunare Aspekt Sah, der den Samenerguss hervorruft. Bei der Umkehrung des Atmungsvorganges durch die genannte Atmungspraxis verwandelt sich die zentrifugale Kraft in eine zentripetale und der Samen fließt nach innen und nach oben.

Weitere Ausführung

Die Anweisung, die wir im vorherigen Abschnitt für den Fall eines Orgasmus gegeben haben, kann generell für die gesamte Sexualmagie angewandt werden.

Jede Übung der Sexualmagie kann mit diesem wunderbaren Vorgang abgeschlossen werden. Die Arbeit in der neunten Sphäre bedeutet Kampf, Opfer, Anstrengung, Wille. Die Schwachen fliehen vor der neunten Sphäre, schreckerfüllt und voll Angst und Horror. Jene, die von der Schlange verschlungen werden, verwandeln sich zu Schlangen, zu Göttern.

In sehr schweren Fällen, wenn der Orgasmus plötzlich mit der immensen Gefahr des Samenverlustes einsetzt, muss sich der Eingeweihte sofort vom Akt zurückziehen, sich auf dem Rücken auf den Boden legen und den Atem anhalten. Dabei muss er die Nasenlöcher schließen, indem er sie mit dem Zeigefinger und Daumen fest zusammendrückt. Diese Anstrengung muss von einer Gedankenkonzentration begleitet werden. Der Neophyt muss sich intensiv auf das Pulsieren des Phallus konzentrieren, das eine Wiederholung des Pulsschlages des Herzens ist. Er muss versuchen, dieses sexuelle Pulsieren zu bremsen, um den Samenverlust zu vermeiden. Sieht er sich dazwischen genötigt, Sauerstoff einzuatmen, muss diese Einatmung kurz und schnell erfolgen. Anschließend halte er den Atem wieder möglichst lange an.

22. Sexuelles Yoga

In Indien gibt es drei Arten von Tantrismus: erstens weißen Tantrismus, zweitens schwarzen Tantrismus und drittens grauen Tantrismus. Beim weißen Tantrismus wird Sexualmagie ohne Verlust des Samens praktiziert. Beim schwarzen Tantrismus gibt es den Samenausstoß. Beim grauen Tantrismus wird der Samen manchmal ausgestoßen und dann wieder nicht. Diese Art des Tantrismus führt den Schüler schließlich zum schwarzen Tantrismus.

Innerhalb des schwarzen Tantrismus finden wir die Bonzen und die Dugpas der Rotmützen, schrecklich perverse schwarze Magier. Diese Schwarzmagier verwenden ekelhafte Methoden, um den Samen nach seinem widerlichen Ausstoß durch die Harnröhre wieder zu absorbieren. Das Resultat ist verhängnisvoll, denn nach dem Ausstoßen lädt sich der Samen mit satanischen Atomen auf, der bei seinem erneuten Eindringen in den Organismus die Kraft gewinnt, Kundalini negativ zu erwecken. Kundalini steigt dann in die atomare Hölle des Menschen ab und wird zum Schwanz Satans. So trennt sich der Mensch für immer von seinem göttlichen Wesen und versinkt auf ewig in den Abgrund. Jeder, der den Kelch des Hermes verschüttet, ist ein anerkannter Schwarzmagier.

In Indien kennt man die Sexualmagie unter dem Namen Maithuna. Man bezeichnet sie auch noch als Urdhvareta Yoga und diejenigen, die diese Art des Yoga ausüben, bezeichnen sich als Urdhvareta Yogis.

In allen seriösen, echten und verantwortungsbewussten Yogaschulen wird Sexualmagie geheim praktiziert. Wenn ein Yoga-Paar, Mann und Frau, entsprechend vorbereitet sind, bringt man sie an einen geheimen Ort, wo sie in Maithuna (Sexualmagie) unterrichtet werden.

Die Paare vereinen sich sexuell unter der Aufsicht eines Gurus (Meisters), um am großen Werk zu arbeiten. Der Mann sitzt im Lotussitz auf einem Teppich am Boden, also mit gekreuzten Beinen und vereint sich in dieser Position mit der Frau. Die Frau setzt sich auf die Beine des Mannes, und zwar so, dass ihre Beine den Rumpf des Mannes umfassen. Es ist klar, dass wenn sie sich so auf ihn setzt, der Phallus in sie eindringt. Auf diese Weise erfolgt die sexuelle Vereinigung von Mann und Frau. Die Yogapaare verweilen Stunden in diesem Zustand, ohne den Samen auszustoßen. Der Yogi darf während der Ausübung der Sexualmagie nicht denken. Beide, Mann und Frau, befinden sich in diesen Momenten in einem Zustand der Ekstase. Das Paar ist in tiefster Liebe verbunden. Die lebensspendende Energie steigt durch ihre entsprechenden Kanäle siegreich auf, bis sie den Kelch des Gehirns erreicht. Jedes tierische Verlangen wird zurückgewiesen. Die Paare trennen sich dann, ohne den Samen verloren zu haben.

Diese Art der Ausübung der Sexualmagie im Stil des Ostens ist für die Leute des Westens äußerst unbequem. Doch wird sie jenen Personen empfohlen, die nicht imstande sind, sich zurückzuhalten, um eine Samenejakulation zu vermeiden. Mit dieser Übungsweise können die Gnostiker langsam lernen, sich zurückzuhalten und den Verlust des Samens zu verhindern. Die gnostischen Paare bedürfen nicht der physischen Aufsicht eines Meisters, aber sie können die Meister der Astralebene anrufen, ihnen zu helfen. (Das Paar muss allein sein.)

Es ist unerlässlich, dass während der Sexualmagie keinerlei tierisches Verlangen existiert. Erinnert euch, dass das Verlangen teuflisch ist. Das *Ich* ist Verlangen. Das *Ich* ist diabolisch. Wo Begehren herrscht, kann es keine Liebe geben, denn die Liebe und die Begierde sind unverträglich. Wir müssen wissen, dass das Verlangen Täuschung erzeugt. Wer begehrt, glaubt zu lieben, er fühlt sich verliebt, er könnte schwören, verliebt zu sein. Das ist die Täuschung des Verlangens. Wie oft sehen wir Paare, die sich anscheinend vergöttern. Nach der Hochzeit stürzt das Kartenhaus zusammen und zurück bleibt die traurige Realität. Sie glaubten einander zu lieben, während sie sich in Wirklichkeit hassen, und das Scheitern nach dem Stillen der Begierde ist unvermeidlich.

So hören wir nur Klagen und Jammern, Vorwürfe und Tränen. Wo war die Liebe? Was geschah mit der Liebe? Lieben ist unmöglich, wenn Begehren vorhanden ist. Nur jene, die ihre Seele schon inkarniert haben, sind imstande, wirklich zu lieben. Das *Ich* kann nicht lieben. Nur die Seele kann lieben. Die Liebe hat ihre eigene Atmosphäre, ihren eigenen Geschmack, ihr Glück. Aber das weiß und erfährt nur jener, der das animalische Begehren überwunden hat. Dies weiß und erfährt nur, wer seine Seele schon inkarniert hat. Die Liebe ist nicht im entferntesten das, was die Menschen üblicherweise als Liebe bezeichnen. Was die Menschen Liebe nennen, ist in Wirklichkeit nur täuschendes Verlangen. Das Verlangen ist eine täuschende Substanz, die sich auf wunderbare Weise mit dem Verstand und dem Herzen verbindet und uns davon überzeugt, dass wir wirklich Liebe fühlen, obwohl es keine Liebe ist. Nur die furchtbare Realität, die sich offenbart, nachdem der Akt vollzogen und das Begehren befriedigt ist, zeigt uns klar, dass wir Opfer einer Täuschung waren. Wir glaubten verliebt zu sein und waren es doch nicht.

Der Mensch weiß noch nicht, was Liebe wirklich ist. Nur die Seele kann wirklich lieben. Der Mensch hat seine Seele noch nicht inkarniert. Der Mensch weiß noch nicht, was Liebe ist. Satan weiß nicht, was Liebe ist. Das Einzige, das der Mensch inkarniert hat, ist der Satan (das *Ich*). Das menschliche Wesen weiß nicht zu lieben.

Liebe kann es nur geben von Herz zu Herz, von Seele zu Seele. Wer seine Seele nicht inkarniert hat, weiß nicht zu lieben. Satan kann nicht lieben und es ist Satan, den der Mensch inkarniert hat. Die perfekte Ehe ist die Vereinigung von zwei Wesen, eines das mehr und eines das besser liebt. Liebe ist die beste Religion, die der Mensch ausüben kann.

Das Verlangen ist eine Substanz, die sich aus vielen Einzelsubstanzen zusammensetzt. Diese Substanzen des Verlangens täuschen den Verstand und das Herz.

Wer verzweifelt, weil ihn seine Frau verließ und mit einem anderen Mann fortging, liebte in Wirklichkeit nicht. Wahre Liebe verlangt nichts, fordert nichts, wünscht nichts, denkt an nichts; sie will nur eines, das Glück des geliebten Wesens. Das ist alles. Der Mann, der die Frau, die er liebt, verliert, sagt: „Ich bin glücklich, dass du glücklich bist. Wenn du dein Glück mit einem anderen Mann fandest, freue ich mich darüber.“

Verlangen ist etwas anderes. Der von Leidenschaft erfüllte Mann, der seine Frau verlor, weil sie mit einem Anderen fortging, kann zum Mörder oder Selbstmörder werden. Er fällt in die tiefste Verzweiflung. Er hat den Gegenstand seiner Lust verloren. Das ist alles.

Die wahre Liebe kennen nur jene, die bereits ihre Seele inkarniert haben. Die Menschheit weiß noch nicht, was Liebe ist. Liebe ist wie ein unschuldiges Kind, wie ein Schwan mit strahlend weißem Gefieder. Liebe ähnelt den ersten Spielen der Kindheit. Liebe weiß nichts, sie ist unschuldig.

Wenn wir das schreckliche Gespenst auflösen, das nach dem Tod weiterlebt (das *Ich*), entsteht in uns das, was man Liebe nennt. Beim Erreichen dieses Zustandes erlangen wir erneut die verlorene Unschuld.

Gegenwärtig hat der Mensch nur einen Seelenembryo inkarniert. Dieser Seelenembryo sendet manchmal Funken echter Liebe aus. Die Mutter, die ihr Kind liebt, ist ein gutes Beispiel dessen, was Liebe ist. Der Seelenembryo kann durch die gesegnete Flamme der Liebe immer stärker werden.

Manchmal fühlen Mann und Frau die Ausstrahlungen der Liebe, die dem Seelenembryo entspringen, aber diese werden, sofort von den heftigen und schrecklichen Leidenschaften, die Satan dem Mann und der Frau einflüstert, zum Schweigen gebracht.

Wenn wir diese göttlichen Vibrationen der Liebe kultivieren, dann können wir den Seelenembryo stärken und festigen, um später intensiv das zu erleben, was Liebe genannt wird.

Die Liebe stärkt den Seelenembryo.

Wenn der Seelenembryo sich stärkt, inkarnieren wir die Seele.

Nur sehr wenige Menschen können die göttlichen Vibrationen spüren, die vom Seelenembryo ausgehen.

Die Menschheit spürt normalerweise die Kräfte des Verlangens. Auch das Verlangen singt, wird romantisch und unendlich zärtlich. Das Verlangen ist das täuschendste Gift, das im ganzen Kosmos existiert. Jeder, der der großen Täuschung zum Opfer fällt, könnte schwören, verliebt zu sein.

Männer und Frauen, ich lade euch ein zur Liebe. Folgt den Spuren der wenigen, die in der Welt zu lieben wussten.

Götter und Göttinnen: Liebt euch im Hochzeitszauber des Paradieses. Selig die Wesen, die einander wahrhaft lieben. Nur die Liebe kann uns in Götter verwandeln.

Endokrinologie

Es mag unglaublich klingen und ist dennoch wahr: Die Wissenschaft ist der Transmutation und dem Tantra-Yoga näher als viele Schüler des Yoga selbst. Die Endokrinologie wird eine echte schöpferische Revolution hervorbringen.

Die Wissenschaftler wissen bereits, dass die Sexualdrüsen keine geschlossenen Kapseln sind. Sie nehmen Hormone auf und sondern Hormone ab. Die Exkretionshormone sind konservierende Hormone, da sie der Erhaltung der Spezies dienen.

Die Hormone, der inneren Sekretion sind vitalisierende Hormone, da sie den menschlichen Organismus vitalisieren. Der Vorgang der hormonellen inneren Sekretion ist eine Transmutation, das heißt die Umwandlung einer Form von Energie-Materie in eine andere. Maithuna, die Sexualmagie, ist eine intensivierte sexuelle Transmutation. Der Gnostiker inkretiert, transmutiert und sublimiert die Gesamtheit der sexuellen Energie-Materie. Sexualhormone strömen in überreichem Maße in den Blutkreislauf und gelangen zu den verschiedenen inneren Sekretionsdrüsen, wodurch diese stimuliert und zu intensiver Arbeit angeregt werden. Durch die intensivierte sexuelle Transmutation werden die endokrinen Drüsen aufs Stärkste stimuliert und produzieren als normale Folge eine größere Anzahl von Hormonen, die das gesamte flüssige Nervensystem anregen und verändern.

Die Wissenschaft erkennt bereits die sexuelle Transmutation in jedem sexuell normalen Individuum an. Man müsste nun nur noch etwas weiter gehen, um die intensivierte sexuelle Transmutation der suprasexuellen Wesen anzuerkennen. Wer biologisch die 32 Merkmale des Buddha studiert, gelangt zu der Erkenntnis, dass die sekundären Sexualcharakteristiken des Buddha in der Tat die Eigenschaften eines Übermenschen waren.

Die sekundären Sexualeigenschaften des Buddha sind das Zeichen intensiver sexueller Transmutation. Es besteht kein Zweifel, dass der Buddha Maithuna, also Sexualmagie, das Arkanum A.Z.F. praktizierte. Der Buddha lehrte weißen Tantrismus (Sexualmagie), doch gab er diese Lehre seinen Jüngern ganz im Geheimen. Der Zen- und der Chan-Buddhismus lehren Maithuna und die Paare praktizieren das Tantra-Yoga.

Sekundäre Sexualeigenschaften

Es gibt die primären und die sekundären Sexualeigenschaften. Die Primären stehen in Verbindung mit den sexuellen Funktionen der Sexualorgane, die Sekundären mit der Verteilung der Fette, der Bildung der Muskeln, Haare, Sprache, Körperform, usw.

Es ist nur natürlich, dass die Körperform der Frau anders als die Körperform des Mannes ist und umgekehrt.

Auch ist es eine Tatsache, dass ein Schaden an den Sexualorganen den menschlichen Organismus verändert. Die sekundären Sexualeigenschaften eines Eunuchen sind die Merkmale eines Degenerierten. Homosexuellen, einen Infrasexuellen schließen.

Was kann man aus dem Verhalten eines verweiblichten Individuums ableiten?

Was kann man aus dem Verhalten einer vermännlichten Frau ableiten?

Welche Art von Primärmerkmalen entsprechen Personen mit den ihres eigenen Geschlechtes entgegengesetzten sekundären Sexualeigenschaften?

Es gibt keinen Zweifel, dass in solchen Individuen die Infrasexualität existiert.

Tantra-Yoga, Maithuna oder das Arkanum A.Z.F. (Sexualmagie) ist eine Art suprasexueller Funktionalismus, der in der Tat die sekundären Sexualeigenschaften verändert und einen neuen Menschentyp hervorbringt, den Übermenschen.

Es ist absurd anzunehmen, der Übermensch sei das Resultat von Glaubensansichten, Theorien, Sektentum, Fanatismus, Schulen, usw.

Der Übermensch ist nicht das Ergebnis dessen, was man glaubt oder nicht glaubt, der Schule, der wir angehören oder die wir verlassen.

Die sekundären Sexualeigenschaften ändern sich nur durch eine Veränderung der Primäreigenschaften.

Mit dem Tantra-Yoga, dem Maithuna, erreichen die echten, eingeweihten Yogis eine Veränderung ihrer sekundären Sexualeigenschaften, und zwar auf positive, transzendente, göttliche Weise.

Psychologie und Endokrinologie

Die Psychologie schien stagniert zu sein. Zum Glück erschien die Wissenschaft der Endokrinologie. Da erwachte die Psychologie zu neuem Leben. Es wurden Versuche unternommen, das Leben großer Männer auf Basis ihres biologischen Typs zu studieren. Es wird zum Beispiel behauptet, dass Napoleons Fall mit einem Verfallsprozess seiner Hypophyse zu tun hat. Die psychologischen Eigenschaften werden durch die endokrinen Drüsen und die sexuellen Primäreigenschaften bestimmt.

Der biopsychologische Typ ist definitiv und niemand kann das abstreiten. Er hängt von den sexuellen Primäreigenschaften ab.

Tatsächlich gehört der biopsychologische Typ zu den sexuellen Sekundärmerkmalen, wird aber völlig von den sexuellen Primäreigenschaften bestimmt. Auf Basis dieser Tatsache können wir daher feststellen, dass wir mit den sexuellen Primäreigenschaften arbeiten müssen, wenn wir den biopsychologischen Typ des Seins wollen. Nur mit Sexualmagie, mit Maithuna oder Tantra-Yoga können wir den biopsychologischen Typ des Meisters, des Übermenschen, des Mahatma hervorbringen.

Infrasexualität

Wir haben in diesem Kapitel Aussagen gemacht, welche von den Infrasexuellen tödlich gehasst werden. Diese halten sich selbst für Suprasexuelle, Supertranszendierte. Die Infrasexuellen glauben, sie seien vollkommener als der Dritte Logos und ohne irgendwelche Skrupel behaupten sie, Sexualität sei etwas Vulgäres, Schmutziges, Materielles. Die Infrasexuellen wissen nicht, dass die Sexualität die schöpferische Kraft des Heiligen Geistes ist, ohne die sie niemals die innere Selbstverwirklichung erreichen können. Unglücklicherweise beleidigen sie den dritten Logos und seine wunderbare Sexualkraft. Für den Infrasexuellen ist die göttliche Sexualkraft des Heiligen Geistes sündhaft, ordinär und materiell.

Die Infrasexuellen haben die eitle Illusion, die Selbstverwirklichung durch Vorträge, Philosophien, Glaubensansichten, Atemübungen, Blasebalgatmung, usw. zu erreichen. Es liegt auf der Hand, dass sie damit niemals die Veränderung ihrer sexuellen Sekundäreigenschaften erreichen werden, und das Resultat ist das Scheitern.

Evolution und Involution

Zurzeit werden sowohl im Osten als auch im Westen viele philosophische Lehren auf der Grundlage des Dogmas der Evolution verbreitet. Evolution und Involution sind mechanische Kräfte, die gleichzeitig in der ganzen Natur wirken. Wir verneinen die Realität dieser beiden Kräfte nicht, wir wollen sie vielmehr erklären.

Niemand kann die kreativen und destruktiven, die evolutiven und involutiven, erneuernden und degenerierenden Prozesse verneinen. Den mechanischen Kräften der Evolution werden Eigenschaften zugeordnet, die sie nicht besitzen. Weder die Evolution noch die Involution können irgendjemanden befreien.

Die Behauptung, dass wir alle durch die Evolution die Befreiung, das Ziel erreichen werden, entspringt der Fantasie von Menschen, die sich selbst täuschen. Jesus, der Christus, sprach ganz klar und niemals versprach er allen die Rettung. Der große Meister betont immer wieder die enorme und schreckliche Schwierigkeit, welche den Kampf um den Eintritt in das Sanctum Regnum, in das Reich der Magie und der Esoterik begleiten. „Viele sind berufen, aber nur wenige sind auserwählt“ (Matth. 22:14).

„Unter Tausend, die mich suchen, findet mich einer; unter Tausend, die mich finden, folgt mir einer; unter Tausend, die mir folgen, ist einer mein.“

Es geht hier nicht darum, zu glauben oder nicht zu glauben, sich für auserwählt zu halten oder dieser oder jener Sekte anzugehören. Die Frage der Rettung ist von allergrößter Bedeutung. Man muss mit dem Samenkorn arbeiten, mit dem sexuellen Samen. Von nichts kommt nichts. Wir müssen mit dem Korn arbeiten. Vom Samenkorn selbst wird Anstrengung verlangt, eine totale Revolution. Nur aus dem sexuellen Samen wird der innere Engel geboren. Nur der innere Engel kann in das Reich des Esoterismus eintreten. Das Maithuna, das Tantra-Yoga, ist dringend notwendig. Die Sexualmagie. Die Kräfte der Involution und der Evolution sind nur mechanische Kräfte, Kräfte, die niemanden befreien, niemanden retten. Das ist alles.

Viele Organismen sind das Ergebnis der Involution und viele das Ergebnis der Evolution.

Kannibalische Eingeborenenstämme befinden sich nicht in Evolution; sie befinden sich in Involution; sie sind Degenerationsprodukte mächtiger Zivilisationen, die ihnen im Laufe der Geschichte vorangingen.

Alle diese Stämme behaupten von sich, Nachfahren von Göttern, Halbgöttern, Titanen, usw. zu sein. Sie alle bewahren noch Traditionen, die vom Ruhm ihrer glorreichen Vorfahren erzählen.

Die Eidechse ist ein degeneriertes Krokodil. Die archaischen Ahnen der Ameisen und Bienen waren Titanen, die vor den Menschen lebten. Die heutige Menschheit ist ein Degenerationsprodukt vorausgegangener Rassen. Dies geht aus den sekundären Sexualeigenschaften der Menschen hervor.

Männliche Frauen, die Flugzeuge steuern und im Krieg kämpfen, sind Infrasexuelle; genauso wie weibliche Männer, die Dauerwellen tragen und sich in Kosmetiksalons die Nägel lackieren lassen.

Jene Schriftsteller, die meinen, dies sei Evolution, eine Rückkehr zum göttlichen Hermaphroditen, irren sich. Der wahre Hermaphrodit ist kein sexuelles Zwischenprodukt. Die Hermaphroditen des untergegangenen Kontinentes Lemurien waren vollkommen. Sie hatten beide Geschlechtsmerkmale vollständig entwickelt und ausgebildet. Sie waren keine Infrasexuellen.

Sie waren auch keine Transsexuellen. Heute findet man den göttlichen Hermaphroditen nur, wenn Geist und Seele vollkommenen vereint sind. Die vollkommen weibliche Seele und der vollkommen männliche Geist vereinen sich bei der Einweihung. Ein Engel ist ein göttlicher Hermaphrodit. Kein Engel ist zwischengeschlechtlich.

Wir müssen uns auf den Weg der Revolution des Bewusstseins begeben. Dieser Weg trennt sich von den Gesetzen der Evolution und der Involution.

Es ist in der Tat der schmale, enge und schwierige Pfad, von dem der große Kabir Jesus sprach.

Yoga-Übungen

Wir verurteilen Yoga-Übungen keineswegs. Sie sind sehr nützlich und der inneren Entwicklung förderlich. Jedes Yogasystem aber, das nicht Maithuna und die Sadhanas des weißen Tantrismus lehrt, ist unvollständig. Die großen Yogis und Yoginis des Ostens und des Westens verwirklichten sich mit Tantra-Yoga. Die Yogis und Yoginis des neuen Zeitalters, die Agni Yogis, müssen das Gebiet der Endokrinologie genauestens studieren und öffentliche Unterweisungen über das Tantra-Yoga geben.

Die tantrischen Positionen des „Kama Kalpa“ sind sehr übertrieben und viele von ihnen degenerieren zu schwarzem Tantrismus. Wir empfehlen nur die tantrische Position, die in diesem Kapitel gelehrt wird.

23. Die fliegende Schlange

Mit Tränen in den Augen und blutendem Herzen muss ich Dinge sagen, die eigentlich nicht gesagt werden dürften, denn es ist so als ob man Perlen vor die Säue würfe. Aber die arme, leidende Menschheit bedarf dieses Wissens und so sehe ich mich veranlasst, etwas über die fliegende Schlange zu sagen.

Der Schlangenvogel

Im Popol Vuh der Mayas werden der Vogel und die Schlange als sexuelle Schöpfer des Universums dargestellt. Tepeu und Gucumatz senden einen Habicht ins immense Meer des großen Lebens, um die Schlange zurückzubringen, mit deren wunderbarem Blut der gelbe und der weiße Mais geknetet werden. Der Popol Vuh erklärt ferner, dass der Gott Tzacol mit diesem Teig aus weißem und gelbem Mais, vermischt mit dem Blut der Schlange, das Fleisch der Menschen schuf. Der Vogel repräsentiert den universalen Geist des Lebens. Die Schlange repräsentiert das sexuelle Feuer des dritten Logos. Das Blut der Schlange bedeutet die Wasser der Genesis, das große universale Sperma, das Ens Seminis oder den christonischen Samen, in dessen Wassern der Ursprung allen Lebens ist. Diese Wasser sind das Blut der Erde nach der Philosophie der Maya. Die Göttin Coatlicue ist die Mutter des Lebens und des Todes (das Ens Seminis).

Es ist das Sexualfeuer des dritten Logos, welches die Wasser des Lebens befruchtet, damit das Universum entsteht.

In der Theogonie der Maya greifen die Götter selbst in die Schöpfung ein: einer gibt dem Menschen Leben und Form und ein anderer das Bewusstsein. Der Dritte Logos befruchtet die Wasser des Lebens. Sobald dies geschehen ist, greift der zweite Logos ein, indem er allen Organismen Bewusstsein verleiht. Die erhabenen Götter selbst sind das Instrument der Kräfte des Logos.

Der Habicht „H' Ch' Uuy", der Ara „Mo", der Turmfalke „X' Cen Cen Bac", der Tapir „Tzimink Aax" und die Schlange „Can" sind die grundlegenden Faktoren der Schöpfungsmythen der Maya. Diese Symbole werden exoterisch und esoterisch verwendet. Im exoterischen oder öffentlichen Bereich symbolisieren sie Taten der Stämme, historische Begebenheiten, usw. Im esoterischen oder geheimen Aspekt handelt es sich um höchst wissenschaftliche, zutiefst philosophische, künstlerische und in höchstem Maße religiöse Fragen.

Bei den Mayas ist das irdische Paradies „Tamoanchan", der heilige Ort des Schlangenvogels. Tamoanchas sind die eigentlichen Eingeweihten der Schlange. Der Mythos der Tamoanchas ist der Mythos des Schlangenvogels. Die Tamoanchas stammen von den Tolteken, den Olmeken und den Mayas ab.

Nach vielen Mühen erreichten die Azteken den See von Texcoco, Symbol des christonischen Samens, wo sie den Vogel und die Schlange, den Adler und die Klapperschlange trafen. Die Azteken können daher für sich die hohe Ehre beanspruchen, die große Stadt Tenochtitlan auf der Grundlage der Weisheit der Schlange gegründet zu haben.

Die gefiederte Schlange spricht klar vom Schlangenvogel. Die gefiederte Schlange wurde mit Quetzalcoatl dem mexikanischen Christus, identifiziert. Quetzalcoatl wird immer von den heiligen Symbolen des Adlers und der Schlange begleitet. Die gefiederte Schlange erklärt alles. Der Adler des Geistes und die Schlange des Feuers verwandeln uns zu Göttern.

Der Quetzal der Mayas ist die gefiederte Schlange, der Schlangenvogel.

Der Merkurstab

Der Merkurstab symbolisiert die Wirbelsäule mit ihren beiden Schlangen, die die Kanäle Ida und Pingala darstellen, durch welche die solaren und lunaren Atome bis zum Gehirn aufsteigen. Es sind dies die Dur- und Moll-Töne der großen Note Fa, die in der gesamten Schöpfung erklingt.

Akasha steigt wie züngelndes Feuer durch die Wirbelsäule empor und seine beiden Energiepole durchfließen Ida und Pingala.

Vom Rückenmarkskanal und dessen beiden Kanälen, die sich wie eine Schlange um die Wirbelsäule winden, bildet sich ein Kreislauf, der vom zentralen Kanal ausgeht und sich dann im ganzen Organismus verteilt.

Ida und Pingala gehen von den Sexualorganen aus. Ida befindet sich links vom Rückenmarkskanal, Pingala rechts davon. Bei der Frau ist diese Anordnung umgekehrt; die Kanäle enden in der Medulla oblongata. Dieses Paar von Strängen ist halb ätherisch, halb physisch und entspricht den höheren Dimensionen des Raumes.

Die feurigen Flügel

Wenn sich die solaren und lunaren Atome am Ende der Wirbelsäule vereinen, erwacht die feurige Schlange unserer magischen Kräfte. Sie steigt langsam während der unbeschreiblichen Freuden der Perfekten Ehe empor. Die Schlange erfreut sich am Zauber der Liebe.

Sobald die Schlange die Höhe des Herzens erreicht hat, empfangen wir die feurigen Flügel, die Flügel des Merkurstabes. Jetzt hat die Schlange Federn. Das ist Quetzal, die Vogelschlange, die gefiederte Schlange.

Jeder Eingeweihte, der sich zu einer Vogelschlange verwandelt, kann in die höheren Welten fliegen. Er kann die verschiedenen Teile der Welten betreten, er kann nach Wunsch mit dem Astralkörper oder mit den superastralen Vehikeln reisen, seinen physischen Körper in die vierte Dimension versetzen; er ist eine Vogelschlange geworden.

Die Vogelschlange kann aus einer versiegelten Grabstätte entweichen, auf dem Wasser gehen, wie Jesus, der Christus es gezeigt hat; sie kann einen Felsen durchqueren, ohne Schaden zu erleiden, wie dies die Jünger des Buddha taten, sie kann mit ihrem physischen Körper durch die Luft fliegen, usw., usw.

Faraon

Ida ist männlich und Pingala ist weiblich. Hier sind die Dur- und Moll-Klänge der großen Note Fa, die in der Natur erklingt. Fa entspricht den solaren, Ra den lunaren Atomen, On dem züngelnden Feuer, das durch den zentralen Kanal aufsteigt. Wir müssen lernen, diese Dur- und Moll-Klänge erklingen zu lassen, durch das mächtige Mantram Faraon, um bewusst und positiv astral austreten zu können. Mit diesem Dur- und Moll-Mantram können wir astral reisen.

Sobald in Ägypten der Eingeweihte die feurigen Flügel empfing, wurde er im Tempel mit einem Paar Flügel geschmückt, die auf der Höhe des Herzens an der Tunika befestigt wurden. Als Jesus von Nazareth seine feurigen Flügel öffnete, wurde er persönlich vom Pharao Ägyptens geschmückt.

Die Position, in der Jesus sich niederlegte, um astral zu reisen, entspricht der des Chac Mool, nur mit dem Kopf niedrig gelagert, ohne Kissen. Die Beine werden angewinkelt, die Fußsohlen nach unten, die Knie nach oben. So schlief der große Hierophant ein, indem er die herrliche Lyra seiner Wirbelsäule spielte. Das Mantram Faraon wird in drei Silben geteilt: Fa-Ra-On. Fa ist das Fa der Tonleiter. Ra ist ein tiefer Klang und wird mit einem doppelten R vokalisiert. On erinnert uns an das Mantram Om der Inder, mit dem einzigen Unterschied, dass der Konsonant hier ein N anstatt M ist; On.

Generell können wir dem Mantram Faraon jede Intonation mit dem großen Fa geben, das in der gesamten Schöpfung erklingt.

Wir empfehlen, mental zu vokalisieren. Der Schüler soll einschlafen, indem er das Mantram singt und sich mit Vorstellungskraft und Willen auf die Pyramiden Ägyptens konzentriert. Man braucht Übung und viel Geduld.

Die fliegende Schlange

Die weißen und die schwarzen Magier benützen die fliegende Schlange, um im Astralkörper oder mit dem physischen Körper im Jinas-Zustand zu reisen.

Die weißen Magier wissen, wie man in tiefer Meditation die bronzene Schlange bittet, sie zu jedem beliebigen Ort der Erde oder des Kosmos zu bringen und die fliegende Schlange erfüllt diese Bitte.

Die Schwarzmagier beten zur Schlange der Versuchung des Paradieses, die sie in den Abgrund, zum Hexensabbat, zu den Hexenzirkeln, usw. bringt.

Die bronzene Schlange steigt durch den Rückenmarkskanal auf. Die Schlange der Versuchung steigt vom Steißbein hinab in die atomare Hölle der Natur. Dies ist der Schwanz des Teufels. Die Teufel haben dort ihre Kräfte.

Gesegnet sei die göttliche Mutter Kundalini. Gesegnet die, die mit der Kraft der heiligen Mutter fliegen.

Unglücklich jene, die mit der Kraft der Santamaria (der Schlange der Versuchung des Paradieses, der absteigenden Kundalini) reisen. Unglücklich jene, die mit der finsteren Macht der Santamaria fliegen. Für sie bleiben nur der Abgrund und der zweite Tod.

Jinas-Zustand

Der Punkt ist ein Bruchteil einer Linie. Die Linie ist der seitliche Bruchteil einer Fläche. Die Fläche ist der seitliche Bruchteil eines Körpers. Der Körper ist der seitliche Bruchteil eines tetradimensionalen Körpers, das heißt mit vier Dimensionen.

Jeder Körper ist tetradimensional, hat vier Dimensionen. Die vierte Koordinate oder vierte Vertikale ist die Grundlage jeder Mechanik. Der intermolekulare Raum entspricht der vierten Dimension.

In dieser dreidimensionalen Welt mit Länge, Breite und Höhe sehen wir einen Körper niemals vollständig. Wir sehen nur Seiten, Flächen, Winkel, usw. Die Wahrnehmung ist daher unvollständig und subjektiv.

In der vierten Dimension ist die Wahrnehmung objektiv. Dort sehen wir die Körper von vorne, von hinten, von oben, von unten, von innen, von außen, das heißt, wir sehen sie vollständig. In der vierten Dimension erscheinen alle Objekte gleichzeitig und vollständig; die Wahrnehmung ist dort objektiv.

Mit der Kraft der fliegenden Schlange können wir den physischen Körper aus der Welt der drei Dimensionen in die vierte

Dimension versetzen. In weiter fortgeschrittenen Stadien können wir den physischen Körper auch in die fünfte oder sechste Dimension versetzen.

Schlangen, die fliegen

Bei einem Besuch des Departments Magdalena in der Republik Kolumbien entdeckten wir zu unserer großen Überraschung Schlangen, die fliegen. In den Dschungeln dieser Region leben Hexer, die fliegende Schlangen auf ihre verhassten Opfer loslassen. Die von diesen Hexern angewandten Methoden sind sehr eigenartig. Im Allgemeinen befasst sich diese Art von Hexern mit dem Heilen von Bissen der Giftschlangen, die in den Tropen zahlreich vorkommen. Es gibt viele derartige Hexer, die solche Heilungen durchführen. Daher besteht auch eine starke Konkurrenz zwischen ihnen, und es werden geheimnisvolle Fehden ausgetragen. Sie leben aus beruflichen Gründen untereinander im Krieg. Die Hexer nutzen normalerweise die vierte Dimension, um bestimmte künstliche Schlangen zu den Wohnungen ihrer Feinde zu teleportieren. Der Vorgang ist einfach und großartig zugleich. Das Material, das der Zauberer zur Herstellung der künstlichen Schlangen verwendet, ist eine Pflanzenfaser aus der äußeren Schale des Stammes der Bananenpflanze. Diese Faser wird zu einem kleinen Seil von einem oder zwei Meter Länge gedreht und wird so zu einer künstlichen Schlange. Der Zauberer macht in dieses Seil sieben Knoten, die die sieben Kirchen der Schlange symbolisieren; dann schreitet er umher, während er seine magischen Zauberformeln betet.

Der Höhepunkt dieser magischen Handlung ist der Moment, in dem der Zauberer dieses Seil aus Pflanzenfasern in Ekstase in die Luft schleudert. Dieses verwandelt sich zu einer Schlange, sobald es in die vierte Dimension eintritt. Das Schlimmste ist, dass diese fliegende Schlange wieder in die dritte Dimension zurückfällt, aber im weit entfernten Haus des verhassten Feindes. Meistens handelt es sich bei diesem um einen Konkurrenten des Gewerbes. Wenn das Opfer einen gut vorbereiteten Körper besitzt, kann ihm die Schlange nichts anhaben. Hat das Opfer jedoch keinen vorbereiteten Körper, dann beißt ihn die Schlange genau ins Herz und er fällt sofort tot zu Boden. Üblicherweise präparieren die Zauberer ihre Körper durch spezielle Kräuter, um sich gegen ihre Feinde zu schützen.

Die Pflanzenfasern, welche die Zauberer für ihre kriminellen Handlungen verwenden, heißt bei den Einheimischen „Majagua de Platano“. Zweifellos verwenden diese Zauberer die Kraft der Schlange der Versuchung des Paradieses (die absteigende Schlange), um ihre kriminellen Handlungen auszuführen.

Wenn diese Zauberer solche Wunderdinge vollbringen, wie zum Beispiel die Verwandlung einer Pflanzenfaser in eine fliegende Schlange, wie viel mehr kann ein weißer Magier mit seiner fliegenden Schlange vollbringen? Die fliegende Schlange des weißen Magiers ist Kundalini. Der weiße Magier ist tatsächlich eine Vogelschlange, eine Schlange, die fliegt.

Die sieben Zentren der Schlange sind allmächtig. Die Schlange mit Flügeln ist etwas Großartiges. Mit der Kraft der Vogelschlange kann sich der Magier jederzeit unsichtbar machen, in der vierten Dimension durch die Luft fliegen, vor den erstaunten Menschen erscheinen und verschwinden. Er kann Blitze, Donner und Stürme hervorbringen, Tote erwecken, Blei zu Gold verwandeln, Kranke durch Handauflegen heilen, am dritten Tag vom Grabe auferstehen und seinen Körper über Jahrmillionen erhalten. Die Vogelschlange ist unsterblich, allmächtig, weise, liebevoll und furchtbar göttlich.

Die Hüter der Mysterientempel sind Feuerschlangen. Mit der Kraft der Vogelschlange können wir uns auf andere Planeten des unendlichen Raumes begeben.

Die Doppelgänger

In all unseren Werken haben wir verschiedene Systeme gelehrt, um bewusst astral reisen zu können. Viele lernten es und viele nicht. Einige Personen lasen irgendeinen Schlüssel, der in unseren Büchern gegeben wurde, verstanden ihn und konnten ihn in der Praxis anwenden. Sie lernten sofort, astral zu reisen. Andere wiederum übten dieses oder jenes System, ohne irgendetwas erreicht zu haben.

In der Praxis fanden wir bestätigt, dass stark intellektuell orientierte Individuen voller Theorien und Bücherwissen (Bücherwürmer) nicht erreichen, willentlich astral zu reisen. Andererseits sehr einfache Menschen, demütige Bauern, Dienstmädchen, usw. haben wunderbaren Erfolg. Dieser Umstand gab uns zu denken und deshalb haben wir dieses Problem genau untersucht.

Tatsache ist, dass astrales Reisen keine intellektuelle Handlung ist. Astralreisen sind vielmehr dem Gefühl und den höheren Emotionen zuzuordnen. Diese Eigenschaften stehen in enger Beziehung zum Herzen und nicht zum Gehirn. Der Intellektuelle polarisiert sich zu sehr in seinem Denken und verlässt die Welt des Herzens. Das Ergebnis dieses fehlenden Gleichgewichtes ist der Verlust der psychischen Kräfte der Seele. Leider kann eine Fähigkeit ohne den Verlust einer anderen nicht erworben werden. Die Entwicklung des Intellektes geschieht auf Kosten der psychischen Fähigkeiten. Dies ist ein sehr schweres Problem, da wir auf keinen Fall Unwissenheit und Analphabetentum gutheißen können.

Es ist nur logisch, dass es einer intellektuellen Kultur bedarf. Unwissenheit führt zu sehr schweren Fehlern. Ein ignoranter Okkultist, der vielleicht Analphabet ist, kann ein Mythomane werden, ein Verleumder, oder im schlimmsten Fall sogar ein Mörder. In der Astralwelt finden wir die negativen, perversen Doppelgänger der Heiligen. Dem Engel Anael steht sein negativer Doppelgänger, der perverse, schreckliche Dämon Lilith gegenüber. Gegenüber Elohim Gibor steht der fürchterliche Dämon Andramelek. Jedem guten Bürger steht ein anderer, böser gegenüber. Das Schlimmste daran ist aber, dass dieser Doppelgänger genau gleich ist wie sein Gegenstück des Lichtes. Wenn ein Adept weiße Magie lehrt, wird sein Doppelgänger, der schwarze Adept, der ihm körperlich völlig gleicht, die gleichen Manieren, usw. hat, schwarze Magie lehren. Dies ist ein sehr großes Problem, der unwissende Okkultist kann sich sehr leicht ein „X“ für ein „U“ vormachen lassen, zum Verleumder rechtschaffener Menschen und, wir wiederholen es nochmals, sogar zum Mörderwerden.

Ein unwissender Okkultist sieht in der Astralwelt, wie ihn seine Frau mit irgendeinem seiner Freunde betrügt und kann, falls er zu Schizophrenie oder Neurasthenie neigt, beide töten. Seine Unwissenheit hindert ihn daran zu erkennen, dass er ein Doppelgängerpaar in einer verfänglichen Situation gesehen hat oder dass es sich um eine Begebenheit aus einer früheren Inkarnation handelte. Jemand ist eifersüchtig und verdächtigt seine Frau der Untreue mit einem Bekannten oder Unbekannten; er kann so seine Gedankenformen projizieren und diese Szenen in der Astralwelt sehen. Ist der Mensch ein Neurastheniker oder Schizophrener, ist er unwissend, beherrscht aber das Reisen im Astralkörper, kann er alles Gesehene für wahr halten und Mord oder Totschlag infolge seiner Eifersucht und seiner Visionen begehen. Durch seine Unwissenheit erkennt er nicht, dass er seine eigenen, unbewusst projizierten Mentalformen gesehen hat. All dies führt zu dem Schluss, dass intellektuelles Wissen notwendig ist.

Es ist daher von größtem Interesse zu wissen, wie wir die verlorenen psychischen Fähigkeiten wieder zurückerobern können. Ein Mensch mit einem brillanten, erleuchteten Intellekt, der alle psychischen Fähigkeiten voll entwickelt hat, ist daher in der Tat ein wahrhaft Erleuchteter.

Der Okkultist muss ein absolutes Gleichgewicht zwischen dem Verstand und dem Herzen erlangen. Wenn der Verstand in seinem Gehirn zu stark dominiert, wird ein willentliches astrales Reisen völlig unmöglich, da das Gleichgewicht fehlt.

Es ist daher dringend notwendig, dass die intellektuellen Okkultisten das Gleichgewicht zwischen dem Verstand und dem Herzen wieder herstellen. Glücklicherweise gibt es eine Technik, dieses verlorene Gleichgewicht wieder zu finden. Diese Technik ist die innere Meditation.

Allen Intellektuellen, die uns schreiben, dass sie mit den von uns gelehrten Methoden nicht astral reisen konnten, empfehlen wir dringend, täglich zu meditieren. Es ist dringend notwendig, den Wein der Meditation im Kelch der perfekten Konzentration zu trinken.

Die Kardia

Die Kardia ist das magnetische Zentrum des Herzens. Dieses Zentrum wird in den Versen 22-27 des „Shat Chakra Nirupana" wundervoll beschrieben, in denen es heißt:

„Der Lotos des Herzens hat die Farbe der Banadhuka Blume und auf seinen zwölf Blütenblättern befinden sich die Buchstaben Ka bis Tha mit Bindhu darüber, aus zinnoberroter Farbe.

Auf der Fruchthülle befindet sich der hexagonale Vayu Mandala aus rauchfarbenem Ton und darüber der Suryva Mandala mit dem Trikona, das leuchtet, als hätte es tausend Millionen schimmernder Strahlen in seinem Inneren.

Darüber ist der rauchfarbene Vayu Bija, auf einer Antilope sitzend, mit vier Armen und einen Stachelstock (Angkusha) in der Hand.

Auf Vayu Bijas Schoß sitzt der dreiäugige Isha.

Als Hangsa (Hangsabha) breitet er die Arme in einer Gaben verteilenden und Angst vertreibenden Geste aus.

Auf der Fruchthülle dieses Lotos und auf dem Lotos sitzend ist die Shakti Kakini.

Sie hat vier Arme und hält die Schlinge (Pasha) und den Totenschädel (Kapala) erhoben und macht Gaben verteilende und Angst vertreibende Gesten.

Sie hat eine goldene Farbe und gelbe, mit aller Art Schmuck dekorierte Kleidung und eine Knochenkette. Ihr Herz ist mit Nektar versüßt.

In der Mitte des Trikoma ist Shiva in der Gestalt des Vana Lingga mit dem Halbmond und dem Bindhu auf dem Kopf.

Er ist aus goldener Farbe. Sein Blick ist triumphierend und zeigt ungestümes Verlangen.

Unter ihm befindet sich der einem Jivatma gleichende Hangsa.

Er ist wie die stille Flamme einer Laterne.

Unter dem Prinzip dieses Lotos befindet sich der rote Lotos mit den acht Blütenblättern und der Blüte nach oben gedreht.

Auf diesem roten Lotos sind der Kalpa Baum, der juwelengeschmückte Altar mit Sonnendach und mit Fahnen dekoriert. Das ist der Ort des geistigen Kultes.“

Die indische Beschreibung dieses Chakras ist wundervoll. Sie erwähnt die Anzahl der Blütenblätter, das Prinzip der Luft (Vayu),

Shiva, die Sexualkraft, mit seinem Lingam und dem Halbmond, usw., usw. und weist auf das Herz als den Altar der mentalen Anbetung hin, das wunderbare Zentrum der Meditation. Allein über diese indischen Verse könnten Bände geschrieben werden.

Die Kardia ist das magnetische Zentrum und steht im Zusammenhang mit den Astralreisen. Wer die Fähigkeit des astralen Reisens erobern will, muss seine Vibration völlig ändern. Dies ist nur durch Entwicklung der Kardia möglich.

Astrales Reisen ist eher emotional und gefühlsmäßig.

Der kalte Intellekt hat nichts mit Astralreisen zu tun. Das Gehirn ist lunar. Das Herz ist solar.

Um bewusst astral reisen zu können, bedarf es der höheren Emotion, einer bestimmten Art der Emotivität, des Gefühles, einer ganz besonderen Supersensibilität sowie des Schlafes in Kombination mit der Meditation. Diese Eigenschaften erwirbt man nur durch die Entwicklung der Kardia.

„Shiva Samhita" sagt über die Kardia: „der Yogi erwirbt immenses Wissen, er kennt die Vergangenheit, die Gegenwart und die Zukunft; er erwirbt Hellhörigkeit, Hellsichtigkeit und kann nach Belieben durch die Luft fliegen. Er sieht die Adepten und die Yogini-Göttinnen; er erwirbt die Eigenschaft des Khechari und besiegt die Wesen, die sich in der Luft bewegen. Wer täglich über den okkulten Banalinga meditiert, erlangt ohne Zweifel die psychischen Eigenschaften, die Khechari (mit dem Astralkörper durch die Lüfte zu fliegen oder seinen Körper in den Jinas-Zustand zu versetzen) und Bhuchari (willentlich sich an jedem Ort der Welt zu begeben) genannt werden."

Übung

Der Schüler der Gnosis konzentriere sich auf sein Herz und stelle sich dabei Blitze und Donner vor, fliegende Wolken, die im Sonnenuntergang von starken Winden getrieben werden.

Dann visualisiere er Adler, die durch diesen unendlichen Raum schweben, der sich im tiefsten Inneren seines Herzens befindet. Er stelle sich die tiefen Wälder der Natur vor, voll Sonne und Leben; den Gesang der Vögel und das liebliche Zirpen der Grillen. Mit diesen Vorstellungen schlafe er ein und stelle sich vor, dass sich im Wald ein Thron aus Gold befindet, auf dem die Göttin Kakini, eine überaus göttliche Frau sitzt. Während er über all das meditiert, schlafe der Gnostiker ein, ständig diese Bilder visualisierend. Die Übung soll mindestens eine Stunde pro Tag dauern, aber wenn sie zwei, drei oder mehr Stunden währt, ist es noch besser. Sie kann in einem bequemen Stuhl sitzend oder auf dem Boden oder im Bett mit geöffneten Armen und Beinen liegend, in Form eines fünfzackigen Sternes, durchgeführt werden. Der Schlaf muss mit Meditation kombiniert werden. Man muss sehr viel Geduld haben. Durch unendliche Geduld entwickeln wir diese wunderbaren Fähigkeiten der Kardia. Die Ungeduldigen, die alles unverzüglich erreichen möchten, die nicht imstande sind, während des ganzen Lebens in ihren Bemühungen fortzufahren, ziehen sich besser zurück, da sie ungeeignet sind. Kräfte erwirbt man nicht spielend, alles hat seinen Preis. Nichts wird uns geschenkt.

Der Tempel des Schlangenvogels

Das Herz ist der Tempel des Schlangenvogels. Es ist unerlässlich, lieben zu wissen. Die Vogelschlange zelebriert im Tempel des ruhigen Herzens. Es ist dringend notwendig, von der Schlange verschlungen zu werden. Wer von der Schlange verschlungen wird, verwandelt sich wahrhaftig zu einer Vogelschlange. Nur durch die Sexualmagie und die Liebe des Herzens erwacht die Schlange, die uns anschließend verschlingt. Wenn die Schlange die Höhe des Herzens erreicht, empfängt sie die feurigen Flügel. So wird sie zur Vogelschlange.

Es ist äußerst wichtig, das Eheleben richtig leben zu wissen. Streitigkeiten zwischen Ehepartnern gehören in das Reich Satans. Satan kämpft gegen die Vogelschlange. Er will das große Werk zerstören. Wir müssen die Notwendigkeit begreifen, die Fehler des Ehepartners oder der Ehepartnerin zu tolerieren, niemand ist vollkommen. Die Arbeit in der feurigen Esse des Vulcanus ist viel wichtiger als alle Fehler des Ehepartners. Es ist eine Dummheit, den Verlust der gesamten Arbeit zu riskieren, um Satan zu erfreuen. Im Herzen ist der Tempel der gefiederten Schlange und wir dürfen diesen Tempel nicht durch eine Sünde gegen die Liebe profanieren. Der Pfad der perfekten Ehe ist der Weg der Weisheit und der Liebe.

Wir müssen bewusst lieben. Wir müssen unsere schlimmsten Feinde lieben und Böses mit Gutem vergelten. Indem wir so lieben, bereiten wir uns auf das Fest des stillen Herzens vor. Hermes Trismegistos sagt in seiner Smaragdtafel: „Ich gebe dir Liebe, in der die höchste Weisheit ist."

Andere Angstmacher

Viele Pseudo-Okkultisten und Pseudo-Esoteriker propagieren Angst vor dem bewussten Reisen mit dem Astralkörper. Das ist falsch und schadet dem großen Werk des Vaters, Menschen vor bewusstem Astralreisen Angst zu machen. Astral zu reisen ist überhaupt nicht gefährlich, denn alle Menschen reisen während der Stunden des normalen Schlafes mit dem Astralkörper. Leider reisen diese Menschen mit schlafendem Bewusstsein im Astralkörper. Die Menschen wissen nicht, wie man bewusst astral reist. Es ist völlig gefahrlos, sich seiner natürlichen Funktionen bewusst zu werden, wie zum Beispiel essen, trinken, heiraten und mit dem Astralkörper zu reisen. Alle diese Funktionen sind völlig normal.

Wäre astrales Reisen gefährlich, wie die Angstmacher behaupten, gäbe es keinen lebenden Menschen auf dieser Welt, denn jeder reist im Astralkörper, aber was schlimm ist, mit schlafendem Bewusstsein. Dennoch passiert nichts. Was dann?

Derzeit tritt der Planet Merkur aus einer kosmischen Nacht heraus.

In dem Masse, in dem er aus seiner Ruhepause austritt, werden die Hierarchen dieses Planeten aktiver. Die Herren des Planeten Merkur möchten den Erdbewohnern die praktische Kunst des willentlichen Ein- und Austretens aus dem physischen Körper beibringen. In Zukunft muss jeder Mensch bewusst im Astralkörper reisen können. Dies ist ein Gesetz der Natur, ein kosmisches Gesetz. Alles, was sich diesem Gesetz entgegenstellt, ist ein Delikt. Die Verbreiter dieser Art von Angst handeln unbewusst als Schwarzmagier, wenn sie diese Art der Angst verbreiten.

Das spezielle Ziel des universalen Geistes des Lebens besteht darin, in allen Dimensionen des Raumes bewusst zu werden. Am Anfang kennt sich der universale Geist des Lebens selbst nicht. Er ist glücklich, ist sich aber seines eigenen Glückes nicht bewusst. Glück ohne sich seiner selbst bewusst zu sein ist kein Glück. Der universale Geist des Lebens steigt sogar in die Materie herab, um sich seiner selbst bewusst zu werden. In der Morgenröte eines jeden Universums entsteigt die große Wirklichkeit ihrem eigenen Schoss und betrachtet sich selbst im lebendigen Spiegel der Natur. Auf diese Art erkennt sie sich selbst. So wird eine aktive mentale Vibration geschaffen, durch welche die große Wirklichkeit ihre unendlichen Bilder im kosmischen Szenario betrachtet. Diese von der Peripherie ausgehende Aktivität bewegt sich ins Zentrum und heißt universaler Verstand. Wir alle leben eingetaucht in diesen unendlichen Ozean des universalen Verstandes. Die intellektuelle Aktivität des universalen Verstandes entspringt einer zentripetalen Kraft. Jeder Aktion folgt eine Reaktion. Logischerweise reagiert die zentripetale Kraft, sobald sie im Zentrum auf Widerstand trifft. Es entsteht eine zentrifugale Kraft, die kosmische Seele. Diese vibrierende Seele ist der Mittler zwischen dem Zentrum und der Peripherie, zwischen dem universalen Geist des Lebens und der Materie, zwischen der großen Wirklichkeit und ihren kosmischen Abbildern.

Der große Meister Paracelsus sagte: „die Seele ist das Produkt der zentrifugalen Kraft der universalen Aktivität, angetrieben durch die zentripetale Kraft der Vorstellung des Universums.“

Der Mensch hat gegenwärtig in seinem Astralphantom nur einen Seelenembryo, der aber gestärkt und erweckt werden muss. Das Erwachen des kosmischen Bewusstseins im Menschen ist das großartigste Ereignis im Universum.

Zurzeit bemüht sich die große Weiße Loge besonders um das Erwecken des menschlichen Bewusstseins. Die Adepten kämpfen intensiv, um den Menschen das Reisen mit dem Astralkörper zu lehren. Sie wollen, dass die Menschen erwachen, und alles, was sich diesem großen Gesetz entgegenstellt, ist ein Delikt. Der Zweck des Absteigens des Geistes in die Materie ist Seele zu erschaffen und sich seiner selbst bewusst zu werden. Wenn wir unsere mentalen Kräfte nach innen, in unser eigenes inneres Zentrum richten, verursacht der Widerstand, auf den wir treffen eine Reaktion und je größer die angewandte zentripetale Kraft, desto stärker wird die daraus entstehende zentrifugale Kraft. So erschaffen wir Seele. So stärken wir den Seelenembryo und eines Tages schließlich, wenn wir als Vogelschlangen geboren werden, können wir die Gesamtheit der Seele in unserem Astralkörper vollkommen absorbieren und assimilieren.

Das Erwachen des Bewusstseins ist dringend notwendig. Wer lernt, willentlich und bewusst astral zu reisen, kann zu Füssen der großen Meister der Weisheit studieren. In der Astralwelt finden wir unseren Guru, der uns in den großen Mysterien unterweist. Wir müssen die Angst aufgeben, damit wir das Glück finden können, die Gefilde des Paradieses zu besuchen. Wir müssen die Angst überwinden, um das Glück zu haben, in die Tempel des Landes des goldenen Lichts einzutreten. Dort sitzen wir zu Füssen der großen Meister der Weißen Loge. Dort stärken wir uns für den schwierigen Pfad. Wir müssen uns während des Weges stärken, ausruhen, wir müssen direkte Unterweisungen von den Lippen unseres Gurus empfangen. Er, als liebevoller Vater, erwartet uns immer im Astralkörper, um uns zu trösten. Die Adepten sind wahre fliegende Schlange.

24. Das geheime Ägypten

Im alten Ägypten, im sonnigen Lande Kem, existierten die großen Mysterien der Gnosis. Wer nach dem Bestehen härtester Prüfungen in eine Einweihungsschule aufgenommen wurde, empfing von Mund zu Ohr das furchtbare Geheimnis des großen Arkanums (den Schlüssel der Sexualmagie).

Alle, die dieses Geheimnis empfingen, mussten Geheimhaltung schwören. Wer den Eid brach, war des Todes. Vor einer mit fremdartigen Hieroglyphen bedeckten Mauer wurde er hingerichtet. Er wurde enthauptet, das Herz wurde ihm aus dem Leib gerissen, sein Körper verbrannt und seine Asche in alle vier Winde verstreut.

Jeder, der während der heiligen Zeremonie das große Arkanum empfing, begann sofort mit der Vestalin des Tempels zu arbeiten. Im Tempel befanden sich viele Vestalinnen, die darauf vorbereitet worden waren, mit den unverheirateten Eingeweihten am großen Werk zu arbeiten.

Die verheirateten Eingeweihten praktizierten zu Hause mit ihren Priestergattinnen. Die Vestalinnen waren auf die Priesterschaft der Liebe vorbereitet. Sie hatten große Lehrerinnen, die sie gebührend unterwiesen, und wurden schwersten Prüfungen und Bußübungen unterworfen. Sie waren die heiligen Prostituierten, von denen viele Autoren sprechen. Heute wäre es absolut unmöglich, in den Tempeln solche Vestalinnen zu haben. Heute ist die Welt so korrumpiert, dass das Resultat nur darin bestünde mitzuhelfen, diese Welt noch mehr zu korrumpieren. Wir würden in der Tat zu Komplizen des Verbrechens.

Jene unverheirateten Eingeweihten, die im Verlauf der Geschichte erstrahlten, praktizierten in den Tempeln Sexualmagie mit diesen Vestalinnen. Auch Jesus musste in der Pyramide von Chefren Sexualmagie praktizieren. Dort rekapitulierte er seine gesamten Einweihungen. Viele werden über diese Aussage schockiert sein. Wir können diese Puritaner nicht kritisieren. Tatsächlich waren es die römisch-katholischen Priester, die Jesu entmenschlicht haben. Dies prägte sich derart in den Verstand der Menschen ein, dass selbst die Okkultisten an das falsche Bild eines verstümmelten, entmannten Jesus glauben. Tatsache ist, dass Jesus ein Mann im wahrsten Sinne des Wortes war. Ein wahrer Mann.

In der geheimen Freimaurerei des alten Ägyptens der Pharaonen gab es drei Grade: Lehrling, Geselle und Meister. Diese drei Grade stehen in Beziehung zu den ätherischen Kräften, die durch und um die Wirbelsäule eines jeden Menschen fließen.

Frau Blavatsky sagt darüber in der Geheimlehre Folgendes: „Die Schule jenseits des Himalaya [...] lehrt, dass sich Sushuma, die wichtigste der drei Nadis im zentralen Rückenmarkskanal befindet und Ida und Pingala (die beiden Zeugen der Apokalypse) links beziehungsweise rechts davon. Ida und Pingala sind einfach die Erhöhung und Erniedrigung um je einen halben Ton zu jenem Fa der menschlichen Natur, der, wenn in der richtigen Weise intoniert, die Schildwachen zu beiden Seiten erweckt, das geistige Manas und den physischen Kamas und das Niedere durch das Höhere unterwirft.

Reines Akasha strömt zu Sushumma (dem Rückenmarkskanal). Seine beiden Aspekte fließen in Ida und Pingala (das Paar der Sympathikus-Stränge, die sich um die Wirbelsäule winden). Dies sind die drei vitalen Lüfte des Lebens, die durch den Faden Brahmas symbolisiert und vom Willen beherrscht werden.

Wille und Verlangen sind der höhere und der niedrige Aspekt der gleichen Sache. Deshalb ist es so wichtig, die Kanäle zu reinigen. Von diesen drei Kanälen aus entsteht ein Kreislauf, der vom Zentralkanal aus den gesamten Körper durchdringt.

Ida und Pingala wirken auf die gekrümmte Wand der Wirbelsäule, in der sich Sushuma (der Rückenmarkskanal) befindet. Sie sind halbmateriell, positiv und negativ, Sonne und Mond, und aktivieren den freien und geistigen feurigen Strom von Sushuma. Jeder einzelne Kanal hat seinen eigenen Weg, da sie sonst über den ganzen Körper ausstrahlen würden."

In jenem alten Ägypten, das wuchs und reifte unter den schützenden Schwingen der elementalen Sphinx der Natur, war die Einweihungszeremonie etwas furchtbar göttliches. Sobald der ehrwürdige Meister das Schwert zum Zeichen der Aufnahme schwang, erhielten die Kanäle Ida und Pingala (die beiden Zeugen) sowie Sushumma und die darin zirkulierenden Kräfte einen enormen Impuls.

Im ersten Grad wirkte dieser Impuls nur auf die weiblichen mondhaften Ströme des Kanals Ida. Im zweiten Grad auf Pingala, die männliche Strömung, und im dritten Grad schließlich auf den feurigen Strom von Kundalini, der durch den Rückenmarkskanal von Sushumna fließt. Mit diesem dritten Grad blieb Kundalini erwacht. Wir erklären hiermit, dass diese drei Impulse in enger Beziehung zur Arbeit der Sexualmagie stehen, die der Eingeweihte mit der Vestalin des Tempels durchführte.

Diese Impulse wären nutzlos gewesen, wenn der Kandidat sich der Unzucht hingegeben hätte. Dies ist für Menschen, die intensiv Sexualmagie praktizieren.

Ida geht vom unteren Ende der Wirbelsäule aus, links von Sushumma und Pingala rechts davon. Bei der Frau sind diese Positionen umgekehrt. Die Kanäle enden in der Medulla oblongata. Dies wird durch den Merkurstab mit seinen beiden ausgebreiteten Flügeln dargestellt.

Die beiden Flügel des Caduceus des Merkur repräsentieren die Fähigkeit, im Astralkörper zu reisen, die Fähigkeit, im Mentalkörper zu reisen, die Fähigkeit, in den Kausal-, Bewusstseins- und spirituellen Vehikeln zu reisen. Das Feuer gewährt allen, die dem Pfad auf des Messers Schneide folgen die Fähigkeit, willentlich den physischen Körper zu verlassen. Kundalini hat die Macht, das Bewusstsein des Menschen zu erwecken. Mit dem Feuer bleiben wir in den höheren Welten wach. Alle, die in den höheren Welten erwachten, leben während der Stunden des Schlafes absolut bewusst außerhalb ihres physischen Körpers. Wer sein Bewusstsein erweckt, wird nie wieder schlafen. Solche Menschen werden in der Tat zu vollkommen bewussten Bewohnern der höheren Welten. Sie arbeiten mit der Weißen Loge, während ihr physischer Körper schläft. Sie sind Diener der großen Weißen Bruderschaft.

Wir weisen darauf hin, dass Ida und Pingala nicht physisch sind.

Kein Arzt könnte sie mit dem Skalpell entdecken. Ida und Pingala sind halb ätherisch, halb physisch.

Die großen Mysterien des alten Ägypten sowie die Mysterien von Mexiko, Yucatan, Eleusis, Jerusalem, Mithras, Samothrake usw. stehen in enger Beziehung zueinander und sind absolut sexuell.

Bittet und es wird euch gegeben. Klopfet an und es wird euch aufgetan. Die großen Eingeweihten geben immer Antwort. Die Hüter der elementalen Sphinx der Natur antworten immer.

Jeder, der Sexualmagie praktiziert, muss um das Feuer bitten. Bittet die Hüter der Sphinx, ruft den Gott Agni an. Dieser Gott stellt die Feuerkraft in jedem der sieben Körper wieder her.

Es gibt fünf heilige Einweihungen des Feuers. Die Erste repräsentiert das Hinausgehen desjenigen, der bereits in den Strom eintrat, der zum Nirvana führt. Die Fünfte repräsentiert den Eintritt in den Tempel, der auf dem Gipfel des Berges errichtet wurde. Mit der ersten Einweihung verlassen wir den üblichen Pfad, mit der Fünften betreten wir den geheimen Tempel.

25. Das Verhängnis

Zu Beginn des schwarzen Zeitalters schlössen sich die Türen der Einweihungsschulen. Dies war das Verhängnis. Seit damals wurden die großen schwarzen Logen, die im archaischen Dunkel der alten Zeiten entstanden, immer aktiver. Die Grenze des Lichtes ist die Dunkelheit. Neben jedem Tempel des Lichtes existiert ein Tempel der Finsternis und wo das Licht heller scheint, werden die Schatten dichter.

Die Einweihungsschulen von Ägypten, Griechenland, Indien, China, Mexiko, Yucatan, Peru, Troja, Rom, Karthago, Chaldäa usw. hatten ihre gefährlichen Gegenpole, ihre verhängnisvollen Antithesen, finstere Schulen der schwarzen Magie, fatale Schatten des Lichtes.

Diese Schulen der schwarzen Magie sind die Schatten der Einweihungsschulen. Als die Einweihungsschulen geschlossen wurden, nahm die Aktivität dieser verhängnisvollen Schulen enorm zu.

Es ist nicht weiter verwunderlich, dass man in den Höhlen der schwarzen Logen Bezeichnungen, Wissenschaften und Rituale vorfindet, die jenen der Einweihungsschulen äußerst ähnlich sind. Dies verwirrt die Suchenden auf dem Weg. Es liegt in der Natur der Sache, dass der Schüler das Ungewöhnliche, Exotische, das Ferne, das Unmögliche liebt. Wenn er nun einen Schwarzmagier dieser Art findet, der von den Mysterien der Ägypter, der Mayas, Azteken, Inkas, Griechen, Chaldäer, Perser usw. spricht, glaubt er naiverweise er habe das große Los gezogen und begibt sich in die Hände des Schwarzmagiers in der Meinung, es handle sich um einen weißen Meister.

Überall, wo es Einweihungsschulen gab, gab es auch sehr viele Schwarzmagier. Sie sind die Antithesen der Einweihungsschulen. Sie sprechen wie Meister und geben sich als Eingeweihte jener Schulen aus. Niemals sagen sie etwas, das Verdacht erwecken könnte. Sie zeigen sich gütig und demütig, verteidigen das Gute und die Wahrheit, nehmen eine äußerst mystische Haltung ein usw.

Unter solchen Bedingungen liegt es auf der Hand, dass der naive und unerfahrene Schüler den Weg auf des Messers Schneide verlässt und sich völlig in die Hände dieser Wölfe im Schafspelz begibt. Das ist das Verhängnis.

Derartige Schulen der schwarzen Magie gibt es überall. Erinnern wir uns an die abtrünnige Sekte der Mayas. Ihre Eingeweihten wurden aus der weißen Loge der Mayas ausgeschlossen. Sie sind Schwarzmagier. Diese Schule hat sich zwischen Yucatán und Guatemala niedergelassen. Zurzeit sind Vertreter dieser Maya-Schule der schwarzen Magie in Mexiko und Guatemala sehr aktiv. Doch wer würde es wagen, an diesen Bewohnern der Dunkelheit zu zweifeln, die sich selbst Prinzen der Mayas und große Priester nennen? Sie sprechen noch mit großer Verehrung von Teotl, dem höchsten Gott, dem Schöpfer und Erhalter der Welt.

Bei dem Gedanken an Bacabes, die Trinität der Mayas, und an Camaxtle, dem Bestrafer der Bösen, usw. geraten sie in Ekstase. Unter solchen Umständen ist es äußerst schwierig, solche Finstere zu entdecken. Wenn sich der Schüler in ihre Hände begibt, wird er zu ihrem Tempel gebracht und dort eingeweiht. Er wird so ganz arglos zum Schwarzmagier. Ein Anhänger wird unter diesen Umständen niemals zugeben, ein Schwarzmagier zu sein. Der Abgrund ist voll von ehrlich sich Irrenden und Menschen mit den besten Absichten.

So erschienen sowohl an den Ufern des Nils als auch im heiligen Land der Veden viele Schwarzmagier dieser Art. Sie sind zurzeit sehr aktiv und versuchen alles, um die Zahl ihrer Schüler zu vergrößern.

Wenn der Schüler einen Schlüssel möchte, mit welchem diese Bewohner des Schattens entlarvt werden können, so geben wir ihm gern einen. Sprecht mit ihnen über weiße Sexualmagie ohne Samenausstoß. Erwähnt die wissenschaftliche Keuschheit; sage ihnen, dass du nie den Samen verlierst: dies ist der Schlüssel. Ihr könnt sicher sein, dass die betreffende Person, wenn sie ein Schwarzmagier ist, mit allen Mitteln versuchen wird, euch davon zu überzeugen, dass die Sexualmagie für die Gesundheit schädlich und der Samenausstoß eine biologische Notwendigkeit sei.

Hütet euch, liebe Schüler, vor solchen Menschen, die euch raten, den Kelch des Hermes zu verschütten. Sie sind Schwarzmagier. Lasst euch weder von ihren süßen Worten noch ihren exotischen Manieren oder ihren seltenen Namen verführen. Jeder Schüler, der den Kelch des Hermes verschüttet, fällt unweigerlich in den Abgrund des Verhängnisses. Seid wachsam. Erinnert euch daran, dass der Pfad der Perfekten Ehe der Pfad auf des Messers Schneide ist.

Dieser Pfad ist innen und außen voller Gefahren. Viele beginnen, aber es ist schwierig jemanden zu finden, der den Pfad nicht verlässt.

Ich erinnere mich an den Fall eines Eingeweihten aus der Zeit des Grafen Cagliostro. Jener Schüler praktizierte intensiv mit seiner Frau Sexualmagie und als natürliche Folge erwarb er Grade, besondere Kräfte, Einweihungen, usw. Alles ging sehr gut, bis er eines Tages aus Schwäche einem Freund, ebenfalls einem Okkultisten, seine intimen Angelegenheiten erzählte. Der sogenannte Freund war schockiert und mit größter Gelehrsamkeit riet er dem Eingeweihten, die Praxis der Sexualmagie ohne Samenausstoß aufzugeben. Die Lehren des irrenden Freundes überzeugten den Eingeweihten. Er praktizierte von da an Sexualmagie unter Verschüttung des Kelches des Hermes. Das Ergebnis war schrecklich. Die Kundalini des Eingeweihten stieg bis zum magnetischen Zentrum im Steißbein ab. Er verlor Grade und Kräfte, Schwert, Tunika und heiliges Gewand. Es war ein wahres Desaster. Das ist das Verhängnis.

Man muss wissen, dass die Schwarzmagier es lieben, den Verstand zu stärken. Sie versichern, dass nur durch den Verstand der Mensch Gott gleichen könne. Die Magier der Finsternis empfinden tödlichen Hass gegen die Keuschheit. Millionen von Schülern des Pfades verließen den Weg der Perfekten Ehe, um Schüler der schwarzen Loge zu werden.

Oft werden die Schüler des Okkultismus vom Eigenartigen, Neuen, Mysteriösen angezogen, und wenn sie einen dieser eigenartigen Magier finden, begeben sie sich sogleich in seine Hände, wie eine gewöhnliche Prostituierte des Verstandes.

Das ist das Verhängnis.

Wer als kosmischer Engel geboren werden möchte, wer sich wahrhaftig in einen Engel mit Macht über das Feuer, die Luft, das Wasser und die Erde verwandeln will, wer zu einem Gott werden möchte, darf nicht in die Falle all dieser gefährlichen Versuchungen gehen.

Es ist sehr schwer, Personen zu finden, die derart beständig und ausdauernd sind und den Weg der Perfekten Ehe niemals verlassen. Der Mensch ist sehr schwach. Das ist das Verhängnis.

„Denn viele sind berufen, aber wenige sind auserwählt."

Wenn wir erreichen, dass einige wenige Wesen sich in den engelsgleichen Zustand erheben, sind wir zufrieden.

Die Liebe, der einzige Weg der Rettung

Die Feinde der Liebe nennen sich Unzüchtige. Sie verwechseln Liebe mit Begehren. Jeder Magier, der den Ausstoß des Samens lehrt, ist ein Schwarzmagier. Jeder Mensch, der seine Samenflüssigkeit verliert, begeht Unzucht. Es ist unmöglich, die innere Selbstverwirklichung zu erreichen, solange man das tierische Verlangen nicht getötet hat. Jene, die den Kelch des Hermes verschütten, sind unfähig zu lieben. Die Liebe und das Verlangen sind unverträglich. Wer den Kelch des Hermes verschüttet ist ein Opfer tierischer Begierde. Die Liebe ist unvereinbar mit der Begierde und der Unzucht.

Sufismus

Die höchste mohammedanische Mystik ist der Sufismus der Perser. Er hat das Verdienst gegen den Materialismus und den Fanatismus sowie auch gegen die wortwörtliche Interpretation des Korans zu kämpfen. Die Sufis interpretieren den Koran von einem esoterischen Standpunkt aus, genau wie wir Gnostiker das Neue Testament.

Was die Menschen des Westens in der orientalischen Religiosität und in der Mystik der Sufis am meisten desorientiert ist die eigenartige und mysteriöse Mischung der Erotik mit der Mystik. Die christliche Theologie betrachtet das Fleisch als Feind des Geistes, aber in der islamischen Religion sind Fleisch und Geist zwei Substanzen der gleichen Energie. Zwei Substanzen, die einander helfen müssen. Dies verstehen nur Menschen, die positive Sexualmagie praktizieren. Im Osten werden Religion, Wissenschaft, Kunst und Philosophie in einer erotischen sexuellen Sprache gelehrt. „Mohammed verliebte sich in Gott“, sagen die arabischen Mystiker. „Wähle für dich eine neue Gattin jeden Frühling des neuen Jahres, denn der Kalender des alten Jahres ist nicht gut“, sagt ein persischer Poet und Philosoph.

Wer das „Hohelied Salomons“ genau studiert, findet auch jene liebenswerte Mischung von Mystik und Erotik, die die Infrasexuellen so schockiert.

Wahre Religion kann auf die Erotik nicht verzichten, das wäre ihr Tod. Viele Mythen und Legenden der Antike basieren auf der Erotik. Liebe und Tod stellen in der Tat die Grundlage jeder authentischen Religion dar.

Die Sufis, persische Poeten, schrieben über die Liebe Gottes in Worten, die auf wunderschöne Frauen angewandt werden können. Die Infrasexuellen empfinden dies als Skandal. Die Idee des Sufismus ist die liebevolle Vereinigung der Seele mit Gott.

Tatsächlich kann nichts die liebevolle Vereinigung der Seele mit Gott besser erklären als das Beispiel der liebevollen sexuellen Vereinigung des Mannes mit der Frau. Dies ist die brillante Idee des Sufismus. Wenn man von der Vereinigung Gottes mit der Seele sprechen möchte, müssen wir dies in der erotischen Sprache der Liebe und Sexualität tun. Nur so können wir sagen, was wir sagen müssen.

Die symbolische Sprache der Sufis verfügt über eine wundervolle Ausdrucksweise. Schlaf bedeutet bei ihnen Meditation. Meditation ohne Schlaf schädigt in der Tat den Verstand. Das weiß jeder wahre Eingeweihte. Man muss den Schlaf mit der Meditation kombinieren. Das wissen die Sufis. Das Wort Parfüm ist das Symbol für die Hoffnung auf göttliches Wohlwollen; Küsse und Umarmungen bedeuten für sie die Verzückungen der Frömmigkeit; Wein ist das Symbol für geistige Erkenntnis, usw.

Die Dichter der Sufis besangen die Liebe, die Frauen, die Rosen und den Wein, obwohl viele von ihnen das Leben eines Eremiten führten.

Die sieben mystischen Zustände, wie sie von den Sufis beschrieben werden, sind etwas Großartiges. Es gibt bestimmte chemische Substanzen, die mit den mystischen Zuständen in enger Beziehung stehen: Lachgas und Äther; besonders das Lachgas stimuliert bei genügender Vermischung mit Luft in hohem Maße das mystische Bewusstsein.

Wir müssen erkennen, dass die heutige Menschheit unbewusst ist. Die Leute sind nicht imstande, die höheren Dimensionen des Raumes zu erkennen. Es ist daher ein dringendes Gebot, das Bewusstsein zu erwecken und dies ist nur während der Ekstase möglich. Wenn wir mit dialektischer Logik die Ekstase analysieren, entdecken wir, dass sie sexuell ist. Werden die gleichen sexuellen Energien, die sich in erotischen Wonnen manifestieren, transmutiert und sublimiert, erwecken sie das Bewusstsein und erzeugen die Ekstase.

Das Verhängnis ist die Ekstase zu verlieren, wieder in das Unbewusstsein zu fallen. Dies tritt ein, wenn wir den Kelch des Hermes verschütten.

Ein großer Meister sagte: „Im sexuellen Impuls tritt der Mensch in die persönlichste Beziehung zur Natur. Der Vergleich des Gefühls der Frau, das der Mann erfährt oder umgekehrt, mit dem Einklang der Natur ist tatsächlich dasselbe Gefühl, das uns der Wald, die Ebene, das Meer, die Berge, usw. schenkt. Nur ist es in diesem Falle noch intensiver, erweckt tiefere innere Stimmen und bringt die intimsten Saiten zum Erklingen.“ So erreichen wir die Ekstase.

Die fundamentalen Prinzipien der Ekstase, der mystischen Erfahrung liegen in der dialektischen Logik. Diese Logik darf niemals verletzt werden. Denken wir zum Beispiel über die Einheit der Erfahrung nach. Dieses Prinzip existiert sowohl bei den Mystikern des Ostens als auch des Westens, bei den Hierophanten Ägyptens, bei den weisen Sufis, bei den Magiern der Azteken.

Während der Ekstase sprechen die Mystiker die gleiche Universalsprache, verwenden die gleichen Worte, und sie fühlen sich mit der gesamten Schöpfung verbunden. Die heiligen Schriften aller Religionen zeigen die gleichen Grundlagen. Dies ist dialektische Logik. Eine höhere Logik. Dies zeigt deutlich, dass die Mystiker aller Länder der Welt aus dem gleichen Brunnen des Lebens trinken. Die Bedingungen der Ursachen der Welt, ein weiteres Prinzip der dialektischen Logik, zeigen mit genauer Übereinstimmung der Daten, die Exaktheit und Präzision, Realität und Wahrheit der Ekstase. Die Mystiker aller Religionen der Welt stimmen in ihren Feststellungen über die Beschaffenheit der Ursachen der Welt völlig überein; die Übereinstimmung ist vollkommen.

Die Einheit des Lebens ist ein weiteres Prinzip der dialektischen Logik. Jeder Mystiker fühlt in der Ekstase die Einheit des Lebens. Die Mathematik des Unendlichen und die der dialektischen Logik können niemals irren. Wer den Kelch des Hermes verschüttet, verliert die Ekstase; seine Visionen sind nicht mehr innerhalb der dialektischen Logik angesiedelt; dennoch hält er sich für supertranszendiert; er verletzt die Prinzipien der dialektischen Logik und fällt in den Wahnsinn des Absurden. Das ist das Verhängnis.

Jeder Schüler der Gnosis muss den schwarzen Tantrismus und alle jene meiden, die schwarze Sexualmagie lehren, wenn er nicht in den Abgrund des Verhängnisses fallen will.

Die Abtrünnigen jener alten archaischen Schulen sind in diesem finsteren Zeitalter des Kali-Yuga äußerst aktiv.

In der gegenwärtigen Epoche unternehmen die Schwarzmagier enorme Anstrengungen, mit dem Ziel falsche Erkenntnisse im beginnenden Zeitalter durchzusetzen. Sie wollen den Triumph der schwarzen Loge.

Infrasexualität im Yoga

Die sieben Schulen des Yoga sind archaisch und großartig, aber sie konnten den Absichten der schwarzen Loge nicht entgehen. Es gibt zur Zeit viele Infrasexuelle, die Jünger suchen und Yogaschulen gründen. Diese Individuen hassen den Weg der Perfekten Ehe. Sie verabscheuen die weiße Sexualmagie. Einige von ihnen lehren schwarzen Tantrismus; das ist das Verhängnis.

Wahrer Yoga basiert auf weißer Sexualmagie. Yoga ohne Sexualmagie ist eine infrasexuelle Lehre, passend für Infrasexuelle.

Im *Kama-Kalpa* und im tantrischen Buddhismus finden sich die wahren Grundlagen des Yoga.

Ahamkara und Maithuna sind wahrhaftig die Grundlagen des echten Yoga. Ahamkara (Auflösung des Ego) und Maithuna (Sexualmagie) sind die wahre Synthese des Yoga.

Wer sich einmal in einem buddhistischen Zen-Kloster aufhielt weiß sehr wohl, dass Maithuna und die Auflösung des wiederkehrenden Egos die Grundlagen des Yogis Babaji sind. Er war nicht ledig. Wer glaubt, dass Mataji seine leibliche Schwester sei, irrt sich. Mataji ist seine Priestergattin.

Mit ihr hat er sich selbstverwirklicht.

Der indische Buddhismus, sowie auch der Zen- und Chan-Buddhismus sind tantrisch. Ohne weißen Tantrismus ist Yoga zum Scheitern verurteilt. Das ist das Verhängnis.

Der chinesische und der japanische Buddhismus sind völlig tantrisch. Es besteht kein Zweifel, dass der Chan- und Zen-Buddhismus wirklich den Weg der inneren Selbstverwirklichung gehen.

Im geheimen Tibet ist der Tantra-Yoga großartig. Die großen Meister Tibets praktizieren Sexualmagie. Ein sehr guter Freund von mir schrieb mir aus Indien Folgendes: „Im indischen und tibetanischen Tantrismus wird positiver Tantra-Yoga (Maithuna) ohne Samenausstoß praktiziert. Nach einer bestimmten Vorbereitung lernt das Paar unter Anleitung eines erfahrenen Guru die Praktiken des Laya-Kriya gemeinsam. Dann geht man zum tantrischen Sadhana über, wobei der Mann das Glied in die Scheide seiner Frau einführt. Dies erfolgt nach einem intensiven Austausch von Zärtlichkeiten. Der Mann sitzt mit gekreuzten Beinen und die Frau nimmt den Phallus auf. Das Paar verbleibt für eine lange Zeit im Konnubium, ohne sich zu bewegen und versucht zu verhindern, dass das Ego und das analytische Bewusstsein eingreifen, um so die Natur ohne Interferenz wirken zu lassen. Ohne Erwartung eines Orgasmus werden so die erotischen Ströme aktiviert und führen zur Ekstase. In diesem Moment wird das Ego aufgelöst (zieht sich zurück) und Verlangen wird zu Liebe verwandelt. Intensive Ströme, ähnlich den elektromagnetischen durchfließen die Körper und bewirken ekstatische Effekte. Ein Gefühl unsagbaren Glückes ergreift den Organismus und das Paar erfährt die Ekstase der Liebe und der kosmischen Vereinigung.“

Bis hierher der Bericht meines Freundes, dessen Namen ich nicht nennen möchte. Die Infrasexuellen des Yoga werden diesen Bericht zweifellos hassen. Sie arbeiten mit Yoga, um die Anzahl der infrasexuellen Fanatiker zu erhöhen. Dies ist das Verhängnis.

Yoga ohne Sexualmagie ist wie ein Garten ohne Wasser, ein Auto ohne Benzin oder ein Körper ohne Blut. Das ist das Verhängnis.

Magie der Azteken

In den gepflasterten Höfen der Azteken blieben Männer und Frauen lange Zeit nackt; sich küssend und Zärtlichkeiten austauschend, praktizierten sie Sexualmagie. Wenn der Eingeweihte das Verbrechen beging, den Kelch des Hermes zu verschütten, wurde er zum Tod verurteilt, da er den Tempel entweiht hatte. Der Delinquent wurde enthauptet. Dies ist das Verhängnis.

26. Totemismus

Die unwissenden Tiere des dialektischen Materialismus kritisieren den Totemismus, lachen darüber, ohne ihn im geringsten zu verstehen. Wir Gnostiker verstehen die Größe des Totemismus und wissen, dass seine Lehren auf den grundlegenden Prinzipien des Okkultismus basieren.

Die Totemisten kennen sehr genau das Gesetz der Reinkarnation sowie auch jene Gesetze, welche die Evolution jeder lebenden Spezies regieren. Sie wissen, dass Karma das Gesetz von Ursache und Wirkung ist. Sie wissen, dass alles Lebendige dem Karma unterworfen ist.

Die großen Eingeweihten des Totemismus haben mit der Macht ihrer Hellsichtigkeit das innere Leben alles Erschaffenen untersucht; auf diesen wissenschaftlichen Untersuchungen basieren ihre doktrinären Prinzipien, welche die unwissenden Tiere des Materialismus überhaupt nicht kennen.

Die Totemisten erkennen wissenschaftlich, dass jedes Atom eines Minerals der physische Körper eines intelligenten Elementargeistes ist. Die Totemisten wissen, dass dieser Mineral-Elementargeist sich entwickelt, bis er zur Seele einer Pflanze wird.

Die Seelen der Pflanzen sind die pflanzlichen Elementargeister, die Paracelsus für seine Heilungen nutzen konnte. Mit diesen Naturgeistern können Gewitter und Erdbeben hervorgerufen werden, wir können mit ihnen aber auch auf große Entfernung heilen.

Die Elementargeister der Pflanzen sind allmächtig, da sie sich niemals der Unzucht hingaben und so Kundalini entwickeln konnten.

Die Totemisten wissen, dass diese Elementargeister in ihrer Evolution später zu Elementargeistern von Tieren werden.

Die großen Magier kennen die Magie der tierischen Elementargeister und können mit ihnen wahre Wunder vollbringen.

Die Totemisten wissen, dass die tierischen Elementargeister sich in menschliche Wesen verwandeln, wenn sie die höchste Stufe ihrer Evolution erreichen. Jeder tierische Elementargeist, der entsprechend fortgeschritten ist, reinkarniert schließlich in einem menschlichen Körper.

Die Priester der Totemisten sagen mit großer Weisheit, dass ein Mensch, der Böses tut, durch das Gesetz der Involution zurückfallen kann, zurück schreitet, bis er wieder als Tier geboren wird. Dies ist die Wahrheit. Jedes pervertierte menschliche Wesen kehrt in den tierischen Zustand zurück. Er kann oft als Tier inkarnieren und wird auf der Astralebene ebenfalls zum Tier. Diese Feststellung des Totemismus ist wahr. Außerdem ist es auch zutreffend, dass perverse Menschen sich tatsächlich in Körpern wilder Tiere reinkarnieren können.

Es gibt auch andere Fälle, in denen die reine Seele eines Heiligen in einer Tiergattung inkarniert, um ihr zu helfen und sie auf eine höhere Bewusstseinsstufe zu erheben. Die Grundsätze des Totemismus sind zutreffend.

Die Totemisten kennen das Karma-Gesetz sehr genau und wissen, dass das Schicksal eines jeden Menschen das Ergebnis des Karmas seiner früheren Leben ist.

Bei Stämmen, die Anhänger des Totemismus sind, wird traditionsgemäß ein bestimmter Elementargeist des Mineral- oder Pflanzenreiches verehrt, den sie aus direkter Erfahrung kennen. Üblicherweise hat dieser Elementargeist dem Stamm viele Dienste geleistet. Wenn das Totem ein Baum ist, werden in seinen Stamm menschliche Figuren geschnitzt. Jetzt wir eine Erklärung für all jene Mythen und Fabeln, in denen von eigenartigen Wesen gesprochen wird, die halb Mensch und halb Tier sind, wie zum Beispiel Kentauren, Minotauren, Sphinxe usw. Diese fremdartigen Bilder des Totemismus sind wahre Schatztruhen, in denen sich Juwelen der Weisheit befinden, die die Ignoranten des Materialismus überhaupt nicht kennen. Diese materiellen Tiere können nur lachen. Victor Hugo sagte: „Wer über etwas lacht, das er nicht kennt, befindet sich auf dem Weg zum Idioten."

Im Totemismus ist es verboten, ein Tier, das als Totem gilt, zu töten. Es wurde aus seinen Artgenossen ausgewählt und gesalbt, da es bestimmte geheime Merkmale in sich vereinigt, die nur Hellsichtige erkennen können. Die weisen Priester der Totemisten verehren den tierischen oder pflanzlichen Elementargeist, der als Instrument der

Göttlichkeit dient. Das ausgewählte Wesen wird äußerst behütet und sein Tod ist nur durch eine sehr heilige Liturgie und eine allgemeine Trauer während einiger Tage möglich. Dies verstehen die ignoranten Zivilisierten nicht, da sie sich von der großen Natur getrennt haben. Die Priester des Totemismus jedoch verstehen dies sehr wohl.

In allen religiösen Kulten finden wir Spuren des Totemismus: Die Inder verehren die weiße Kuh, die Chaldäer das demütige Schaf, die Ägypter den Stier, die Araber das Kamel, die Inkas das Lama, die Mexikaner den Hund und den Kolibri und im ursprünglichen gnostischen Christentum verehrte man das Lamm, den Fisch und die weiße Taube als Symbol des Heiligen Geistes.

Bestimmte Elementargeister des Pflanzen- oder Tierreiches wurden immer verehrt. Wir müssen erkennen, dass diese Elementarwesen allmächtig sind, da sie den Garten Eden nicht verlassen haben.

Die großen Elementargeister sind wahre Engel, die auf der ätherischen Ebene oder in der Region der Magnetfelder für die gesamte Menschheit arbeiten.

Die Elementargeister vermehren sich durch das System der Sexualmagie. Unter ihnen gibt es den heiligen Koitus und der Samen dringt in die Gebärmutter ein, ohne dass es nötig wäre, den Samen auszustoßen. Jedes Tier ist der physische Körper eines Elementargeistes.

Jede Pflanze ist der physische Körper eines Elementargeistes. Diese Naturgeister sind heilig und vollbringen wahre Wunder im Paradies. Die mächtigsten unter ihnen werden als Totem verehrt.

Sobald der Mensch lernt, sich zu vermehren, ohne den Samen zu verlieren, tritt er ins Paradies ein. Dort lernt er dann die Elementarwesenheiten des Totem kennen. Diese Geschöpfe sind unschuldig.

Die tierischen Elementargeister sind an sich unschuldig. Einige allerdings verlieren törichterweise ihren Samen, da aber ihr göttlicher Funke noch unschuldig ist, können sie nicht als schuldig gelten. Dieser Funke hat sich noch nicht inkarniert; es ist ein Wesen, das seine Fahrzeuge noch nicht in Besitz genommen hat, sein Feuer zurückhält, noch kein Bewusstsein seiner selbst hat; nur sein Schatten, sein Ego in potentiellem Zustand, nimmt einen Körper an.

Reiner und schöner dagegen ist der Elementargeist der Pflanzen. Diese Naturgeister reproduzieren sich wie die Götter. Unter ihnen gibt es die Perfekte Ehe.

Auch unter den Elementargeistern der Mineralwelt finden wir die Perfekte Ehe. Sie lieben einander und vermehren sich, sie haben Kinder, ihre eigene Sprache und ihre Bräuche; sie verlieren keine Samenflüssigkeit, sie sind vollkommen, perfekter als die tierischen Elementargeister, von denen sie sich dadurch unterscheiden, dass sie niemals ihre Samenflüssigkeit verlieren.

Die Elementargeister leben glücklich im Garten Eden. Jeder, der den Weg der Perfekten Ehe geht, tritt in das Paradies ein.

Wer das heilige Feuer vollständig entwickelt, tritt in das Paradies ein. Die vollständige Entwicklung von Kundalini ermöglicht uns den Besuch des Paradieses mit unserem ätherischen Körper.

Das Paradies ist die ätherische Ebene. Eine Region von intensiver azurblauer Farbe, in der das Glück herrscht. Im Garten Eden leben jene, die zu lieben lernten.

Die Götter des Totem

Die Götter existieren und im Christentum werden sie als Engel, Erzengel, Seraphim, Tugenden, Throne usw. verehrt.

Die Ignoranten des Materialismus glauben, dass der Mensch aus Furcht die Götter des Feuers, der Luft, des Wassers und der Erde schuf. Dieses Konzept der illustren Ignoranten des Materialismus ist absolut falsch. Bald wird es eine spezielle Linse geben, mit der man die Aura, den Astralkörper, die Astralwelt, die desinkarnierten Egos und die Götter der Astralwelt sehen kann.

Alle törichten Behauptungen der illustren Ignoranten werden so zu Staub zerfallen. Der Mensch wird wieder die erhabenen Götter anbeten und verehren. Sie existierten bereits, ehe diese Welt erschaffen wurde.

Elementargeister

Paracelsus sagt, wir müssen die Elementargeister der Natur vor den Wagen der Wissenschaft spannen, um durch die Lüfte zu fliegen und auf dem Adler zu reiten, auf den Wassern zu gehen und uns in Augenblicken zu den entferntesten Orten der Erde zu begeben.

Es gibt Elementargeister, die uns bei Astralreisen helfen. Erinnern wir uns an den Elementargeist der Datura, der Engelstrompete, der Nachtblume, wie sie in verschiedenen Ländern genannt wird. Dieser Elementargeist kann den Menschen in den Astralkörper bringen. Der Schüler der Gnosis braucht nur ständig eine solche Pflanze in seinem Haus zu haben. Man muss sich die Zuneigung des Elementargeistes erwerben.

In der Nacht konzentriere sich der Schüler auf den Elementargeist der Pflanze, vokalisiere immer wieder die Silbe KAM.... und schlafe dann ein, indem er den Elementargeist des Baumes bittet, ihn aus dem physischen Körper herauszuziehen und ihn im Astralkörper an irgendeinen fernen Ort der Welt oder des unendlichen Kosmos zu bringen. Der Elementargeist hilft ganz sicher all jenen, die ihn mit Glaube und Liebe darum bitten.

Dieser Baum ist in Peru als Floripondo (Engelstrompete) bekannt; in Bolivar, Kolumbien als Higanton. Viele Menschen haben bei diesen Übungen sofort Erfolg, da sie hypersensibel sind; andererseits gibt es auch Menschen ohne hypersensible Veranlagung. Diese Personen müssen sehr viel üben, um Erfolg zu haben.

27. Heilige Phalluskulte

Jede Religion ist sexuellen Ursprungs. In Afrika und Asien ist die Verehrung von Lingam Yoni oder Pudenda gang und gäbe. Der geheime Buddhismus ist sexuell. Im Zen-Buddhismus wird die Sexualmagie in der Praxis gelehrt. Der Buddha lehrte im Geheimen Sexualmagie. Es gibt viele phallische Gottheiten. Shiva, Agni und Shakti in Indien sind phallische Gottheiten.

Legba in Afrika; Venus, Bacchus, Priapos und Dionysos in Griechenland und Rom waren phallische Gottheiten.

Die Juden hatten phallische Götter und heilige Wälder, die dem Sexualkult geweiht waren. Manchmal ließen sich die Priester der Phalluskulte erbärmlich fallen und verfielen der Zügellosigkeit der bacchantischen Orgien. Herodot berichtet: „Alle Frauen Babylons mussten sich mit den Priestern in den Tempeln Militas prostituieren."

In Griechenland und Rom, in den Tempeln der Vesta, der Venus-Aphrodite, Isis, usw. übten die Priesterinnen ihr heiliges sexuelles Amt aus; in Kappadokien, Antiochien, Pamplos, Zypern und Byblos zelebrierten die Priesterinnen große Prozessionen, bei denen sie mit größter Verehrung und in mystischer Verzückung einen großen Phallus als Gott oder Spender des Lebens und des Samens trugen.

Auch in der Bibel finden sich zahlreiche Hinweise auf den Phalluskult. Seit der Zeit des Patriarchen Abraham leisteten die Juden den Eid, indem sie die Hand unter den Schenkel legten, das heißt auf das heilige Glied.

Das Fest der Tabernakel war eine Orgie, den berühmten Saturnalien Roms vergleichbar. Der Ritus der Beschneidung ist absolut phallisch.

Die Geschichte aller Religionen ist voll von Symbolen und phallischen Amuletten wie zum Beispiel das Mizpah-Symbol der Hebräer, der christliche Maibaum usw. In uralten Zeiten wurden Steine mit phallischer Form als heilig verehrt, manchmal glichen sie dem männlichen Glied, manchmal der Vulva; Feuer- oder Kieselsteine galten als heilig, da man mit ihnen Feuer erzeugen konnte, ein Feuer, das in der Wirbelsäule der heidnischen Priester erzeugt wurde, ein göttliches Privileg. Im Christentum finden wir viele Hinweise auf den Phalluskult. Die Beschneidung Jesu, das Fest der Heiligen Drei Könige, Fronleichnam usw. sind phallische Feste, die aus den heiligen heidnischen Religionen übernommen wurden.

Die Taube, Symbol des Heiligen Geistes und der sinnenfreudigen Venus-Aphrodite, wird immer als phallisches Instrument dargestellt, das der Heilige Geist verwendete, um die Jungfrau Maria zu befruchten. Auch das Wort sakrosankt leitet sich von sacro ab und ist daher phallischen Ursprungs.

Der Phalluskult ist schrecklich göttlich. Der Phalluskult ist transzendental, wissenschaftlich und zutiefst philosophisch. Das Wassermannzeitalter steht vor der Tür und die wissenschaftlichen Laboratorien werden die energetischen und mystischen Prinzipien des Phallus und des Uterus entdecken.

Die Sexualdrüsen, die von Uranus regiert werden, enthalten furchtbare Kräfte, die die Laborwissenschaft im neuen Zeitalter entdecken wird. Man wird dann den wissenschaftlichen Wert der antiken Phalluskulte wieder öffentlich anerkennen.

Im Samen befindet sich das gesamte Potential des universalen Lebens. Die materialistische Wissenschaft der Gegenwart weiß aber nichts besseres, als über etwas zu spotten, das sie nicht kennt.

In den gepflasterten Höfen der aztekischen Tempel vereinten sich Mann und Frau sexuell, um Kundalini zu erwecken. Die Paare blieben dort Monate oder Jahre, liebten sich, liebkosten sich und praktizierten Sexualmagie ohne Verlust des Samens. Wer seine Samenflüssigkeit verlor, wurde zum Tod verurteilt. Er wurde mit einer Axt enthauptet. Dies war die Strafe für ein derartiges Sakrileg.

In den Mysterien von Eleusis waren der Tanz mit nacktem Körper und die Sexualmagie die Grundlage der Mysterien. Der Phalluskult ist die Grundlage der tiefen Selbstverwirklichung.

Alle wichtigen Werkzeuge der Freimaurer dienen um mit dem Stein zu arbeiten. Jeder Meister der Freimaurer muss seinen philosophischen Stein gut bearbeiten. Dieser Stein ist die Sexualität. Wir müssen den Tempel des Ewigen auf dem lebendigen Felsen erbauen.

Die Sexualität und die Schlange

Ein Eingeweihter, dessen Namen ich nicht nenne, sagt wörtlich Folgendes:

„Mit der vollständigen Beherrschung der Schlangenkraft kann man alles erreichen. Man kann Berge versetzen, auf dem Wasser gehen, fliegen oder sich lebendig in einem versiegelten Raum begraben lassen, den man zu jedem beliebigen Zeitpunkt wieder hinaus verlassen kann.

Die alten Priester wussten, dass man unter bestimmten Bedingungen die Aura sehen kann. Sie wussten, dass Kundalini durch die Sexualität erweckt werden kann.

Die Kraft der unten eingerollten Kundalini ist eine furchtbare Kraft; sie gleicht einer Uhrfeder, die ähnlich wie diese aufgewickelt ist. Wie die Feder einer Uhr, die sich plötzlich entrollt, kann sie Schaden anrichten.“ (Bei Menschen, die das Verbrechen des Samenverlustes begehen).

„Diese besondere Kraft befindet sich an der Basis der Wirbelsäule und ein Teil von ihr innerhalb der Fortpflanzungsorgane. Die Völker Asiens wissen das. Bestimmte Gruppen in Indien verwenden die Sexualität in ihren religiösen Zeremonien. Sie verwenden eine unterschiedliche Form der Manifestation der Sexualität (die Sexualmagie) und nehmen einen anderen Standpunkt zur Sexualität ein, um bestimmte Ergebnisse zu erreichen und haben damit Erfolg. Die alten Völker vor vielen Jahrhunderten verehrten die Sexualität. Sie gelangten zum Phalluskult. In den Tempeln gab es bestimmte Zeremonien, die Kundalini stimulierten und Hellsichtigkeit, Telepathie und viele andere esoterische Kräfte hervorbrachten.“

„Die Sexualität, wenn sie richtig in der Liebe eingesetzt wird, kann zu hohen Vibrationen führen. Sie kann das herbeiführen, was die Asiaten das Erblühen der Lotusblume nennen und kann die Welt des Geistes begreifen. Sie kann das Aufsteigen von Kundalini und das Erwecken bestimmter Zentren fördern. Niemals aber darf man die Sexualität und Kundalini missbrauchen. Eines sollte das andere ergänzen und ihm helfen. Jene Religionen, die lehren, es dürfe keinen sexuellen Kontakt zwischen den Ehegatten geben, irren sich tragischerweise.

Religionen, die lehren, dass man keinen sexuellen Kontakt haben dürfe, versuchen die individuelle Evolution und die Evolution der Rasse zu unterdrücken. Betrachten wir ein Beispiel: Im Falle des Magnetismus erzeugt man magnetische Kräfte, wenn man die Moleküle einer Substanz auf einen bestimmten Punkt dirigiert. In anderen Worten heißt das, dass bei einem Stück Eisen normalerweise alle Moleküle in irgendeine Richtung zeigen, wie eine undisziplinierte Masse.

Sie können zufällig zusammenfinden. Wird aber eine bestimmte Kraft angewandt (beim Eisen eine magnetische Kraft), zeigen alle Moleküle in eine Richtung und man erhält so die magnetische Kraft, ohne die es kein Radio und keine Elektrizität gäbe; ohne sie hätten wir keine Eisenbahn und sogar keinen Flugverkehr.

Wenn im Menschen Kundalini erwacht, wenn die feurige Schlange zu leben beginnt, beginnen alle Moleküle des Körpers in eine einzige Richtung zu zeigen, denn wenn die Kraft von Kundalini erwacht, erzeugt sie diese Wirkung.

Der Körper beginnt nun gesund zu vibrieren, er gewinnt an Erkenntnis und kann alles wahrnehmen.

Es gibt verschiedene Methoden (tantrische Positionen), um Kundalini vollkommen zu erwecken.

(Im Kama Kalpa finden wir alle diese sexuellen Positionen).

Diese sollten jedoch nur von wirklich vorbereiteten Menschen praktiziert werden, da die Erweckung der Schlangenkraft ihnen immense Macht und Beherrschung über andere verleiht und diese Macht zu üblen Zwecken missbraucht werden könnte.

Kundalini kann aber auch teilweise (oder vollkommen) erwachen und durch die Liebe bestimmte Zentren eines Ehepaares beleben.

Durch echte innere Ekstase richten sich die Moleküle des Körpers in großer Zahl in eine einzige Richtung, dadurch entwickeln solche Menschen eine große dynamische Kraft.

Wenn die falsche Scham abgelegt wird und alle falschen Lehren über die Sexualität geändert werden, kehrt der Mensch wieder zu seinem wahren Selbst zurück; und der Mensch kann wieder seinen Platz als Astralreisender einnehmen.“

Der Phalluskult ist so alt wie die Welt selbst.

Die Sexualität muss Kundalini helfen und Kundalini muss der Sexualität helfen.

Weder die Sexualität noch Kundalini dürfen missbraucht werden.

Sexualmagie darf nur einmal am Tag praktiziert werden.

"Der Mann und die Frau sind nicht nur eine Masse aus Protoplasma, aus Fleisch, das an einem Knochengerüst befestigt ist.

Der Mensch ist oder könnte mehr als das sein.

Hier auf dieser Erde sind wir nur einfache Marionetten unseres Geistes. Dieser Geist, der vorübergehend im Astralen wohnt und Erfahrungen sammelt durch seinen fleischlichen Körper, der die Marionette ist, das Instrument des Astralen."

„Die Physiologen und andere haben den Körper des Menschen analysiert und zu einer Masse aus Fleisch und Knochen reduziert.

Sie können über diesen und jenen Knochen diskutieren, über die verschiedenen Organe, aber dies sind nur materielle Dinge.

Sie haben die geheimsten Dinge nicht entdeckt, sie haben nicht einmal versucht, sie zu entdecken, die unberührbaren Dinge, welche die Inder, die Chinesen und die Tibeter Jahrhunderte vor der Geburt Christi bereits kannten."

„Die Wirbelsäule ist ein äußerst wichtiger Teil des Körpers.

Sie enthält das Rückenmark, ohne das man bewegungsunfähig wäre und ohne das man als Mensch nutzlos wäre.

Aber die Wirbelsäule ist wichtiger als das alles.

Genau im Zentrum des Spinalnervs ist die Spinalmedulla, eine Leitung, die auch in anderen Dimensionen (vierte, fünfte, sechste Dimension, usw.) existiert; sie ist ein Kanal, in dem sich die als Kundalini bekannte Kraft bewegt, sobald sie erwacht.

An der Basis der Wirbelsäule befindet sich das, was die Asiaten als Feuerschlange bezeichnen.

Es ist der Sitz des Lebens."

„Im Westen ist diese große Kraft im Allgemeinen inaktiv, schläft, ist beinahe paralysiert, da sie nie verwendet wird.

Gegenwärtig gleicht sie einer eingerollten Schlange von immenser Kraft, die aber aus verschiedenen Gründen (das heißt wegen der schmutzigen Unzucht) nicht aus ihrem Gefängnis entkommen kann.

Diese mystische Darstellung einer Schlange wurde als Kundalini bekannt. Im Falle der Menschen des Ostens, bei denen die Schlangenkraft erwachte, kann sie durch den Kanal des Spinalnervs aufsteigen. Sie gelangt direkt zum Gehirn und darüber hinaus bis in die Astralwelt.

In dem Ausmaß, in dem ihre aktiven Kräfte aufsteigen, erwachen die Chakras oder Zentren der Kraft, wie zum Beispiel des Nabels, des Kehlkopfes, und anderen; wenn diese Zentren erwachen, dann wird die Person vital, mächtig, dominant."

Der Phalluskult, das Erwachen der Kundalini, die Sexualmagie sind gefahrlos, wenn sie aufrichtig und mit Liebe praktiziert werden.

Sexualmagie darf nur zwischen Gatte und Gattin praktiziert werden.

Wer Missbrauch treibt und mit anderen Frauen außerhalb seines Heimes Sexualmagie betreibt, scheitert unweigerlich.

Infrasexuelle Schulen

Auf der Welt gibt es viele infrasexuelle Schulen, die den Phalluskult und die Sexualmagie tödlich hassen. Die Wahrheitssucher müssen diese Schulen meiden, wenn sie nicht selbst Infrasexuelle werden wollen.

Wir müssen uns daran erinnern, dass die Infrasexuellen normale Sexualität und Suprasexualität hassen. Die Infrasexualität hat zu allen Zeiten gegen den dritten Logos blasphemisch polemisiert, hat die Sexualität als Tabu, als Sünde, als Grund für Scham, Heuchelei, usw. dargestellt. Die Infrasexuellen haben Schulen, in denen der Hass gegen die Sexualität gelehrt wird. Die Infrasexuellen betrachten sich selbst als Mahatmas, Hierophanten, usw.

Die Weisheitsliebenden werden durch Infrasexuelle oft verunsichert. Letztere haben bestimmte mystische, hoheitsvolle und pietistische Haltungen, dass der Suchende, wenn er nicht ein gewisses

Verständnis hat, sich leicht auf den Pfad der Infrasexualität verirren kann.

Die Einweihung und die Schlange

Es ist unmöglich, die Einweihungen in die höheren Mysterien ohne Phalluskult und ohne Sexualmagie zu empfangen.

Viele ledige Schüler empfangen die Einweihungen der niederen Mysterien in ihrem höheren und transzendentalen Bewusstsein, wenn sie keusch sind. Die Einweihungen in die höheren Mysterien können aber nicht ohne Sexualmagie und Kundalini erreicht werden.

Die niederen Mysterien sind lediglich der Pfad der Prüfung. Eine Kette, die zerrissen werden muss; der Kindergarten der esoterischen Studien, das ABC. Der Phalluskult ist das Einzige, das den Menschen zur inneren Selbstverwirklichung erheben kann.

28. Der Feuerkult

Der Feuerkult im alten Persien war etwas Großartiges. Der Feuerkult ist uralt. Man sagt, dass der Feuerkult bereits vor der Dynastie der Achämeniden und der Zeit Zoroasters existierte. Die persischen Priester hatten eine äußerst reichhaltige esoterische Liturgie, die sich auf den Feuerkult bezog. Die alten Weisen Persiens gingen mit dem Feuer niemals sorglos um. Sie hatten die Aufgabe, die Flamme nie erlöschen zu lassen.

Die Geheimlehre des Avesta sagt, dass es verschiedene Arten des Feuers gibt: das Feuer des Blitzes, das die furchtbare Nacht erhellt, das Feuer, das im Inneren des menschlichen Organismus arbeitet, Kalorien erzeugt und den Prozess der Verdauung lenkt; das Feuer in den unschuldigen Pflanzen der Natur; das Feuer, das im Inneren der Berge lodert und von den Vulkanen der Erde ausgespien wird; das Feuer vor Ahura Mazda, das seine göttliche Aureole bildet und schließlich das Feuer des täglichen Gebrauches, welches profane Menschen zum Kochen ihrer Nahrung verwenden. Die Perser sagten, dass wenn kochendes Wasser vergeudet oder irgendein lebendes Wesen verbrannt wird, Gott seine Fülle entzieht, die er seinem bevorzugten Volk gewährt hatte.

Es gibt viele Arten des Feuers. Von allen Feuern aber ist das Feuer am mächtigsten, das vor Ahura Mazda (Sonnenlogos) brennt und seine göttliche Aureole bildet. Es ist das Feuer, das durch die Transmutation der Sexualsekretion gebildet wird. Es ist Kundalini, die feurige Schlange unserer magischen Kräfte, das Feuer des Heiligen Geistes.

Wer das Feuer Ahura Mazdas suchen will, muss es im Innern seiner eigenen philosophischen Erde suchen. Diese Erde ist der menschliche Organismus. Die persischen Priester kultivierten dieses Feuer an vollkommen dunklen Orten, in unterirdischen Tempeln und geheimen Plätzen. Der Altar war immer ein riesiger Metallkelch, dessen Fuß auf dem Stein der Weisen stand. Das Feuer wurde immer durch duftende und trockene Hölzer genährt, besonders durch die Zweige des Sandelholzes. Die alten Priester bliesen immer mit einem

Blasebalg in das Feuer, um es nicht durch den sündhaften menschlichen Atem zu profanieren.

Fülle deinen Kelch mit dem heiligen Wein des Lichtes. Denke daran, werter Leser, dass das lebendige, geheime und philosophische Feuer in deiner eigenen philosophischen Erde brennt. So wirst du jetzt das okkulte Mysterium des Ritual des Feuers verstehen.

Zwei Priester hüteten immer das Feuer. Daher die Zweiheit. Jeder von ihnen benützte eine Zange, um die Holzscheite ins Feuer zu legen, und einen Löffel, um die Duftstoffe darüber zu streuen. Es waren also zwei Zangen und zwei Löffel. In all dem sehen wir wieder die Zweiheit. Damit gab man zu verstehen, dass nur die Zahl zwei das Feuer hüten kann. Mann und Frau müssen daher in der perfekten Zweiheit das göttliche Feuer Ahura Mazdas entzünden und ständig hüten.

Im Bundehesch, einer Art Ritual-Evangelium, wird erklärt, dass sich in einem besonderen Raum ein Brunnen des heiligen Wassers befand, in dem der Priester Waschungen vornahm, ehe er sich dem Feueraltar näherte. Nur wer das reine Wasser des Lebens trinkt, kann das Feuer entzünden.

Nur wer seine Füße in den Wassern des Verzichtes wäscht, kann das Feuer entzünden. Nur wer das Wasser bewahrt, kann das Feuerritual durchführen. Dieses Wasser symbolisiert das *ens seminis*.

In ganz Persien existieren noch Reste komplexer Tempel und Vorräume, in denen das Feuer angebetet wurde. Wir finden heute solche Ruinen in Persepolis, in Isfahan, Yazd, Palmyra, Susa, usw.

Das Feuer ist schrecklich göttlich. In den Häusern jener, die dem Pfad der perfekten Ehe folgen, darf das Feuer niemals fehlen. Eine in tiefer Hingabe entzündete Kerze entspricht immer einem Gebet und zieht von oben einen enormen Fluss göttlicher Energie an. Jedes Gebet an den Logos muss von Feuer begleitet sein. So ist das Gebet mächtig.

Die Stunde ist gekommen, uns wieder dem Feuerkult zuzuwenden. Die Gnostiker müssen in die Berge hinausgehen und dort, im tiefen Schoss der Mutter Natur, das Feuer entzünden, beten und meditieren. So können wir von oben mächtige Ströme göttlicher Energie anziehen, die uns beim großen Werk des Vaters helfen.

Der Mensch muss seine neunundvierzig Feuer mittels der Sexualmagie entzünden. Wenn unsere Gedanken feurig werden, können wir wie die unaussprechlichen Götter des Kosmos erschaffen. Die Heiligen Götter sind wahre Priester des Feuers. Die Heiligen Götter sind flammende Zungen aus Feuer.

Die tanzenden Derwische

Die heiligen Tänze der Derwische in Persien wie auch in der Türkei, usw. sind im Grunde ein Feuerkult. Es ist bedauerlich, dass die Behörden von Ankara, die sich für sehr zivilisiert halten, die öffentliche Darbietung der Tänze der Derwische verboten haben.

Die Derwische imitieren auf großartige Weise die Bewegung der Planeten des Sonnensystems um die Sonne. Die Tänze der Derwische stehen in enger Beziehung zur Wirbelsäule und dem sexuellen Feuer. Niemals dürfen wir vergessen, dass die Schlange an Musik und Tanz Wohlgefallen findet. Dies wird in Ägypten und Indien durch die Schlangenbeschwörer deutlich demonstriert. Sie spielen ihre herrliche Flöte und die verzauberten Schlangen tanzen dazu.

Es ist an der Zeit, sich an die rituellen Tänze des Feuers aller antiken Tempel zu erinnern. Denken wir an die Tänze mit nackten Körpern bei den eleusinischen Mysterien, an die heiligen Tänzerinnen Indiens, Ägyptens, Mexikos, Yucatáns, usw.

Wenn die Aufzeichnungen der Akasha-Chronik den Wissenschaftlern in die Hände fallen und die ganze Welt im Fernsehen die Feuertänze der archaischen Vergangenheit sehen kann, werden auch wir wieder zu diesen Tänzen zurückkehren, die die profanen Tänze unweigerlich ersetzen werden.

Ägyptische Finsternis

Vor einigen Jahren verkauften einige Mönche des Kloster Athos, berühmt in Griechenland und Russland, in böser Absicht ägyptische Finsternis in kleinen Flaschen. Sie machten damit ein sehr gutes Geschäft.

Es ist absurd, ägyptische Finsternis als schwarzen Staub in kleinen Flaschen zu verkaufen. Die Realität der ägyptischen Finsternis kann nicht als schwarzer Staub verkauft werden. Ägyptische Finsternis ist ein allegorischer, archaischer Begriff. Sobald sich die Ägypter ihre Mäntel umhängten und die Augen schlossen, waren sie für die physische Welt in Finsternis, aber im strahlenden Licht für den Geist.

Es gibt zurzeit viele Weise, die sich im Zustand der ägyptischen Finsternis befinden. Sie erstrahlen aber mit dem heiligen Feuer in Amon-Ra.

Es gibt viele ägyptische Weise, die sich im Zustand der Katalepsie lebendig begraben ließen. Sie schlafen tief in ihren Gräbern, bis der Tag und die Stunde kommen, zu der sie gemäß den Plänen der Weißen Loge wieder erwachen. Einer von ihnen schläft mit seinem Körper seit 3.000 Jahren v. Chr., ein anderer seit 10.000 Jahren v. Chr.; ihre Körper sind im Zustand der ägyptischen Finsternis, während ihre Seelen bewusst in den höheren Welten leben und mit größter Intensität für die Menschheit arbeiten.

Sobald der Tag und die Stunde kommen, wird jedem dieser Adepten durch seine Brüder geholfen, er wird aus dem Grabe genommen und erweckt. Diese ägyptischen Adepten werden eine neue Epoche geistiger Aktivität einleiten. Sie bewahren in ihrer Erinnerung alle archaischen Kenntnisse.

Die bandagierten und geschützten Körper dieser Adepten schlafen in ihren Sarkophagen, ohne zu essen oder zu trinken. Alle ihre organischen Funktionen befinden sich in kataleptischem Zustand.

Spezielle, mysteriöse chemische Substanzen schützen sie. Furchtbare Elementargeister sind die Bewacher ihrer Gräber und kein Archäologe wird sie je finden.

Nach Tausenden von Jahren das Grab zu verlassen und den Körper ohne zu essen oder zu trinken viele Jahrhunderte lang zu erhalten, ist nur durch den Feuerkult möglich, durch die Macht des Feuers. Alle diese Adepten praktizierten intensiv Sexualmagie. Nur die Feuerschlange kann dem Adepten solche furchterregende Kräfte geben.

Jahve

In der Halle der Erinnerung (Akasha) steht die Geschichte des Engels geschrieben, der Jahve heißt. Der große Kabbalist Saturninus aus Antiochia sagt, dass Jahve ein gefallener Engel sei, der Genius des Bösen, der Teufel. Jahve ist ein furchtbar perverser Dämon. Jahve ist der Dämon, der Christus in der Wüste in Versuchung führte und der ihn auf den Berg brachte, wo er zu ihm sprach: „Itababo, alle diese Macht will ich dir geben und ihre Herrlichkeit; denn sie ist mir übergeben, und ich gebe sie, wem ich will. Wenn du mich nun anbetest, so soll sie ganz dein sein."

Jahve nannte das jüdische Volk: „mein auserwähltes Volk."

Die Juden haben absichtlich Jahve mit dem Herrn Jehova verwechselt. Jahve war ein Hierophant aus Lemurien. Jahve hatte seine Priestergattin. Jahve war ein Engel mit menschlichem Körper. Der Meister Jahve war ein Kämpfer des Lichtes, ein Hohepriester des Strahles der Kraft. Aufgrund seiner hohen priesterlichen Würde hatte er das legitime Recht, Helm und Rüstung, Schild und Schwert aus purem Gold zu tragen. Jahves Priestergattin war eine große Eingeweihte.

In den archaischen Zeiten entwickelten sich die Krieger- und die Priesterkaste unabhängig voneinander. Es gab aber auch Ausnahmen wie Jahve, der Priester und Krieger zugleich war.

In der lemurischen Atmosphäre schwebten die Luzifers der alten Mond-Erde. Sie suchten Proselyten, und sie fanden sie. Jahve war ein solcher Proselyt. Jahve wurde zum Jünger dieser sublunaren Finsteren und praktizierte schwarze Sexualmagie mit Samenausstoß. Dies ist die Wissenschaft der Bonzen und Dugpas der Rotmützen. Das Ergebnis war verhängnisvoll. Die Feuerschlange stieg nach unten in die atomare Hölle und Jahve wurde zu einem schrecklichen, perversen Dämon.

In der Akasha-Chronik ist diese Geschichte registriert. Jahve wurde Mitglied eines lemurischen Tempels des schwarzen Tantrismus. Seine Priestergattin akzeptierte niemals die Sexualmagie mit Verschütten des Kelches. Jahve kam mit einer anderen Frau zu Fall. Die Bemühungen, seine Priestergattin zu überzeugen, waren nutzlos. Sie weigerte sich, in den schwarzen Tempel einzutreten.

Jene Ehe endete. Die Adeptin wollte den Weg der Finsternis nicht gehen. Sie ist jetzt ein unaussprechlicher Engel der höheren Welten.

Der Kult des Feuers ist sehr heikel. Die Götter des Feuers helfen, all jene zu schützen, die den Weg der perfekten Ehe gehen.

Die Zeitalter der Welt

Die Einteilung der Geschichte der Menschheit in das goldene, silberne, kupferne und eiserne Zeitalter ist eine gewaltige Realität. Das planetarische Feuer involutioniert und evolutioniert, es durchläuft diese vier genannten Etappen. Es besteht kein Zweifel, dass das Feuer unseres Planeten Erde in den drei vorangegangenen Ronden und in der alten Mond-Erde nur wenig Positives erreichte. Dieses Feuer ist voller Karma. Dies ist der Grund für das Scheitern der Menschheit auf dem Planeten Erde.

Die Zyklen entfalten sich alternierend. Einem Zeitalter großer mystischer Inspiration und unbewusster Produktivität folgt ein Zeitalter äußerster Kritik und Selbstbewusstseins. Eines liefert das Material für die Analyse und Kritik des nächsten. Auf dem Gebiet der geistigen Errungenschaften stellen Buddha und Jesus die höchsten Erfolge des Geistes dar. Alexander von Mazedonien und Napoleon stellen die Eroberung der physischen Welt dar. Diese Gestalten waren Nachbildungen, gemacht durch das Feuer. Reproduktionen von Menschentypen die 10.000 Jahre vorher existierten. Spiegelbilder des vorhergehenden zehnten Millenniums, die von den mysteriösen Kräften des Feuers nachgebildet wurden.

„Wie oben so unten. Was war, wird wieder sein. Wie die Dinge im Himmel, so sind sie auch auf der Erde."

Hätte sich das Feuer unseres Planeten Erde in der alten Mond-Erde und in den drei vorhergehenden Ronden total entfaltet, wäre unsere Erde zum jetzigen Zeitpunkt des Lebens ein wahres Paradies. Unglücklicherweise ist unser planetares Feuer voll von kosmischem Karma.

Das große Problem

Die gesamte Menschheit, die Gesamtheit aller menschlichen Individuen ist Adam Kadmon, das Menschengeschlecht des Homo sapiens, die Sphinx, das ist das Wesen mit dem Körper eines Tieres und dem Gesicht eines Menschen.

Als Teil des Ganzen nimmt der Mensch an vielen großen und kleinen Arten des Lebens teil. Die Familie, das Volk, die Religion, das Vaterland sind lebendige Wesenheiten, von denen wir ein Teil sind.

In uns existieren viele unbekannte Leben. Viele *Ichs*, die untereinander streiten, und viele *Ichs*, die einander nicht kennen. Sie alle leben im Inneren des Menschen, so wie der Mensch und alle Menschen innerhalb des großen geistigen Körpers des Adam Kadmon leben.

Diese *Ichs* leben innerhalb des Menschen genau so, wie der Mensch und alle Menschen innerhalb von Städten, Dörfern, religiösen Gemeinschaften, usw. leben. Genau so, wie sich nicht alle Bewohner einer Stadt untereinander kennen, kennen sich auch nicht alle *Ichs*, die innerhalb der Stadt der neun Tore (der Mensch) leben. Das ist das große Problem.

Der sogenannte Mensch hat noch kein wahres Wesen. Der Mensch ist noch ein unfertiges Wesen.

Der Mensch gleicht vielmehr einem Haus, das von vielen Leuten besetzt ist. Der Mensch gleicht einem Schiff, mit dem viele Passagiere (viele *Ichs*) reisen. Jedes *Ich* hat seine Ideale, seine Pläne, Wünsche, usw.

Das *Ich*, das sich für die Arbeit mit der Lehre des Feuers begeistert, wird später durch ein anderes *Ich* verdrängt, das diese Arbeit hasst. Wenn der Aspirant mit großer Begeisterung die Arbeit in der Schmiede des Vulkans begann, sehen wir ihn später enttäuscht, er verlässt sie und sucht bei irgendeiner kleinen Schule Zuflucht, die ihm Trost spendet, obwohl später wieder ein anderes *Ich* interveniert und ihn auch von dort vertreibt. Dies ist das größte Problem. Außerdem finden wir im Inneren des Menschen finstere Besucher. So wie in eine Stadt viele Leute und unerwünschte Personen oder Individuen mit schlechten Gewohnheiten eintreten, so wiederholt sich diese Tragödie auch innerhalb der Stadt der neun Tore (des Menschen). In diese Stadt treten finstere Besucher ein, sie diktieren böse Ideen und fördern animalische Wünsche. Leider ist der Mensch zu siebenundneunzig Prozent unbewusst und es ist daher klar, dass er nicht erkennen kann, was in seinem Inneren passiert.

Wenn diese Bewohner der Dunkelheit das menschliche Gehirn völlig kontrollieren, begeht der Mensch Dinge, die er normalerweise um alles Geld der Welt nicht tun würde. Es ist daher nicht weiter verwunderlich, dass selbst Heilige in solchen fatalen Momenten Mord und Vergewaltigung begingen.

Die Lehre des Feuers ist wegen der vielen unsichtbaren Wesen, die die Stadt der neun Tore besuchen oder in ihr wohnen, extrem schwierig. Jede dieser mysteriösen Personen, jedes dieser *Ichs* denkt verschieden und hat seine eigenen Gewohnheiten. Jetzt erkennen wir die vielen häuslichen Probleme.

Der Mann, der heute von seiner Frau begeistert ist, verlässt sie morgen; die Frau, die heute ihrem Mann treu bleibt, geht morgen mit einem anderen. Das ist das große Problem.

In der Psyche des Menschen gibt es eine ständige Änderung der Ansichten. Durch den Verstand läuft ein ständiger Film von Eindrücken, Ereignissen, Gefühlen, Wünschen usw. und jeder einzelne Vorgang stellt exakt das *Ich* in einem bestimmten Augenblick dar. Innerhalb der Stadt der neun Tore leben viele Leute. Dies ist das Problem. Das ist das große Problem. Der Feuerkult ist äußerst schwierig, da innerhalb der Stadt der neun Tore viele Leute leben, die diesen Kult verabscheuen.

Der physische Körper ist nur ein Teil des tetradimensionalen Körpers Linga Sarira oder Vitalkörpers. Die menschliche Persönlichkeit ist ihrerseits ein weiterer tetradimensionaler Teil des menschlichen Körpers. Jenseits befindet sich das Ego (das vielfältige *Ich*) als höherer Teil der menschlichen Persönlichkeit. Die Persönlichkeit stirbt, aber ihre Erinnerungen bleiben im Ego.

Das arme intellektuelle Tier weiß noch nichts über Seele und Geist. Diese Kenntnisse sind noch weit entfernt vom gewöhnlichen Niveau der Menschheit.

Weder der Körper noch die Persönlichkeit noch das Ego kennen sich untereinander, denn das menschliche Wesen ist unbewusst. Und viel weniger kann der Mensch mit normalem Niveau die Seele oder den Geist kennen.

Die drei niedrigen Aspekte des Menschen, das sind Körper, Persönlichkeit und Ego, erkennen sich untereinander nur unter Drogeneinfluss, im Trancezustand, in Hypnose, im mediumistischen Zustand, während des Schlafes oder während der Ekstase.

Das Mysterium der Sphinx ist der Mensch. Das Tier mit dem Kopf eines Menschen ist der Mensch selbst. Solange das Problem der Sphinx nicht gelöst ist, besteht die Gefahr in den Abgrund zu stürzen.

Jeder, der mit der Lehre des Feuers arbeitet, muss täglich seinen im Inneren wohnenden Vater um sehr viel Hilfe bitten. Es ist äußerst wichtig, seinen inneren Gott zu bitten, dass er in unserem Bewusstsein das Wunder wiederholt, das Jesus vollbrachte, als er die Händler mit der furchtbaren Peitsche des Willens aus dem Tempel jagte. Nur Er kann diese Egos, diese Eindringlinge aus dem Tempel unseres Bewusstseins vertreiben. Diese Händler des Tempels sabotieren das große Werk. Sie sind jene Übeltäter, die die Kerzen des Tempels löschen. Das ist das große Problem.

Dies ist wahrlich der Pfad auf des Messers Schneide. Dieser Pfad ist innen und außen voller Gefahren.

„Denn viele sind berufen, aber wenige sind auserwählt."

Die vier Evangelien

Die vier Evangelien stehen in engster Beziehung zur Lehre des Feuers. Es ist absurd, die vier Evangelien wortwörtlich zu interpretieren. Diese Evangelien sind absolut symbolisch. Die Geburt im Stall von Bethlehem symbolisiert die venusische Einweihung. Christus wird immer im Stall des Menschen geboren, unter den Tieren des Begehrens, um die Welt zu retten.

Den Stern, der den Heiligen drei Königen leuchtete, sehen alle Mystiker während der Ekstase. Dieser Stern ist die Zentralsonne, die Christussonne, die vom Heer des Wortes gebildet wird.

Es ist der Stern, der die Einweihung ankündigt. Es ist der Stern, der die Sucher des Feuers führt.

Die Einweihung beginnt immer mit dem Wunder von Kanaan, bei dem das Wasser des Lebens zum Wein des Lichtes der Alchemisten wird. Dieses Wunder wird in der Perfekten Ehe vollbracht. Wir müssen die Feuerschlange unserer magischen Kräfte bis zum Golgatha des Vaters (dem Gehirn) aufsteigen lassen.

In der Lehre des Feuers muss der wahre Jünger das ganze Drama der Einweihung durchleben. Die vier Evangelien sind verschlüsselt geschrieben und nur die Eingeweihten verstehen sie. Der Hierophant Jesus war nicht der Erste, der das Drama der Passion durchlebte.

Er war auch nicht der Letzte. Dieses Drama wurde von allen durchlebt, die sich christifizierten. Wer die heiligen Schriften aller archaischen Religionen erforscht, wird mit großem Erstaunen entdecken, dass dieses Drama bereits viele Millionen Jahre vor Christus existierte. Alle großen Avatare durchlebten das gleiche Drama der Passion und nahmen den Platz von Jesus ein.

Der große Meister der Perfektion durchlebte das ganze Drama, wie es beschrieben ist, doch dürfen wir die vier Evangelien nicht wortwörtlich interpretieren. Denken wir auch daran, dass der Ort Bethlehem zur Zeit Jesu noch gar nicht existierte.

Die vier Evangelien stellen einen praktischen Führer dar, für die Anhänger des Feuerkultes. Wer das Arkanum A.Z.F. nicht kennt, kann auch die vier Evangelien des Feuers nicht verstehen.

Die göttliche Mutter Kundalini

Christus ist immer der Sohn der göttlichen Mutter Kundalini. Sie empfängt ihren Sohn immer durch das Werk und die Gnade des dritten Logos. Sie ist vor, während und nach der Geburt immer Jungfrau. Bei den Ägyptern war die Jungfrau Isis. Bei den Indern Kali (in ihrem positiven Aspekt). Bei den Azteken nannte man sie Tonantzin. Sie ist Rhea, Cibele, Maria, Adonia, Insoberta, usw.

Es wäre unmöglich, ohne die Entwicklung und den Aufstieg von Kundalini das Wort zu inkarnieren.

In einem gnostischen Ritual finden wir folgendes Gebet: „Oh Hadit, geflügelte Schlange des Lichtes, sei du das gnostische Geheimnis meines Seins, der Mittelpunkt meiner Bindung; die heilige Sphäre und das Blau des Himmels sind mein, O-Ao-Kakof-Na-Konsa."

Die Suchenden des Feuers können dieses Gebet während der Sexualmagie mit ihrer Priestergattin sprechen. Der Buchstabe H des Namens Hadit wird wie Ch (Chadit) vokalisiert.

Die Mantrams dieses Gebetes haben die Kraft, die Sexualenergie, die Hyle der Gnostiker, bis zum Herzen zu sublimieren.

Wenn der Eingeweihte die göttliche Mutter Kundalini um Hilfe anruft, seinen Körper in den Jinas-Zustand zu versetzen oder ein anderes Wunder der hohen Magie zu vollbringen, erscheint sie wie eine wunderbare, reine Jungfrau, wie die Mutter aller Anbetung. In ihr sind alle geliebten Mütter aller unserer Inkarnationen dargestellt.

Die Mutter Kundalini ist die Schlange des Feuers, die durch den Rückenmarkskanal aufsteigt. Wir müssen von der Schlange verschlungen werden. Wir müssen uns in die Schlange selbst verwandeln.

Jene Pseudo-Esoteriker, die meinen, die Schlange erwache bereits voll entwickelt, befinden sich völlig im Irrtum. Kundalini muss sich entwickeln, muss wachsen, bis sie völlig entwickelt ist.

Die Sexualität muss Kundalini helfen. Kundalini muss der Sexualität helfen. Wir dürfen weder die Sexualität noch Kundalini missbrauchen.

Die sieben Schlangen haben ihre wunderbaren Doppelgänger in den sieben Schlangen des Lichtes. Zuerst kommt das Feuer, dann das brahmische Leuchten der venusischen Einweihung. Wir müssen zuerst die siebenfache Leiter des Feuers und dann die siebenfache Leiter des Lichtes erklimmen.

Wir müssen zuerst im Feuer auferstehen, dann im Licht.

Die göttliche Mutter Kundalini mit dem goldenen Kind der sexuellen Alchemie in ihren liebevollen Armen führt uns auf dem schrecklichen Weg auf des Messers Schneide. Unsere göttliche Isis, deren Schleier kein Sterblicher je gelüftet hat, kann unser gesamtes vergangenes Karma verzeihen, wenn wir all unsere Fehler zutiefst bereuen.

Die Schlange des Feuers transformiert uns völlig. Die Schlange verwandelt uns zu Göttern des Kosmos, erschreckend göttlich.

29. Die Edda

Die deutsche Edda kann als Bibel der Germanen angesehen werden. In diesem archaischen Buch finden wir die geheime Weisheit des Nordens. Die Edda berichtet Folgendes über die Genesis der Welt:

„Am Anfang gab es nur zwei Regionen. Eine Region war die des Feuers und des Lichtes, dort herrschte das ewige und absolute Sein Alfadir (Allvater). Die andere Region war die Region der Dunkelheit und Kälte, genannt Niflheim. Dort herrschte Surt (der Schwarze). Zwischen beiden Regionen erstreckte sich das Chaos. Die Funken, die von Alfadir aufsprühten, befruchteten die kalten Nebel von Niflheim. Ymir, der Vater der Riesen wurde geboren. Um ihn zu ernähren, wurde auf gleiche Weise die Kuh Audhumla erschaffen, aus deren Euter vier Milchströme flossen. Gesättigt fiel Ymir in tiefen Schlaf. Aus dem Schweiße seiner Hände wurde ein Paar geboren, Mann und Weib, Riesen beide. Aus einem seiner Füße aber entsprang ein Ungetüm mit sechs Köpfen."

In der Genesis der Schöpfung finden wir sexuelle Alchemie. Das Feuer befruchtet die kalten Wasser des Chaos. Das männliche Prinzip Alfadir befruchtet das weibliche Prinzip Niflheim, das von Surt (der Dunkelheit) beherrscht wird, damit das Leben entstehe. So wird Ymir geboren, der Vater der Riesen, der innere Gott eines jeden Menschen, der Meister. Er nährt sich vom Rohstoff des großen Werkes. Diese Substanz ist die Milch der Kuh Audhumla. Die heilige weiße Kuh Indiens. In der Genesis des Moses werden die vier Flüsse des Paradieses erwähnt, die vier Ströme aus Milch. Diese Vier sind das lodernde Feuer, das reine Wasser des Lebens, die wirbelnde Luft und die duftende elementale Erde der Weisen (die vier Tattwas). Bei jedem alchemistischen Vorgang treten die vier Elemente in Aktion. Sie dürfen in der sexuellen Alchemie der Schöpfung nicht fehlen.

Ymir schläft und aus seinem eigenen Schweiß wird ein Riesenpaar geboren, Mann und Weib, der göttliche, erhabene ursprüngliche Hermaphrodit der heiligen Insel. In der Genesis des Moses schläft Adam, während Gott aus seiner Rippe Eva erschafft. Vorher war Eva innerhalb Adams, sie war Adam selbst. Er war ein Hermaphrodit. Aus den Füßen dieses Riesen-Hermaphroditen (die polare Rasse) wird ein Ungeheuer mit sechs Köpfen geboren, der Stern Salomons; die menschliche sexuelle Alchemie des menschlichen Wesens, die nach vielen Zeitaltern die Trennung der Riesen bewirkte und zwei menschliche Wesen verschiedenen Geschlechtes erschuf. Die Trennung in zwei verschiedene Geschlechter ist der Beginn der großen Tragödie. Aus dem Riesen-Hermaphroditen wird das sechsköpfige Ungeheuer geboren.

Der Mensch wird wieder zum göttlichen Hermaphroditen. Der Mensch kehrt wieder ins Paradies zurück, begleitet von seiner göttlichen Eva. Wenn Mann und Frau sich sexuell vereinen, sind sie in diesen Augenblicken ein Hermaphrodit. In diesen Augenblicken höchster sexueller Wonne sind wir Götter. Dies ist der erhabene Moment, den der Eingeweihte für seine Magie zu nützen weiß.

Die Geburt des Menschen in getrennte Geschlechter war ein grandioses Ereignis der Anthropogenesis, die sich während vieler Millionen von Jahren vollzog. Die germanische Edda beschreibt eindrucksvoll die Erschaffung der Welt und erzählt auch die Trennung in gegensätzliche Geschlechter wie folgt:

„Unverzüglich entschieden die Götter, das erste Menschenpaar zu erschaffen. Aus einer Esche formten sie den Mann und nannten ihn Ask. Aus einer Erle formten sie das Weib und nannten es Embla. Odin gab ihnen die Seele, Vili gab ihnen den Verstand und Ve gab ihnen die Schönheit und die Sinne. Zufrieden mit ihrem Werk zogen sich die Götter zur Ruhe nach Asgard zurück, in den Mittelpunkt des Universums.“

Die Erzählung der Edda über die Zerstörung der Welt ist die germanische Apokalypse: „Die Natur selbst gerät aus den Fugen, die Jahreszeiten wechseln nicht mehr. Fimbul, der furchtbare Winter, herrscht und währt drei Jahre, denn die Sonne hat ihre Kraft verloren. Unter den Menschen verschwindet der Glaube, nicht Friede gibt es mehr zwischen Brüdern, Verwandten und Söhnen des gleichen Stammes. Die heilige Pflicht der Germanen, ihre Toten zu ehren, ihnen die Nägel zu schneiden und sie zu begraben, wird vergessen. Das riesige Schiff, in das am Ende der Zeiten sich Hrimnir, der Frostriese, und seine zahllosen Gefährten einschiffen, um die Götter, ihre heitere, strahlende Wohnstatt Walhall und das Universum zu vernichten, dieses furchtbare anklagende Schiff besteht nur aus den Nägeln jener Toten, denen keine mitleidvolle Seele die Nägel schnitt. Das Schiff bewegt sich und wächst trotz der Kleinheit des Baumaterials, aus dem es besteht. Es wächst, bis die Verderbtheit ihren Höhepunkt erreicht. Dann reißen sich die Ungeheuer von ihren Ketten los, an die sie von den Göttern einst geschmiedet worden waren. Berge sinken ins Meer, Wälder werden entwurzelt. Die Wölfe, die von Anbeginn der Zeiten Sonne und Mond anheulten und diese beiden Gestirne verschlingen wollten, die sie manchmal schon in ihren Fängen hielten, erreichen sie schließlich und verschlingen sie für immer. Der Fenrir Wolf zerreißt seine Fesseln und greift mit weit geöffnetem Maul die Welt an. Sein Oberkiefer erfasst den Himmel, der Unterkiefer die Erde. Noch weiter möchte er sein Maul aufreißen, aber es ist kein Platz mehr vorhanden. Die Midgard-Schlange überflutet die Erde (der Mensch erlag der Unzucht).

Die Frostriesen kommen von Osten auf ihrem Schiff aus den Nägeln der Toten. Um den Mittag nahen die alles zerstörenden Kräfte des Feuers; Loki, die Surtr und die Söhne Muspells zur letzten entscheidenden Schlacht mit den Äsen, den Göttern des Walhall.

Die Götter Walhalls bereiten sich auf die Begegnung mit dem Feind vor. Ihr Späher Heimdall, der an der Himmelsbrücke Wache hält, bläst das Hörn, und gemeinsam mit den Seelen der im Kampf gefallenen Helden verlassen die Götter Walhall und treten den Riesen entgegen. Der Kampf beginnt, er endet mit der Vernichtung beider Heere. Götter und Riesen sind tot, der lodernde Brand erfasst die ganze Erde und alles verbrennt in einem einzigen, riesigen, reinigenden Weltenbrand.“

Eine genaue Analyse der Genesis und der Apokalypse der Edda zeigt uns, dass der entscheidende Schlüssel des einen wie des anderen die Sexualität ist. Die Welt wird sexuell erschaffen. Der ursprüngliche Hermaphrodit teilt sich auf sexuelle Weise. Er ist ein Gott, wenn er den Samen nicht ausstößt. Er wird ein Dämon, wenn er den Samen verliert. Die Welt wurde sexuell erschaffen und wird zerstört, wenn die Menschen der Unzucht gänzlich verfallen, wenn die große Hure auf dem Gipfel ihrer Verkommenheit anlangt, wenn die Midgard-schlange die ganze Erde überflutet.

Tatsächlich, wenn der Mensch sich daran gewöhnt, den Samen auszustoßen, wird die große Hure geboren, deren Zahl 666 ist. Die Unzucht verdirbt den Menschen. Durch die Unzucht wird der Mensch entsetzlich pervers und die Welt wird so zerstört. Unbekannte Monster der Natur, die der Mensch nicht kennt und die von den Göttern in Ketten gelegt wurden, werden durch Atomwaffen freigesetzt. Wälder sterben, die Wölfe des Karma heulen, der Fenrirwolf zerreißt seine Kette, mit weit offenem Maul greift er die Welt an und berührt mit seinen Kiefern Himmel und Erde. Das Karma ist fürchterlich, Welten kollidieren. In archaischen Zeiten gab es bereits einen ähnlichen Zusammenstoß und die Erde, damals der Sonne näher, wurde aus ihrer Bahn auf die Entfernung geworfen, in der sie heute die Sonne umkreist. Nun wird sich dieser Kataklysmus durch das Gesetz des Karma wiederholen. Dann wird alles, wie die germanische Edda sagt, durch einen reinigenden Weltenbrand verschlungen.

Es gibt keine *Genesis* ohne sexuelle Alchemie. Es gibt keine *Apokalypse* ohne sexuelle Degeneration. Jede *Genesis*, jede *Apokalypse* basiert auf dem Phallus und dem Uterus. Das Feuer erschafft und das Feuer zerstört. Die Kräfte des zerstörenden Feuers nähern sich bereits, Atomkriege werden die Kräfte entfesseln, die die Erde zerstören. Diese Rasse wird bald durch Feuer vernichtet werden.

Die Stunde ist gekommen, in der wir die Notwendigkeit begreifen müssen, uns entschlossen auf den Weg der Perfekten Ehe zu begeben. Nur wer wahrhaft entschlossen ist, diesem Weg zu folgen, kann sich vor dem Abgrund und dem zweiten Tod retten.

Gott erstrahlt über dem perfekten Paar.

Die Rettung der Menschheit

Im Namen der Wahrheit müssen wir zugeben, dass das Problem der Rettung der Menschheit einem chinesischen Puzzlespiel gleicht und äußerst schwierig zu lösen ist. Jesus betont die enorme Schwierigkeit, das Reich der Esoterik zu betreten und die ewige Rettung zu erlangen.

Es ist dringend notwendig die Seele zu erschaffen, wenn wir uns wirklich retten wollen. Wir haben bereits gesagt, dass im Menschen nur ein Seelenembryo inkarniert ist. Wir haben auch gesagt, dass wir diesen Embryo stärken müssen, um dann die kosmische Seele zu inkarnieren.

Es erscheint angebracht, zu erklären, dass dieses Inkarnieren der Seele im Grunde bedeutet, vom Tiger der Weisheit assimiliert und verschlungen zu werden. Der Tiger der Weisheit muss uns verschlingen. Dieser Tiger ist unser Innerster, unser wahres Sein.

Die Azteken sagen, dass die erste Rasse, die es auf der Welt gab, von den Tigern verschlungen wurde. In Yucatan gab es einen Tempel der Tiger. Quetzalcoatl greift mit seinen Tigerkrallen das menschliche Herz. In allen Mysterientempeln Amerikas fehlt niemals der Kult des Tigers. Der Orden der Ritter des Tigers war im Mexiko der Azteken ein äußerst heiliger Orden.

Interessant ist zu erinnern, dass bei den Menschenopfern die Herzen der Jungfrauen den Göttern dargebracht wurden. Darin liegt eine tiefe esoterische Bedeutung, die die illustren Ignoranten dieses Jahrhunderts nicht verstehen. Selbstverständlich sind wir mit Menschenopfern nicht einverstanden. Sie waren eine entsetzliche Barbarei. Millionen von Kindern und Jungfrauen wurden den Göttern geopfert; abscheuliche, abstoßende Bilder des Schmerzes.

Bedenken wir aber den inneren Symbolgehalt der Tat, den Göttern blutende Herzen darzubringen. Diese Tat ist etwas Großartiges. Unser Innerster muss das Herz des Menschen verschlingen, das heißt, er muss die menschliche Persönlichkeit, die das erschaffen hat, was man Seele nennt, assimilieren, absorbieren, verschlingen.

Es liegt auf der Hand, dass unser Innerster einem Baum mit vielen Blättern gleicht. Jedes Blatt entspricht einer menschlichen Persönlichkeit.

Der Innerste hat nicht nur eine Persönlichkeit, wie die Pseudo-Esoteriker glauben. Der Innerste hat verschiedene Persönlichkeiten und am erstaunlichsten dabei ist, dass sie an verschiedenen Orten der Erde inkarniert sein können.

Wenn ein menschliches Wesen keine Seele fabriziert, ist es nur logisch, dass es verloren ist und in den Abgrund fällt. Für den Innersten ist dies jedoch unwichtig. Es ist ein Blatt, das vom Baum des Lebens fiel, ein Blatt ohne Bedeutung. Der Innerste bemüht sich um seine anderen Persönlichkeiten, kämpft, damit diese eine Seele fabrizieren, um sie als Tiger der Weisheit zu verschlingen.

Die menschliche Persönlichkeit, das intellektuelle Tier, genannt Mensch, ist weniger Wert als die Asche eine Zigarette. Trotzdem fühlen sich die Narren als Riesen. In allen pseudo-esoterischen Bewegungen gibt es unglücklicherweise eine Unzahl von Mythomanen, Individuen, die glauben, Meister zu sein. Individuen, die glauben, Götter zu sein. Individuen, die glauben, Heilige zu sein. Das einzige wahrhaft Große aber ist nur der Geist, der Innerste. Wir, die intellektuellen Tiere, sind Blätter, die der Wind verweht. Blätter vom Baum des Lebens. Das ist alles.

„Der Mensch ist eine hybride Mischung aus Pflanze und Phantom. Ein armer Schatten, der nur dann Unsterblichkeit erlangt, wenn er eine Seele erschafft."

Die Menschheit ist gescheitert. Die große Mehrheit der Menschheit, die überwiegende Mehrheit, hat noch keine Seele. Die große Mehrheit der Menschen ist wie dürres Laub, das der Sturm des Verhängnisses in den Abgrund reißt. Blätter, gefallen vom Baum des Lebens.

Der Fenrirwolf zerreißt seine schrecklichen Ketten, wie die germanische Edda sagt. Das Karma fällt auf die gesamte Menschheit. Die Götter Walhalls werden gegen den Feind kämpfen. Die Midgardschlange überflutet die Erde, und die Welt ist gescheitert.

Die germanische Mythologie ist nordischen Ursprungs. Die Weisheit kommt vom Norden. Die erste Rasse wurde durch die Tiger der Weisheit verschlungen. Es war eine unsterbliche Rasse. Die zweite Rasse wurde durch Orkane zerstört. Die dritte Rasse verwandelte sich in Vögel. Die vierte Rasse in Fischmenschen. Die Fünfte in Ziegen.

Die Wiege der Menschheit liegt im Norden. Die germanische Edda ist nordische Weisheit. Die Vorväter der Azteken lebten auf der heiligen Insel des Nordens.

Die okkulte Weisheit kam vom Norden nach Lemurien und von Lemurien nach Atlantis. Nach dem Untergang von Atlantis blieb diese Weisheit in jenen Teilen der Erde erhalten, die seinerzeit dem Kontinent Atlantis angehörten. Indien bildete niemals einen Teil von Atlantis. Die Annahme, alle Weisheit des Altertums befinde sich in

Indien, ist absurd. Wenn wir die Weisheit der Schlange suchen wollen, finden wir sie in Mexiko, Ägypten, Yucatan, usw. Diese Länder waren ein Teil von Atlantis.

Wir müssen dringend die germanische Edda studieren, zwischen ihren Zeilen lesen und dann auf der Osterinsel, in Mexiko, Yucatan, usw. forschen.

Die germanische Edda mit ihrer Genesis und Apokalypse ist reine Sexualmagie. In der Sexualität finden wir die Wurzel unseres Seins.

Wir müssen von der Schlange verschlungen werden. Wir müssen vom Tiger verschlungen werden. Zuerst verschlingt uns die Schlange und dann der Tiger.

30. Der fünfzackige Stern

Das Pentagramm drückt die Überlegenheit des Geistes über die Elemente der Natur aus. Mit diesem magischen Zeichen können wir die Elementargeister beherrschen, welche die Regionen des Feuers, der Luft, des Wassers und der Erde bevölkern.

Vor diesem Zeichen erbeben die Dämonen und ergreifen zitternd die Flucht.

Das Pentagramm mit der Spitze nach oben treibt die Kräfte der Dunkelheit in die Flucht. Das Pentagramm mit der Spitze nach unten dient zur Anrufung der finsteren Mächte. Befestigt man das Pentagramm an der Türschwelle mit der oberen Spitze nach innen und den beiden unteren Spitzen nach außen, so ist es den Schwarzmagiern unmöglich, diese Schwelle zu überschreiten.

Das Pentagramm ist der Flammenstern. Das Pentagramm ist das Zeichen des fleischgewordenen Wortes.

Je nach Richtung seiner Spitzen repräsentiert es Gott oder Teufel, das geopferte Lamm oder den Ziegenbock des Mendes. Wenn das Pentagramm seine obere Spitze nach oben richtet, repräsentiert es Christus. Wenn seine beiden unteren Spitzen nach oben zeigen, repräsentiert es Satan.

Das Pentagramm repräsentiert den vollkommenen Menschen. Mit dem Strahl nach oben ist es der Meister. Mit dem oberen Strahl nach unten und den beiden unteren Zacken nach oben repräsentiert es den gefallenen Engel. Jeder gefallene Bodhisattwa ist ein umgekehrtes Pentagramm.

Jeder gefallene Eingeweihte wird zu einem umgekehrten Flammenstern.

Das beste Amulett ist ein Flammenstern mit den sieben Metallen, die den sieben Planeten entsprechen: Silber für den Mond, Quecksilber für Merkur, Kupfer für Venus, Gold für die Sonne, Eisen für den Mars, Zinn für Jupiter und Blei für Saturn. Man kann diese Amulette als Anhänger anfertigen oder als Ringe, die auf dem Ringfinger zu tragen sind.

Man kann den Flammenstern auch auf ein ganz weißes Lammfell zeichnen, das man in der Wohnung auslegt, am besten an der Schwelle des Schlafzimmers. So können wir verhindern, dass die Kräfte der Finsteren in unser Schlafzimmer eindringen. Das Pentagramm kann auch auf das Fenster gezeichnet werden, das erschreckt die Dämonen und Gespenster.

Das Pentagramm ist das Symbol des universalen Wortes des Lebens. Mit bestimmten geheimen Mantrams kann das Pentagramm sofort zum Erstrahlen gebracht werden.

In den Upanischaden Gopala Tapani und Krishna fanden wir das Mantram, welches die Macht besitzt, auf der Astralebene sofort den schrecklichen Flammenstern zu bilden, vor dem die Dämonen voll Entsetzen fliehen. Dieses Mantram setzt sich aus fünf Teilen wie folgt zusammen: Klim, Krishnaya, Govindaya, Gopijana, Vallabhaya, Swaha.

Beim Vokalisieren dieses Mantrams bildet sich sofort der Flammenstern, vor dem die Schwarzmagier des Arkanums achtzehn schreckerfüllt fliehen. Diese Dämonen greifen voller Hass den Eingeweihten während seiner Arbeit am großen Werk an. Die Schüler des Pfades der Perfekten Ehe müssen furchtbare Kämpfe gegen diese dunklen Kräfte bestehen. Jeder Wirbel des Rückgrats stellt schreckliche Kämpfe gegen die Schwarzmagier dar. Sie kämpfen darum, den Schüler vom Pfad auf des Messers Schneide abzubringen.

Das genannte machtvolle Mantram hat drei genau definierte Teile. Beim Vokalisieren der Silbe Klim, die die Okkultisten Indiens den Samen der Anziehung nennen, erzeugen wir einen Strom christischer Energie, die unverzüglich aus der Welt des Sonnenlogos herabfließt, um uns zu schützen, wobei sich eine mysteriöse Tür nach unten öffnet. Mit den drei folgenden Teilen des Mantrams nimmt der Vokalisierende diese christische Energie auf und durch den fünften Teil des Mantrams kann der Empfangende sie schließlich ausstrahlen, um sich kraftvoll gegen die dunklen Mächte zu schützen. Dadurch werden diese in die Flucht geschlagen.

Das Wort kristallisiert sich immer in geometrischen Linien. Dies ist auch auf Tonbändern ersichtlich. Ein Gespräch wird auf Band aufgenommen. Jeder Buchstabe wird zu einer geometrischen Figur.

Es genügt, das Band im Kassettenrekorder abzuspielen, um das Gespräch zu wiederholen. Gott geometrisiert. Das Wort nimmt geometrische Figuren an. Diese von uns genannten Mantrams haben die Macht, sofort in den feinstofflichen Welten den Flammenstern zu bilden. Dieser Stern ist ein Vehikel der christischen Kraft. Dieser Stern repräsentiert das Wort.

Mit diesem machtvollen Mantram können sich alle schützen, die in der feurigen Esse des Vulcanus arbeiten. Dieses Mantram wird in einzelnen Silben ausgesprochen. Mit diesem Mantram können auch Dämonen beschworen werden, die Besessene beherrschen.

Wir müssen dringend lernen, den Flammenstern sofort zu bilden. Mit diesem Mantram können wir diesen Stern bilden, um die finsteren Mächte zu bekämpfen.

Das Wort

Die gebildeten Ignoranten, die in diesem Jahrhundert äußerst zahlreich anzutreffen sind, können wie Dummköpfe über Dinge lachen, die sie nicht kennen. Diese Leute glauben, unsere Mantrams seien nur wertlose Worte und ihre Energie verliere sich im Raum. Sie kennen den inneren Wert der Worte nicht, wissen nicht um die wesentliche Substanz des Wortes und deshalb lachen sie über unsere Mantrams.

In jedem Wort existiert ein innerer und ein äußerer Wert. Und genau dieser innere Wert eines Wortes macht seine wesentliche Substanz aus. Das innere Element des Wortes finden wir nicht in unserem dreidimensionalen Raum. Das innere Element des Wortes muss im höheren Raum gesucht werden, in Dimensionen, die höher sind als unsere. Unser Raum zeigt sich uns nur als Teil des höheren Raumes. Deshalb kommen wir zur Schlussfolgerung, dass wir nicht den ganzen Raum kennen. Das Einzige was wir kennen ist dieser kleine Teil, der in Begriffen wie Länge, Breite und Höhe gemessen werden kann.

Das innere Element des Wortes verläuft geometrisch in den höheren Dimensionen des Raumes. So können wir mit den in diesem Kapitel gegebenen Mantrams den fünfzackigen Stern formen, der den physischen Augen unsichtbar, aber dem sechsten Sinn völlig klar sichtbar ist.

Über die vierte Dimension der Materie im Raum weiß die Wissenschaft nichts. Sie weiß nichts von Hypergeometrie der vierten Dimension. Den Raum als die Form der Materie im Universum zu definieren, und das Konzept der Materie einzuführen ist völlig ungenügend, da es um das Unbekannte geht, denn nach wie vor ist die Materie das Unbekannte. Alle Versuche, eine physikalische Definition des Begriffes Materie zu geben enden in einer Sackgasse: X = Y, Y = X. Dies ist die Sackgasse der Physiker.

Die Definitionen der Psychologen des Begriffes Materie enden ebenfalls in der gleichen Sackgasse. Ein Weiser sagte einmal: „Materie (wie die Kraft) bereitet uns keine Schwierigkeiten. Wir verstehen alles in diesem Zusammenhang aus dem einfachen Grund, weil wir es erfanden. Wenn wir von Materie sprechen, denken wir an sinnlich wahrnehmbare Gegenstände. Schwierigkeiten haben wir im Umgang mit der mentalen Veränderung konkreter, aber komplizierter Tatsachen.“

„Streng gesprochen existiert Materie nur als Konzept. In Wirklichkeit sind die Eigenschaften der Materie, wenn auch von ihr nur als Konzept gesprochen wird, so wenig offensichtlich, dass der größte Teil der Menschen nicht in der Lage ist, uns genau zu sagen, was sie darunter eigentlich verstehen.“

Niemand weiß wirklich, was Materie ist und trotzdem beruht auf diesem Konzept die reaktionäre und konservative Schule des materialistischen Positivismus.

Auch wenn es den Physikern nicht gefällt, müssen wir trotzdem feststellen, dass Materie und Energie Worte sind, die offiziell akzeptiert wurden, um sehr viele komplizierte Tatsachen auszudrücken, deren substanzielle Ursache die Wissenschaft nicht kennt. Wer hat die Materie je gesehen? Wer hat Energie gesehen? Wir sehen nur Phänomene. Niemand hat die Materie unabhängig von ihrer Substanz gesehen. Niemand hat Energie getrennt von Bewegung wahrgenommen. Dies zeigt deutlich, dass Materie und Energie nur abstrakte Begriffe sind. Niemand sieht Materie getrennt vom Objekt. Niemand sieht Energie getrennt von der Bewegung. Materie und Energie, vom

Objekt und den Phänomenen getrennt, sind für den Menschen ein Mysterium. Der Mensch ist siebenundneunzig Prozent unbewusst und drei Prozent bewusst. Der Mensch träumt von den Phänomenen der Natur und nennt sie Materie, Energie, usw. Ehe noch das Universum existierte, ehe noch alle Phänomene existierten, gab es bereits das Wort. Wahrlich, der Logos tönt.

In der Morgenröte des Lebens feierte das Heer des Wortes die Rituale des Feuers, sang sie in der heiligen Sprache. Das große Wort kristallisierte sich in geometrischen Formen, kondensierte durch die Urmaterie und bildete so den Ursprung aller Phänomene der Natur.

Die Welt und das Bewusstsein sind das Ergebnis des Wortes. Der dreidimensionale Raum ist ein Merkmal unserer materiellen Wahrnehmung. Wenn wir die Qualität der Vorstellungen verbessern, verbessert sich auch die Qualität der Wahrnehmungen und wir treten in die höheren Dimensionen des Raumes ein, in denen die dreidimensionale Welt nicht mehr existiert und nur wie ein Traum in unserer Erinnerung weiterlebt.

Die Welt, wie sie sich unserem Bewusstsein darstellt, ist nur die mechanische Seite aller kombinierten Ursachen, die eine bestimmte Reihe von Empfindungen hervorrufen.

Jenseits der Welt und des Bewusstseins befindet sich die Hauptursache aller Existenz. Dies ist das Wort. Es ist das Wort, das Welten erschafft.

„Im Anfang war das Wort, und das Wort war bei Gott, und Gott war das Wort. Dasselbe war im Anfang bei Gott. Alle Dinge sind durch dasselbe gemacht, und ohne dasselbe ist nichts gemacht, was gemacht ist. In ihm war das Leben, und das Leben war das Licht der Menschen. Und das Licht scheint in der Finsternis, und die Finsternis hat's nicht begriffen.“

Das Wort wird vollständig durch den fünfzackigen Stern symbolisiert. Dieser Stern ist der Flammenstern. Mit ihm können wir uns gegen die Mächte der Finsternis schützen. Vor diesem wunderbaren Stern erzittern die Scharen der Engel und Dämonen.

31. Die Eskimos des Nordens

Die Tradition sagt, dass die Eskimos von Grönland und Alaska aus dem fernen Thule kommen.

Man sagt, sie hätten sich mit Eroberern aus Polynesien, mit Tungusen und Dänen vermischt.

Der große gnostische Rosenkreuzer und Meister Arnold Krumm-Heller erzählt uns wundersame Dinge über das ferne Thule, über die heilige Insel. Don Mario Rosso de Luna berichtet, dass es diese Insel noch immer gibt, aber sie befindet sich im Jinas-Zustand. Wir wissen, dass auf dieser Insel die erste menschliche Rasse existierte.

Die polare Rasse entwickelte sich in einer völlig anderen Umgebung als heute. In jener Urzeit, vor mehr als dreihundert Millionen Jahren, war die Erde halb ätherisch, halb physisch; sie sah aus wie ein gekrümmtes blaues Meer, ähnlich dem nächtlichen Firmament.

In jenen Zeiten konnten die Menschen in der Atmosphäre schweben. Die menschlichen Körper waren androgyn und ätherisch. Sie waren elastisch und feinstofflich. Sie konnten ihre Größe von zehn oder zwanzig Metern beibehalten oder sie nach ihrem Willen auf die Größe eines Zwerges oder der heutigen Menschen reduzieren.

Wir können nicht bestätigen, dass jene Menschen Hermaphroditen waren. Es handelte sich um eine androgyne Rasse. Ihre sexuelle Energie manifestierte sich anders und sie vermehrten sich durch Teilung. Zu einem bestimmten Zeitpunkt teilte sich der ursprüngliche Organismus in zwei gleiche Hälften, ähnlich der Vermehrung durch Zellteilung. Dieser Vorgang wurde jedes Mal durch Gebete und tiefste Verehrung der Göttlichkeit begleitet.

Es mag unglaublich klingen, aber die erste menschliche Rasse erreichte einen sehr hohen Grad der Zivilisation. Mit dem plastischen, ätherischen Material dieser Urerde bauten sie Häuser, Paläste, Städte und grandiose Tempel. Sicherlich werden die Ignoranten des Materialismus der heutigen Zeit über unsere Feststellungen lachen, da niemals Reste jener Zivilisation gefunden wurden. Es ist auch völlig unmöglich, Überreste dieser uralten Kultur zu finden, da ja die Erde in jener weit zurückliegenden Epoche ätherisch war, das heißt sie bestand aus Pro-Materie. Nur in der Chronik der Natur finden die großen Seher die ganze lebendige Geschichte der ersten Rasse. Das ist die protoplasmatische Rasse. Dies ist das echte Protoplasma der menschlichen Rasse. Die großen Hellseher können über das Protoplasma der Darwins und Haeckels nur lächeln.

Die fossilen Reste menschlicher Wesen, die in den unterirdischen Höhlen der Erde gefunden werden, haben mit der protoplasmatischen Rasse gar nichts zu tun. Diese Fossilien sind Reste degenerierter Stämme, die Nachfahren der untergegangenen Atlanter waren.

Die Religion, die Wissenschaft und die Philosophie waren in der Kultur der polaren Rasse eine Einheit. Die Bewohner des fernen Thule waren Bodhisattwas der Meister aus anderen Mahamvantaras.

Adam und Eva waren ein einziges Wesen. Heute sind Adam und Eva getrennt, leiden und suchen einander mit unstillbarem Durst, um sich wieder zu vereinen. Nur während des Sexualaktes sind Mann und Frau ein einziges Wesen. In diesen Momenten sexueller Hingabe empfinden Mann und Frau das immense Glück, ein einziges Wesen zu sein.

Die kosmischen Rituale jener Urzeit sind sehr interessant. In den Tempeln kann der geübte Hellseher reine, okkulte Freimaurerei entdecken. Diese Rituale unterschieden sich völlig von den Ritualen, die gegenwärtig in der Welt praktiziert werden, sodass es für einen modernen Freimaurer unmöglich wäre, zuzugeben, dass jene Rituale ebenfalls freimaurische Rituale waren.

Die Lichter des Tempels waren nicht fixiert. Der ehrwürdige Meister konnte einen Thron besteigen oder ihn auch verlassen. Manchmal setzte sich der erste Wächter auf einen Thron, später tauschte er mit dem zweiten Wächter. Durch Levitation tauschten die hohen Würdenträger ihre Standorte unter sich. Ihre Gewänder vereinten die Farben weiß und schwarz, um den Kampf zwischen Licht und Finsternis darzustellen. Die Konstruktion des Tempels war perfekt. Die Symbole und die Werkzeuge wurden umgekehrt verwendet, um das Drama darzustellen, das sich in die Zeitalter projiziert: die

Herabkunft des Geistes in die Materie. So sehen wir zu unserem Erstaunen umgekehrte Szepter, Kelche, usw. Das Leben stieg bis jetzt in die Materie herunter und dem musste symbolisch Ausdruck verliehen werden.

Die heiligen Prozessionen waren großartig. Durch sie wurden die großen Mysterien und der höchste Abstieg des Geistes in die Materie ausgedrückt. Es war ein großartiges Ereignis, das im Laufe der Zeitalter erwartet wurde. Sie warteten mit der gleichen Sehnsucht darauf, mit der heute die Rückkehr des Menschen in die höheren Welten erwartet wird.

Die Sprache der protoplasmatischen Rasse war das goldene Wort, eine kosmische Universalsprache, deren Klangkombinationen kosmische Phänomene jeder Art hervorrufen.

Wer den Weg der Perfekten Ehe geht, wird in sich selbst diese Ursprache wieder finden. Wenn das heilige Feuer die Kehle erreicht, beginnen wir die reine Ortho der göttlichen Sprache zu sprechen, die wie ein goldener Fluss unter dem dichten Dschungel der Sonne köstlich dahin fließt. In dieser Sprache unterwiesen die Väter der Götter ihre Kinder, in dem sie die kosmischen Gesetze der Natur sangen.

Die Schrift der ersten Rasse waren die Runen. Der Hammer der Freimaurer geht auf den Pfeil des ägyptischen Gottes Ra zurück. Dieser Pfeil ist eine Rune.

In jener Urzeit waren alle Rituale der polaren Tempel runische Rituale. Die Bewegungen der Offizianten waren runisch. Die Runen sind eine göttliche Schrift. Erinnern wir uns daran, dass die Swastika eine Rune ist. Die hebräischen Buchstaben sind nichts anderes als modifizierte Runen.

Die Wiege der okkulten Weisheit stand nicht in Asien, wie so viele annehmen. Die wahre Wiege der Weisheit war die heilige Insel, das ferne Thule, von welchem Meister Huiracocha soviel Schönes berichtet.

In jener Zeit der protoplasmatischen Rasse befand sich die heilige Insel nicht im Norden. Sie war ein Kontinent, dessen genaue Lage sich am Äquator befand. Später, nach dem Kippen der Erdachse war diese Insel im Norden. Das Kippen der Erdachse wurde bereits von der heutigen Wissenschaft festgestellt. Zurzeit bewegen sich die Pole in Richtung Äquator.

Die gegenwärtigen Eskimos, obwohl mit anderen Rassen vermischt, sind keine Nachfahren der ersten Rasse. Sie sind vielmehr degenerierte Nachkommen der Atlanter, aber sie bewahren einige hochinteressante Traditionen. Sie haben einen ausgeprägten Familiensinn, der sie vereint. Jedes Stammesoberhaupt trägt ein spezielles Amulett, das ein bestimmtes Zeichen, ein Totem oder den Namen einer heiligen Tierart aufweist. Dieses Amulett gibt er an seine Nachkommen weiter. Aufgrund der Tatsache, dass die Eskimos in der nördlichen Polargegend wohnen, neigen viele zu der Annahme, sie würden von den ursprünglichen Menschen des Nordens des ersten Zeitalters abstammen.

Interessant ist auch, dass es unter den alten Eskimos keine spezielle Autorität wie zum Beispiel einen Häuptling oder König gab. Sie wurden durch einen Ältestenrat regiert. Die jungen Männer verbinden sich in perfekter Ehe mit Frauen anderer Clans; das Amulett dient als Kennzeichen, damit sie nicht innerhalb der eigenen Familie heiraten. Es gab auch eine Zeit, in der sie Polyandrie ausübten. Sie töteten jeden weiblichen Säugling, der vor einem männlichen Kind geboren wurde. Glücklicherweise wurde diese barbarische Sitte abgeschafft.

In seinem Buch „Historia del Matrimonio“ berichtet E. A. Westermack, dass die Eskimos ihre Frauen anderen Männern liehen oder mit ihnen tauschten. Natürlich handelt es sich dabei um Ehebruch. Eine schreckliche Sitte, niemals vereinbar mit der Lehre unseres anbetungswürdigen Erretters Jesus Christus. Nichtsdestoweniger hat jedes Gesetz seine Ausnahme und wir können nicht glauben, dass alle Eskimos dieser barbarischen Sitte huldigen. Im Weinberg Gottes gibt es von allem.

Bei den Eskimos ist es Brauch, ihre Toten in Häute einzuwickeln und sie in einem von einem Zaun umgebenen Hügel zu bestatten. Auf den Aleuten werden die Toten mit Stricken umwickelt und in den Spalten der Klippen bestattet.

Die Eskimos kennen das Gesetz der ewigen Wiederkehr, sie wissen, dass das Ego in einen neuen Schoss zurückkehrt. Ihre Fetische oder kleinen Puppen stellen die Essenz dar. Sie glauben, diese sei klein und winzig, doch wissen ihre Priester sehr wohl, dass man mit ihr die Seele fabriziert.

Schwangerschaft, Geburt, Pubertät und Tod werden von den Eskimos mit speziellen esoterischen Praktiken gefeiert.

Die Eskimos beten das weibliche Gottesprinzip an. Sie lieben die heilige alte Frau Sedna, die in den Tiefen des Meeres wohnt und ihnen Meerestiere zur Nahrung schickt. Natürlich verlachen die gebildeten Ignoranten, die über Okkultismus nichts wissen, die göttliche Religion der Eskimos. Die schönsten Lieder und Rituale der Eskimos ehren die göttliche Mutter. Die symbolischen Reisen des Schamanen (Priester), der auf der Suche nach der alten Sedna ist, um sie zu trösten, wenn sie verärgert ist und die Prozessionen der Gemeinschaft, um sich mit ihr auszusöhnen, erinnern uns an die symbolischen Reisen des Kandidaten der Freimaurer um die Loge. Diese Reisen sind das äußere Symbol der Erhebung des Bewusstseins des Kandidaten in die höheren Welten. Die fünf symbolischen Reisen der okkulten Freimaurer sind eng mit den fünf Einweihungen in die höheren Mysterien verknüpft. Die unwissenden Profanen, die diese Reisen der Eskimos beobachten, lachen nur darüber, obwohl sie nichts wissen. Sie lachen wie Idioten, sie lachen über das, was sie nicht kennen.

Wie jeder wirkliche Eingeweihte, der seinen sechsten Sinn entwickelt hat, wissen auch die Eskimos sehr genau, dass es Genien gibt, Feen, Gnomen, Riesen, Salamander des Feuers, Undinen, usw. Glücklicherweise hat die offizielle Wissenschaft nach Anerkennung der Hypnose, die sie Hypnologie nennt, keine andere Wahl und muss als logische Konsequenz die Hellsichtigkeit akzeptieren. Nur so können wir erklären, dass ein Wesen im Zustand der Hypnose durch Mauern sehen oder darüber berichten kann, was Tausende von Kilometern entfernt geschieht.

Was die Wissenschaft heute zurückweist, akzeptiert sie morgen. Wer heute über Paracelsus und die Eskimos mit ihren Elementargeistern, Gnomen, Zwergen, Salamandern, Genien, Undinen, Sylphen, usw. lacht, wird morgen über sich selbst lachen und vor Scham erröten müssen, wenn diese Wesen von der Wissenschaft erneut entdeckt werden. Wer hätte noch vor einigen Jahren an die Blindschleiche geglaubt? Vor nicht langer Zeit, im Jahre 1961, entdeckte ein berühmter Wissenschaftler und überzeugter Ungläubiger die berühmte Blindschleiche.

Diese Schlange ist fähig, ihren Schwanz im Falle einer Gefahr einfach abzustreifen, um ihn nachher wieder zu regenerieren. Droht der Blindschleiche eine Gefahr oder wird sie von einem anderen Tier angegriffen, rollt sie sich ein, wird ganz hart und wirft sich auf den Angreifer. Sie wirft dann sofort ihren Schwanz ab und ihr Vorderteil flieht wie ein Blitz. Das angreifende Tier wird durch den Schwanz abgelenkt, während sich die Schlange selbst rettet. Später wächst aus dem Vorderteil ein neuer Schwanz. Das ist alles.

Es gibt viele Wunder in der Natur und wir müssen lernen, jede Religion zu achten, denn jede Religion ist nichts anderes als eine andere Form der einen und universalen Religion. In jeder Religion finden sich große Wahrheiten und kosmische Wissenschaften, unbekannt für den gebildeten Ignoranten dieser barbarischen Epoche.

All jene, die wahre Selbstverwirklichung anstreben, müssen in ihrem Laboratorium mit Schwefel (Feuer), Azoth (Luft), dem Menschen (Wasser) und dem Stier (Erde) arbeiten. Diese vier Elemente bilden ein Kreuz.

Der Alchemist, der dem Weg der Perfekten Ehe folgt, muss in den tiefen Höhlen des großen Gebirges (der Wirbelsäule) Blei zu Gold verwandeln.

In diesem großen Gebirge leben die Gnomen, die Hüter aller Schätze der Erde, die großen Alchemisten, die Blei zu Gold verwandeln können.

Die Gnomen arbeiten mit den Salamandern des Feuers, mit den Luftgeistern und den Undinen des reinen Wassers des Lebens. Die feurigen Salamander befruchten die unruhigen Undinen, und die fröhlichen Sylphen der Lüfte beleben das Feuer der Esse des Laboratoriums (des Chakras, genannt Kirche von Ephesos), damit das Wasser (die Samenflüssigkeit) aus seinem Behälter (dem Geschlechtsorgan) verdunste. Die Samen-Dämpfe steigen durch den Kamin bis zum Destillator (dem Gehirn) auf. Dort führen die Gnomen die große Destillation durch, das Blei wird vollständig zu Gold verwandelt.

Wir müssen das Blei der Persönlichkeit in das Gold des Geistes verwandeln. Nur so können wir wieder im reinen Ortho der göttlichen Sprache sprechen. Unsere Devise ist Thelema (Wille).

Wir müssen durch die fünf großen Einweihungen des Feuers gehen, die durch die drei Grade der okkulten Freimaurerei symbolisiert werden. Wir müssen zurückgehen zur göttlichen Weisheit des fernen Thule. Viel wurde über dieses ferne Thule, das Land der Götter erzählt. Dort leben die Urahnen der Eskimos, aber auch der Azteken. Dort lebt Quetzalcoatl. Von dort kam er und dorthin kehrte er zurück. Der Herrscher Moctezuma sandte eine Gruppe von Magiern als Gesandte in dieses ferne Thule. Sie reisten im Jinas-Zustand. Sie reisten mit ihren Körpern in der vierten Dimension. Dieses ferne Thule ist die heilige Erde, die heilige Insel, der erste Kontinent, der existierte und der letzte, der sein wird. Dieser Kontinent befindet sich im Eis des Nordpols in der vierten Dimension. Die von Moctezuma gesandten aztekischen Magier gelangten im Jinas-Zustand nach Thule und überbrachten den Urvätern der Azteken Geschenke. Bei ihrer Rückkehr überbrachten sie Moctezuma und den Azteken eine Botschaft, die wir wie folgt zusammenfassen können: „Wenn ihr eure Leidenschaften, Grausamkeiten und Laster nicht aufgebt, werdet ihr bestraft werden. Vom Meer werden weiße Männer kommen, die euch erobern und vernichten werden."

All dies erfüllte sich mit der Ankunft der Spanier in Mexiko.

Das von der vierten Dimension und einem heiligen Kontinent am Nordpol, der sich in der vierten Dimension befindet, mag die gebildeten Ignoranten freilich zum Lachen bringen; aber sie haben nie alle Dimensionen des Raumes studiert. Es ist schade, dass die Mathematik die Dimensionen des Raumes nicht definieren kann. „Jeder mathematische Ausdruck entspricht immer einer Verwirklichung von Realitäten." So denkt man der formalen Logik.

Glücklicherweise gibt es aber auch eine dialektische Logik, die es uns ermöglicht, die Mathematik zur Definition der sechs grundlegenden Dimensionen des Universums heranzuziehen.

Üblicherweise werden die Dimensionen durch Potenzen wiedergegeben: die erste, die zweite, die dritte, die vierte, usw. Und genau dies gab Hinton die Grundlage für seine berühmte Theorie der

Tesserakte oder tetradimensionalen Körper (a^4 = a in die vierte Potenz erhoben). Dies ist die Darstellung der Dimensionen als Potenzen. Viele Autoren glauben, dass die Mathematik mit den Dimensionen nichts zu tun hat, da es zwischen den Dimensionen keine Unterschiede gibt. Dieses Konzept erscheint uns falsch. Wir glauben, dass der Unterschied zwischen den Dimensionen offenkundig ist und das gesamte Universum nach dem Gesetz der Zahl, Masse und Gewicht geschaffen ist. Solange der Verstand in die formale Logik eingekapselt bleibt, limitieren wir die Anwendung der Mathematik auf die dreidimensionale Welt. Wir benötigen dringend die dialektische Logik, um die Darstellung der Dimension durch Potenzen als etwas Logisches zu betrachten. Dies ist nur dialektisch möglich mit der logischen Dialektik.

Die Metageometrie studiert den höheren Raum. Die Metageometrie wird allmählich die euklidische Geometrie ersetzen. Die euklidische Geometrie dient nur dazu, die Eigenschaften eines bestimmten physikalischen Raumes zu untersuchen. Wenn wir das Studium der vierten Dimension dabei außer Acht lassen, können auf dem Gebiet der Physik keine wesentlichen Fortschritte erzielt werden.

In der vierten Dimension finden wir das grundlegende Geheimnis jeder Mechanik.

Die Metageometrie hat den Vorteil, die dreidimensionale Welt als einen Teil des höheren Raumes zu betrachten. Der Punkt ist im dreidimensionalen Raum nur ein Teilchen, ein Abschnitt einer metageometrischen Linie.

Mit der formalen Logik ist es unmöglich, die metageometrischen Linien als Entfernungen zwischen Punkten unseres Raumes anzusehen, und es ist unmöglich, sie so darzustellen, dass sie Figuren in unserem Raum bilden. Mit der dialektischen Logik aber gibt es Entfernungen zwischen Punkten in unserem Raum und wir können sie mit Figuren und Eigenschaften darstellen. So erscheint auch die Feststellung nicht absurd, dass der Kontinent am Nordpol der vierten Dimension angehört. Im Lichte der logischen dialektischen Gedanken wäre es auch nicht absurd, zu behaupten, dass dieser Kontinent von Menschen bewohnt ist, die physische Körper haben. Wir können eine Landkarte dieses Kontinentes zeichnen und diese würde von der dialektischen Logik akzeptiert werden. Die formale Logik hingegen würde nicht nur unsere Behauptung als absurd abtun, sondern würde uns auch zu falschen Annahmen führen.

Die Dreidimensionalität unserer Welt existiert sicherlich in unserer Psyche, in unserem rezeptiven Wahrnehmungssystem. Aber dort können wir auch alle Wunder der Supradimensionalität finden, wenn wir Hellsichtigkeit, Hellhörigkeit, usw. entwickeln, das heißt, wenn wir unseren psychischen Apparat perfektionieren. Nur durch die Entwicklung unserer Kräfte der inneren Wahrnehmung können wir die höheren Dimensionen der Natur studieren. Der materialistische Positivismus hat eine chinesische Mauer um die freie Forschung gebaut. Alles, was sich gegen diese Mauer stellt, wird von den gebildeten Ignoranten als anti-wissenschaftlich verdammt. Der materialistische Positivismus ist konservativ und reaktionär. Wir Gnostiker sind Revolutionäre und lehnen alle konservativen und reaktionären Ideen vollkommen ab.

Immanuel Kant, der große deutsche Philosoph, betrachtet den Raum als eine Eigenschaft der Wahrnehmung der Welt durch unser Bewusstsein. „Wir tragen in uns selbst die Bedingungen unseres Raumes und deshalb finden wir in uns selbst die Bedingungen, die es uns gestatten, Beziehungen zwischen unserem Raum und dem höheren Raum herzustellen."

Durch die Erfindung des Mikroskops öffnete sich uns die Welt des unendlich Kleinen. Durch die Erweckung des sechsten Sinnes wird sich uns die Welt der vierten Dimension öffnen.

Jene, die den sechsten Sinn entwickelt haben, können die Akasha-Chronik der Natur studieren und für sich selbst die Realität des Polar-Kontinentes im Norden entdecken.

Die erste Rasse, die es auf dieser Welt gab, war von schwarzer Farbe. Sie war die protoplasmatische Rasse, die androgyne Rasse, die sich durch den Sexualakt der Körperteilung (ähnlich der Zellteilung) vermehrte.

Diese erste Rasse lebte in der vierten Dimension des Raumes. Die Erde selbst befand sich in jener Zeit in der vierten Dimension. Diese Rasse erreichte eine gigantische Zivilisationsstufe, sie sprach in der goldenen Sprache und schrieb mit runischen Buchstaben. Diese Buchstaben sind von großer esoterischer Kraft. In jener Zeit schrieb der Engel Uriel in runischen Buchstaben ein wunderbares kosmisches Buch. Dieses Buch können wir nur in der Akasha-Chronik studieren.

Die Wahrnehmung und Begriffsvorstellung jener ersten Rasse war nicht subjektiv wie die der gegenwärtigen Menschen. Die Menschen der Polarregion hatten Wahrnehmungen und Begriffe objektiver Art, klar und perfekt. Sie konnten die Körper in vollständiger, genauer Form sehen. Die gegenwärtigen Menschen sehen nur Seiten, Winkel, Flächen, Oberflächen, usw. Niemand sieht die vollständigen Körper. Die gegenwärtige Menschheit ist degeneriert und hat nur unvollständige Wahrnehmungen und subjektive, degenerierte Begriffe.

Wir müssen zum Ausgangspunkt zurückkehren und unseren psychischen Apparat durch die Sexualmagie und die innere Meditation regenerieren, um die objektiven Vorstellungen und Wahrnehmungen zurückzuerobern.

Wir müssen aus unseren Vorstellungen und Wahrnehmungen alle subjektiven Elemente völlig eliminieren. Durch die Meditation erreicht man eine Verbesserung der Qualität der Vorstellungen, und durch die Sexualmagie erreicht man die Regeneration des psychischen Apparates.

Im Norden liegt die Wiege der okkulten Weisheit, nicht im Osten, wie die Orientalisten gerne annehmen.

Die Eskimos bewahren viele religiöse Traditionen, die es sehr wohl verdienen, genauer untersucht zu werden.

Archimedes sagte: „Gebt mir einen festen Punkt und ich werde das Universum bewegen." Archimedes suchte einen Hebel, um das Universum zu bewegen. Dieser Hebel existiert tatsächlich. Eliphas Levi sagt, dieser Hebel sei das Astrallicht. Wir möchten dies aber klarer definieren: Der Hebel des Archimedes ist Kundalini. Wer Kundalini entwickelt, kann seinen Körper aus Fleisch und Blut in die vierte Dimension versetzen und sich in das ferne Thule, die Erde der Götter transportieren. Wer zu beten und die göttliche Mutter Kundalini zu bitten versteht, kann sie sehr wohl darum bitten, ihn in die vierte Dimension zu versetzen und ihn zur heiligen Insel zu bringen. Kundalini ist der Hebel des Archimedes, der Hebel, mit dem wir uns in die vierte Dimension versetzen und unseren physischen Körper transportieren können. Die Erfindung des Hebels unterschied den primitiven Menschen sofort vom Tier und war in direkter Verbindung mit der wirklichen Erscheinung der Konzepte. Wenn wir die Wirkung des Hebels psychisch vollständig verstehen, so werden wir mit Staunen entdecken, dass sie in der Konstruktion eines korrekten Syllogismus besteht. Wer einen Syllogismus nicht korrekt zu konstruieren vermag, kann auch die Wirkung eines Hebels nicht völlig verstehen. Der Syllogismus ist in der psychischen Sphäre das Gleiche wie der Hebel im physischen Bereich. Wir können behaupten, dass die auf der Erde lebenden Wesen sich in zwei Gruppen unterteilen lassen. Diejenigen, die die Hebelwirkung kennen und diejenigen, denen sie unbekannt ist.

Der Mensch braucht den Hebel des Archimedes, die superastrale Schlange, um sich in die vierte Dimension zu versetzen und seinen Körper zum Land der Götter zu transportieren.

Wenn die Mathematik die fundamentalen Axiome der Identität und des Unterschiedes aufgibt, findet man den Weg, der uns zu einer höheren Ordnung der Dinge in den höheren Dimensionen des Raumes führt.

Der große Schriftsteller P. Ouspensky sagte: „In der Welt der unendlichen und variablen Größenordnungen kann eine Größe nicht gleich ihrer selbst sein. Ein Teil kann gleich dem Ganzen sein. Von zwei gleichen Größen kann eine unendlich großer sein als die andere."

Dies erscheint in der Tat völlig absurd, wenn man diese Frage im Lichte der Mathematik der konstanten und endlichen Zahlen studiert. Dennoch ist es die Wahrheit und ist völlig richtig. Die Mathematik der konstanten und endlichen Zahlen ist an sich die Berechnung der Beziehungen zwischen nicht existierenden Größen, das heißt die Berechnung des Absurden. So können wir sicherlich feststellen, dass das, was vom Gesichtspunkt dieser Mathematik aus absurd erscheint, wirklich sein kann, obwohl die Leute dies nicht glauben.

Bei einer bestimmten Gelegenheit sagte einmal ein sehr bekannter Strafrechtsexperte: „Um die Wahrheit zu finden, müssen wir auf die Logik verzichten." Dieser Anwalt sprach teilweise die Wahrheit, teilweise irrte er. Wir müssen auf die formale Logik verzichten, aber nicht auf die Logik als solche, denn die Logik ist die Kunst, korrekt zu denken. Wenn wir nicht mehr korrekt denken, fallen wir in die Absurdität. In seiner „Kritik der reinen Vernunft“ zeigte uns Immanuel Kant den Weg einer transzendentalen Logik. Vor Bacon und dem berühmten Aristoteles wurden in den archaischen Schriften der heiligen Erde der Veden die Formeln für eine höhere Logik bereits aufgezeichnet. Diese Formeln wurden in uralten Büchern und Schriften bewahrt. Diese Logik ist die dialektische Logik. Es ist die intuitive Logik, die Logik der Ekstase, die Logik des Unendlichen. Diese Logik ist um vieles älter als die deduktive und induktive Logik. Wenn der Mensch Herr dieses wunderbaren Schlüssels des Verstandes der dialektischen Logik wird, kann er das mysteriöse Tor der Welt der natürlichen Ursachen ohne Gefahr eines Irrtums öffnen. Die Axiome der dialektischen Logik können nur im Zustand der Ekstase formuliert werden.

Wenn wir wirklich zutiefst die multi-dimensionale Welt begreifen und die heilige Erde der Götter in der Eiskappe des Nordpols besuchen wollen, müssen wir aus dem Tempel unseres Geistes alle, aber auch alle intellektuellen, zu Axiomen gewordenen Idole hinauswerfen. Wir müssen den Geist seiner Ketten entledigen, ihn von der formalen Logik befreien, die nur für einen Molière und seine Karikaturen geeignet ist.

Das Land des Jinas, die in den Geschichten von 1001 Nacht versteckten Wunder, die Länder aus Gold, in denen die unaussprechlichen Götter der Morgenröte wohnen, werden zu einer unglaublichen Realität, wenn wir den Hebel des Archimedes finden. Gestützt auf diesen mysteriösen Hebel springen wir in die vierte Dimension. Die Stunde ist gekommen, den Geist zu befreien und Kundalini zu erwecken. Der Moment ist da, in dem der Mensch lernen muss, sich willentlich in die vierte Dimension zu versetzen. Wenn jemand mit erweckter Kundalini diese bitten würde, ihn während des Schlafes in die vierte Dimension zu versetzen und auf die heilige Insel am Nordpol zu transportieren, kann der Leser absolut sicher sein, dass sich dieses Wunder unweigerlich ereignen würde. Der Eingeweihte muss lediglich wissen, wie er sich unter Beibehaltung des Schlafzustandes von seinem Bett erhebt. Die Schlange hilft ihm, wenn er sich selbst zu helfen weiß.

„Hilf dir selbst und ich werde dir helfen.“

32. Die göttliche Dreifaltigkeit

Die heiligen Schriften Indiens behaupten, dass der Nabel, das Herz und der Kehlkopf feurige Zentren des menschlichen Organismus sind, und fügen hinzu, dass durch Meditation auf diese Zentren wir die Meister Sarasvati, Lakshmi, Parvati oder Girija in entsprechender hierarchischer Reihenfolge finden können.

Diese drei Meister arbeiten mit den drei Tiefen unseres strahlenden Drachens der Weisheit. Diese drei Meister bewegen die Kräfte, die von den drei Aspekten des Sonnenlogos kommen.

Saraswati arbeitet mit den Kräften des Vaters. Lakshmi übt Macht über den Astralkörper aus und Parvati über den physischen Körper.

Der Lehrling muss seinen physischen Körper durch Sexualmagie mit seiner Priestergattin perfektionieren. Diese Arbeit ist äußerst anstrengend und schwierig. Der Geselle muss seinen Astralkörper perfektionieren, bis er zu einem nützlichen Instrument wird. Der Meister muss seinen Mentalkörper mit der Kraft des Feuers, das in der universellen Orchestrierung lodert, perfektionieren.

Der Lehrling muss den Meister Parvati anrufen, damit er ihm helfe, während der Sexualmagie seine Sexualorgane unter Kontrolle zu halten. Der Geselle muss Lakshmi anrufen, damit er ihn lehre, sich in den Astralkörper zu begeben. Es ist äußerst wichtig zu lernen, bewusst und positiv mit dem Astralkörper zu reisen. Der Meister muss Saraswati anrufen, damit er ihm helfe, seinen Geist zu christifizieren. Diese Anrufungen werden während der Sexualmagie durchgeführt.

Es ist notwendig, während der Sexualmagie die Kräfte des heiligen Geistes anzurufen. Es ist wichtig, die Kräfte Christi anzurufen, damit sie die Geburt des Astralchristus in der Tiefe unseres inneren Universums bewirken. Es ist unerlässlich, die Kräfte des Vaters um Hilfe für unseren Verstand zu bitten. Wir müssen den Verstand Christi erzeugen.

Die physischen, astralen und mentalen Vehikel müssen sich zu feinen Instrumenten des Geistes verwandeln.

Wir müssen unbedingt lernen, bewusst astral zu reisen. Erinnern wir uns daran, dass sich im Astralen der Verstand befindet. Wir müssen dringend die Tempel der Weißen Loge besuchen. Im Astralen können wir zu Füssen des Meisters studieren.

Anschließend übermitteln wir die Mantrams, die ein Weiser in einem seiner Bücher lehrt, um astral reisen zu können. Diese Mantrams sind in Sanskrit und die indischen Yogis verwenden sie, um astral zu reisen.

Mantrams für Astralreisen

„Hare Ram, Hare Ram, Ram Hare Hare, Hare Christo, Hare Christo, Christo, Christo, Hare, Hare.

Hare Murare Modup Coiptus Hare Copal Govind Mukum Sonre. Mage Prage Yodi Kolpi Basi Parvot Tullo Hiro No Dane En Bai De Nem. Sri Govind, Sri Govind, Sri Govind, Sri Govind, Ganesha Namap."

Der Schüler muss mit dem Kopf nach Norden oder Osten schlafen. Er muss zuerst diese indischen Mantrams auswendig lernen. Er lege sich in Rückenlage (Gesicht nach oben) ins Bett. Dann rufe er mit ganzer Seele den Meister Lakshmi, damit er ihn bewusst und positiv in den Astralkörper bringe. Lakshmi muss im Namen Christi angerufen werden.

Anrufung

„Im Namen Christi, bei der Herrlichkeit Christi, bei der Macht Christi rufe ich dich, Lakshmi, Lakshmi, Lakshmi, Amen."

Diese Anrufung wiederhole man Tausende Male, wobei man immer wieder den Meister Lakshmi bittet, uns bewusst aus unserem physischen Körper zu ziehen und uns zu lehren, bewusst im Astralkörper zu reisen. Nach der Anrufung müssen die Sanskrit-Mantrams Tausende Male wiederholt werden, wobei sich der Verstand auf Christus konzentrieren muss. Schlaft bei der Anrufung ruhig ein. Beim Erwachen ist eine Übung des Rückblicks notwendig, um sich daran zu erinnern, wo man sich befand, wohin man reiste, mit wem man sprach, usw.

Wir müssen Lakshmi bitten, uns zu lehren, bewusst astral zu reisen. Wir müssen die Geduld eines Hiob haben, wenn wir lernen wollen, bewusst astral zu reisen. Denken wir daran, dass der Lehrlingsgrad sieben Jahre dauert und dass erst nach sieben Jahren die ersten Blitze der Erleuchtung aufflammen.

Wir sprechen diese Warnung aus, damit die Schüler wissen, was sie erwartet. Die Neugierigen, die Profanen und die Profanierer des Tempels ziehen sich besser zurück. Dieses Wissen ist nicht für Neugierige.

In dem Maße, in dem der Schüler Sexualmagie mit seiner Priestergattin praktiziert, in dem Ausmaß, in dem sein Verhalten immer korrekter und er heilig wird, spiegeln sich in seinem Astralkörper und in seinem Verstand die Pracht und die Kraft des Innersten (des Geistes).

Dann kommt die Erleuchtung. Das ist der Weg; die Erleuchtung kommt aber nur nach dem Lehrlingsgrad (wir sprechen in den Begriffen der okkulten Freimaurerei).

Jeder wahre, für die Erleuchtung bereite Kandidat kann mithilfe des Winkelmaßes und des Kompasses erkannt und geprüft werden.

Wenn der Geist und die menschliche Persönlichkeit in Übereinstimmung und in voller Harmonie handeln, ist der Schüler für die Erleuchtung bereit.

Wer darüber klagt, noch nicht erleuchtet zu sein, kann die Prüfung mit Winkelmaß und Kompass nicht bestehen. Wenn die untere Vierheit dem Geist treu gehorcht, folgt als Resultat die Erleuchtung. Ist dies nicht der Fall, das heißt, solange die menschliche Person dem Geist noch nicht gehorcht, ist Erleuchtung unmöglich.

Der Schüler muss in seinem Schlafzimmer täglich duftendes Räucherwerk verbrennen. Weihrauch reinigt den Astralkörper. Guter Weihrauch zieht die großen Meister an, die wir für unsere Arbeit brauchen.

Wir können das Räucherwerk mit Benzoeharz vermischen. Benzoeharz reinigt das Astrale und verbannt rohe und sinnliche

Gedanken. Man kann das Benzoeharz mit dem Weihrauch in einer Räucherpfanne vermischen und verbrennen. Das ist am praktischsten.

Auch die Essenz von Rosen kann mit diesen Duftstoffen vermischt werden, um die Umgebung zu reinigen. Die Rosen haben große Kraft. Die Rose ist die Königin der Blumen. Die Rose des Geistes muss ihre duftende und wunderbare Knospe über dem Kreuz unseres Körpers öffnen.

Wir empfehlen den Weihrauch auch, um eine Atmosphäre der Andacht im Brautgemach zu schaffen. Gatte und Gattin sollen umgeben von köstlichen Düften und von Liebe leben.

Räucherwerk und Duftstoffe werden in allen Tempeln Indiens, in den Tempeln der Färsen, der Jain, der Hindus und in den Schinto-Tempeln Japans verbrannt. Niemals fehlten Weihrauch und Duftstoffe in den Tempeln Griechenlands, Roms, Persiens, usw.

Der Schüler benötigt ein großes Ausmaß an Reinigung und Heiligung, um zur Erleuchtung zu gelangen.

Besondere Anweisungen

Jesus, der große Hierophant, sagte: „Hilf dir selbst und ich werde dir helfen." Der Schüler der Gnosis sollte diese Worte des Meisters im Gedächtnis bewahren. Die Mantrams für Astralreisen, die in diesem Buch gelehrt werden, sind wunderbar. Die Anrufung des Meisters Lakshmi ist großartig, aber der Schüler der Gnosis soll sich auch selbst helfen; er muss sich auf den Nabel konzentrieren, er muss einschlafen, indem er die Mantrams mental rezitiert; wenn er einschläft, wenn er die Entspannung des Schlafes verspürt, stelle er sich vor, ein Gas, ein Wind, oder etwas Subtiles zu sein. Er soll sich luftig oder gasförmig fühlen. In diesem Zustand, in dem er sich ätherisch und subtil fühlt, vergesse er die Schwere des physischen Körpers und denke, er könne an jeden beliebigen Ort fliegen, da er die Schwere nicht mehr verspürt. Der Schüler springe aus dem Bett, vergesse seinen physischen Körper, er fühle sich wie eine Wolke, ein Duft, wie eine Brise, wie göttlicher Atem. Man springe nicht in Gedanken, es ist nötig, dass alles in Tatsachen, in konkrete Taten umgesetzt wird. Sobald man den physischen Körper verlassen hat, verlasse man sein

Haus und gehe mit seinem Astralkörper zur gnostischen Kirche oder zu einem anderen beliebigen Ort.

Im Astralkörper kann man auf andere Planeten reisen, im Astralkörper können alle noch so weit entfernten Orte des Kosmos, die Mysterientempel usw. besucht werden.

Im Astralkörper kann der Schüler die Aufzeichnungen der Akasha-Chronik der Natur studieren und alle Ereignisse der Vergangenheit, der Gegenwart und der Zukunft kennenlernen. Es gibt in Asien eine Prophezeiung, die besagt, dass am Ende unseres zwanzigsten Jahrhunderts die Wissenschaftler besondere Geräte entwickeln werden, mit denen die Akasha-Chronik studiert werden kann. Die gesamte Menschheit kann dann auf dem Bildschirm die Geschichte der Erde und ihrer Rassen verfolgen, die lebendige Geschichte der großen Männer wie Jesus, Mohammed, Buddha, Hermes, Quetzalcoatl. Gegenwärtig bemühen sich die Menschen um die Perfektionierung von Radiogeräten, mit denen die Reden eines Christus, Cicero, Orpheus, usw., empfangen werden können. Die Wellen jener Reden existieren noch, denn nichts hört in der Natur zu vibrieren auf und es ist nur eine Frage der Perfektionierung der Radio- und Fernsehgeräte.

Auch jener Tag ist nicht mehr fern, an dem eine spezielle Linse erfunden wird, um den Astralkörper und die Astralebene sehen zu können. Die große Weiße Loge leitet bereits diese Art von Erfindungen und wissenschaftlichen Entdeckungen ein.

33. Der Christus

Der anbetungswürdige Gott Christus stammt aus archaischen Kulten, die dem Feuergott geweiht waren. Die Buchstaben P (Pyro) und X (Kreuz) stellen die Hieroglyphe zur Erzeugung des heiligen Feuers dar.

Christus wurde in den Mysterien von Mithra, Apollo, Aphrodite, Jupiter, Janus, Vesta, Bacchus, Astarte, Demeter, Quetzalcoatl, usw. angebetet.

Niemals fehlte in einer Religion das Christus-Prinzip. Alle Religionen sind eins. Die Religion gehört zum Leben wie Feuchtigkeit zum Wasser. Die große universale kosmische Religion wandelt sich in Tausende religiöse Formen um. In allen Religionsformen identifizieren sich die Priester mit den gleichen Grundprinzipien der großen universalen kosmischen Religion.

Es gibt keinen grundlegenden Unterschied zwischen einem mohammedanischen und einem jüdischen Priester oder zwischen einem heidnischen und einem christlichen Priester. Die Religion ist eins, einzigartig und absolut universal. Die Zeremonien der japanischen Shintu-Priester oder der mongolischen Lamas ähneln den Zeremonien der Zauberer und Medizinmänner Afrikas und Ozeaniens.

Wenn eine religiöse Form degeneriert, verschwindet sie und an ihre Stelle tritt eine vom universalen Leben neu geschaffene Religionsform.

Das echte, ursprüngliche gnostische Christentum stammt aus dem Heidentum. Bereits vor dem Heidentum wurde in allen Kulten der kosmische Christus verehrt. In Ägypten war Christus Osiris und wer diesen Osiris in sich inkarnierte, war ein Osirifizierter. In allen Epochen gab es Meister, die das unendliche, universale Christusprinzip in sich verwirklichten.

In Ägypten war Hermes der Christus. In Mexiko war es Quetzalcoatl, im heiligen Indien ist Krishna der Christus. Im Heiligen Land war es der große Gnostiker Jesus, der in Ägypten erzogen worden war und das Glück hatte, das universalen christische Prinzip zu empfangen und deshalb war er würdig, durch das Prinzip des Feuers und des Kreuzes zum Christus getauft zu werden.

Der Nazarener Jesus – Iesus – Zeus ist der moderne Mensch, der das universale Christusprinzip vollkommen in sich inkarniert. Vor ihm inkarnierten viele Meister dieses Christusprinzip des Feuers in sich.

Der Rabbi aus Galiläa ist ein Gott, da er den kosmischen Christus vollständig in sich inkarnierte. Hermes, Quetzalcoatl, Krishna sind ebenfalls Götter, da auch sie dieses Christusprinzip in sich verwirklichten.

Wir müssen zu den Göttern beten; sie helfen ihren Jüngern. „Bittet, so wird euch gegeben; suchet, so werdet ihr finden; klopfet an, so wird euch aufgetan."

Die Kunst das Feuer zu erzeugen, ist die Sexualmagie. Nur durch die Perfekte Ehe können wir das Feuer erzeugen, entwickeln und den Christus inkarnieren. So verwandeln wir uns zu Göttern.

Das Christusprinzip ist immer das gleiche. Die Meister, die dieses Prinzip inkarnieren, sind lebende Buddhas. Bei Letzteren gibt es immer Hierarchien. Der Buddha Jesus ist der höchste Eingeweihte der universalen Weißen Bruderschaft.

Wenn eine Religionsform ihre Aufgabe erfüllt hat, löst sie sich auf. Jesus, der Christus, war der Initiator einer neuen Ära. Jesus war eine religiöse Notwendigkeit der Epoche. Die heidnische Priesterkaste war gegen Ende des römischen Imperiums tief gesunken und in Misskredit geraten. Die Menge achtete die Priester nicht mehr. Die Künstler spotteten in ihren Komödien über die göttlichen Rituale und gaben den Göttern des Olymp und des Avernus verächtliche Spitznamen. Es ist schmerzlich zu sehen, wie diese Leute den Gott Bacchus durch ein betrunkenes Weib imitierten oder auch als dickbauchigen Trunkenbold, der auf einem Esel reitet, darstellten. Die wunderbare segensreiche Göttin Venus wurde als Ehebrecherin auf der Suche nach orgiastischen Vergnügungen dargestellt, gefolgt von den Nymphen, die ihrerseits von den Satyrn, angeführt von Pan und Bacchus verfolgt wurden.

In jener Zeit der religiösen Degeneration achteten die Völker Griechenlands und Roms nicht einmal mehr Mars, den Kriegsgott. Er wurde sarkastisch dargestellt, wie er durch das unsichtbare Netz des Vulcanus gefangen wurde, als er mit dessen Gattin, der wunderschönen Venus, Ehebruch beging. Die Art und Weise, in der sie den Beleidigten verspotteten, der Sarkasmus und die Ironie zeigten nur zu deutlich, wie dekadent das Heidentum war. Sogar Jupiter, der olympische Zeus und Vater der Götter, wurde von der Profanierung nicht ausgenommen. In vielen Satiren wurde dargestellt, dass er sehr damit beschäftigt war, Göttinnen, Nymphen und Sterbliche zu verführen. Priapos wurde zum Schrecken aller Ehemänner, und der Olymp, die Heimat der Götter, wurde zum zügellosen Bacchanal.

Der furchtbare Avernus (die Hölle) mit ihrem Herrscher Pluto, Quell des Schreckens während unzähliger Jahrhunderte, jagte niemandem mehr Angst ein. Der Avernus wurde dargestellt als Komödie mit Intrigen aller Art, Sarkasmus und Witzen, über die das ganze Volk lachte. Bannflüche, Exkommunikation durch die Priester, den Pontifex, usw. nützten nichts, die Menschen respektierten nichts mehr. Diese Religion hatte ihre Mission erfüllt und ihr Untergang war unvermeidlich. Der größte Teil der Priester und Priesterinnen degenerierte und sie prostituierten sich in den bereits verkommenen Tempeln der Vesta, der Venus und des Apollo.

Viele heidnische Priester wurden in jener Zeit zu Vagabunden, Komödianten, Marionettenspielern, Bettlern. Die Menschen verspotteten sie und verjagten sie mit Steinen. So endete die heidnische Religionsform im alten Rom. Sie hatte ihre Mission erfüllt und ihr blieb nur noch der Untergang.

Die Welt benötigte etwas Neues. Die universale Religion musste sich in einer neuen Form manifestieren. Jesus war der Initiator dieser neuen Ära. Jesus, der Christus, war wirklich der göttliche Held des neuen Zeitalters.

Das Konzil von Nicäa im Jahre 325 schuf keinen neuen Helden, wie die Ignoranten des Materialismus glauben. Beim Konzil von Nicäa wurden offiziell ein Mann und eine Lehre anerkannt. Die Lehre war das ursprüngliche Christentum, das heute durch die Sekte der Römisch-Katholischen Kirche verfälscht wird. Der Mann war Jesus. Viele Männer erklärten damals, die Avatare des neuen Zeitalters zu sein, aber keiner von ihnen mit Ausnahme Jesu lehrte die Doktrin des neuen

Zeitalters. Die Tatsachen sprechen für sich und Jesus sprach durch Taten; deshalb wurde er auch als Wegbereiter der neuen Zeit anerkannt.

Die Doktrin Jesu ist der christliche Esoterismus, die Sonnenreligion aller Zeitalter und Jahrhunderte. Der von Jesus gelehrte Gnostizismus ist die Religion der Sonne, das ursprüngliche Christentum der Götter der Morgenröte.

Das Konzil von Nicäa gab einer neuen Religionsform, die während einer langen Zeit schärfstens verfolgt wurde und unsagbares Martyrium zu erleiden hatte, eine legale Grundlage. Denken wir nur daran, dass zu Zeiten Neros die Christen im Zirkus von Rom, in der Arena, den Löwen zum Fraße vorgeworfen wurden.

Denken wir auch an die Katakomben und die Leiden der Gnostiker jener Zeit. Es war mehr als gerechtfertigt, dass das Konzil von Nicäa eine solare Lehre und einen Mann auch offiziell anerkannte, der den kosmischen Christus inkarniert hat.

Wir erklären aber auch, dass die heiligen Götter der Religionen Ägyptens, Griechenlands, Roms, der Iberischen Halbinsel, Skandinaviens, Galliens, Germaniens, Assyriens, der Aramäer, der Babylonier, Perser, usw. nicht gestorben sind. Diese Götter erfüllten ihre Mission und zogen sich dann zurück; das ist alles. In einem künftigen Mahanvantara werden diese unaussprechlichen Götter und ihre göttlichen Lehren zur richtigen Zeit wiederkehren, um sich erneut zu manifestieren.

Sobald eine religiöse Form verschwindet, überträgt sie ihre universalen ökumenischen Grundlagen auf die ihr folgende Religionsform; dies ist das Gesetz des Lebens.

Jesus hatte die göttlichen Attribute eines Krishna, Buddha, Zeus, Apollo. Sie alle wurden von einer Jungfrau geboren. Tatsächlich wird der Christus immer von der jungfräulichen Mutter der Welt geboren. Jeder Meister praktiziert Sexualmagie, symbolisch gesprochen, können wir behaupten, dass im Schoße der Priester-Gattin der Christus geboren wird.

Die Embleme, Symbole und Dramen der Geburt der Götter sind immer gleich. Der Gott Mithra wird am 24. Dezember um Mitternacht geboren, genau wie Jesus. Der Ort der Geburt Christi ist Bethlehem. Dieser Name weist auf den babylonischen Bel und den keltischen

Sonnengott Belenos hin. Dadurch wollte man die Realität eines Mannes zeigen, der den Christus-Sonne verkörpert hatte.

Die Göttinnen Isis, Juno, Demeter, Ceres, Vesta, Maya waren in der Mutter des Hierophanten Jesus personifiziert. Die Hebräerin Maria war eine große Eingeweihte. Jeder Okkultist weiß das. Alle diese göttlichen Mütter stellen sehr wohl die göttliche Mutter Kundalini dar, aus der immer das universale Wort des Lebens geboren wird.

Alle heiligen Märtyrer, Jungfrauen, Engel, Cherubinen, Seraphine, Erzengel, Kräfte, Tugenden, Throne sind die Halbgötter, Titanen, Göttinnen, Sylphiden, Zyklopen und Götterboten, jetzt aber mit neuen Namen. Die religiösen Grundlagen sind immer die Gleichen. Die Formen können wechseln, aber die Prinzipien ändern sich nicht, denn es gibt nur eine einzige Religion: die universale Religion.

Die alten Nonnenklöster erschienen wieder in einer neuen Form, aber da die mittelalterlichen Priester unglücklicherweise das große Arkanum nicht kannten, dienten die Nonnen ihnen lediglich zur Unzucht. Hätten sie das große Arkanum gekannt, hätten die Nonnen eine große Mission erfüllt und sie hätten sich selbst zutiefst verwirklichen können. Die römisch-katholische Form der Religion wäre nicht degeneriert und der christliche Esoterismus würde heute in allen Gotteshäusern erstrahlen.

Im neuen Wassermannzeitalter wird der gnostisch-christliche Esoterismus die katholische Religionsform ersetzen und die Menschen werden wieder die unaussprechlichen Götter verehren. Die Perfekte Ehe ist der religiöse Weg des neuen Zeitalters.

Es ist unmöglich, ohne Sexualmagie den kosmischen Christus zu inkarnieren. Liebe ist die höchste Form der Religion. Gott ist Liebe. Die Stunde ist gekommen, die tiefe Bedeutung dessen zu verstehen, was Liebe genannt wird. Liebe ist die einzige Form der Energie, die uns vollständig christifizieren kann.

Die Sexualität ist der Stein der Sonne. Die Sexualität ist der Grundstein, auf dem wir den Tempel für den Herrn erbauen müssen. „Der Stein, den die Bauleute verworfen haben, der ist zum Eckstein geworden. Vom Herrn ist das geschehen und ist ein Wunder vor unseren Augen“. Und genau dieser Stein wird von den Infrasexuellen verworfen, die sich für perfekt halten. Es ist wunderbar, dass gerade dieser Stein, der als Tabu oder Sünde oder als Instrument der Lust betrachtet wird, zum Eckstein des Tempels wurde. „Darum sage ich euch: Das Reich Gottes (Magnum Regnum oder Reich der Magie) wird von euch genommen und einem Volke gegeben werden, das seine Früchte bringt. Und wer auf diesen Stein fällt, der wird zerschellen; auf wen aber er fällt, den wird er zermalmen“ (Matthäus 21:42-45).

Die Sexualität ist der Grundstein der Familie, denn ohne sie würde es keine Familie geben. Die Sexualität ist der Grundstein des Menschen, denn ohne sie würde er nicht existieren. Die Sexualität ist der Grundstein des Universums, denn ohne sie würde das Universum nicht existieren.

Die sexuelle Energie des dritten Logos fließt aus dem Zentrum jedes Nebels und aus dem Wirbel eines jeden Atoms. Wenn diese Energie aufhört, aus dem Zentrum der Erde zu fließen, wird unser Planet zu einem toten Körper.

Die Sexualenergie des dritten Logos kann sich auf drei verschiedene Arten ausdrücken: 1. Erhaltung der Art; 2. Evolution der menschlichen Rasse; 3. spirituelle Entwicklung.

Kundalini ist die gleiche Energie, mit welcher der Dritte Logos alle Elemente der Erde erschafft.

In der Natur gibt es drei Arten von Energie: 1. die des Vaters; 2. die des Sohnes; 3. die des Heiligen Geistes. In Indien ist der Vater Brahma, der Sohn Vishnu und der Heilige Geist Shiva.

Die Kraft des Heiligen Geistes muss nach innen und nach oben zurückkehren. Daher ist es so dringend, die Sexualkraft zum Herzen zu sublimieren. In diesem magnetischen Zentrum vermischen sich diese Kräfte mit den Kräften des Sohnes, um so in die höheren Welten aufzusteigen.

Nur wer die völlige Entwicklung von Kundalini erreicht, christifiziert sich vollständig. Nur wer sich christifiziert, kann den Vater inkarnieren.

Der Sohn ist Eins mit dem Vater, und der Vater ist Eins mit dem Sohn. Niemand kommt zum Vater denn durch den Sohn. So steht es geschrieben.

Die Kräfte des Vaters, des Sohnes und des Heiligen Geistes steigen herab, wenden sich nach innen und kehren dann wieder nach oben zurück. So ist das Gesetz.

Die Energien des Heiligen Geistes steigen bis zu den Sexualorganen ab. Die Energien des Sohnes sinken bis zum Herzen und die des Vaters bis zum Verstand. Wir kehren zurück mit den Energien des Heiligen Geistes, und bei dieser Rückkehr gibt es wunderbare Begegnungen. Im Herzen begegnen wir Christus und im Verstand dem Vater. Diese Begegnungen bedeuten die Rückkehr nach innen und nach oben. So gelangen wir über die vierte, fünfte und sechste Dimension des Raumes hinaus. Dann können wir uns vollkommen befreien.

Viel wurde über den Hierophanten Jesus gesagt, aber in Wirklichkeit kennt niemand seine persönliche Biografie. Es besteht die Tendenz, den Hierophanten Jesus zu kastrieren. Die christlichen Sekten präsentieren Jesus als infrasexuell, weiblich, schwach und manchmal zornig wie eine launische Frau. Das ist natürlich absurd. In Wirklichkeit kennt niemand das persönliche Leben Jesu, da wir keine Biografie von ihm besitzen. Nur mit der objektiven Hellsichtigkeit können wir in der Akasha-Chronik der Natur das Leben Jesu studieren. Akasha ist ein subtiler Stoff, der den ganzen Raum durchdringt. Alle Ereignisse der Erde und ihrer Rassen, das Leben Jesu, usw. sind wie ein lebendiger und ewiger Film in der Akasha-Chronik aufgezeichnet. Dieser Stoff durchdringt sogar die Luft. Die Wissenschaft der Fernsehtechnik wird bis zum Ende dieses Jahrhunderts über geeignete Instrumente verfügen, um die Aufzeichnungen der Akasha-Chronik sehen zu können. Die Menschen können dann mit ihren eigenen Geräten das persönliche Leben des Hierophanten Jesus studieren. Wir wissen bereits, dass alle Bewegungen relativ sind und es nur eine Konstante gibt; die Lichtgeschwindigkeit. Das Licht reist mit einer bestimmten, konstanten Geschwindigkeit. Mit ihren Fernrohren nehmen die Astronomen Sterne wahr, die es nicht mehr gibt. Was sie von diesen Sternen sehen und sogar fotografieren, ist die Erinnerung, das Akasha. Viele dieser Sterne sind derart weit entfernt, dass das von ihnen ausgehende Licht seine Reise möglicherweise begann, ehe unsere Welt erschaffen wurde. Diese relativ niedrige Geschwindigkeit des Lichtes, diese Konstante, kann die Erfindung von speziellen Instrumenten ermöglichen, mit denen man die Vergangenheit sehen kann. Nichts davon ist unmöglich. Mit einem Spezialfernrohr, mit einem speziellen Fernsehgerät könnten Ton und Licht, Ereignisse und Geschehnisse auf unserer Erde seit ihrer Erschaffung erfasst werden. Die Wissenschaft wird bald soweit sein, am Ende dieses Jahrhunderts. Dann wird man auch eine Biografie über das Leben Jesu schreiben können.

Im Astralkörper können die Gnostiker die Akasha-Chronik studieren, wann immer dies notwendig ist. Wir kennen das Leben des großen Meisters und wissen, dass Jesus ein wirklicher Mann im wahrsten Sinne des Wortes war. Jesus hatte eine Priestergattin, denn er war kein Infrasexueller. Die Gattin von Jesu war eine große Adeptin, die über große okkulte Kräfte verfügte. Jesus reiste durch Europa und war Mitglied einer Mysterienschule des Mittelmeerraumes. Jesus studierte in Ägypten und praktizierte Sexualmagie mit seiner Priestergattin in einer Pyramide. So rekapitulierte er seine Einweihungen und erreichte später die venusische Einweihung. Jesus reiste durch Persien, Indien, usw. Der große Meister war ein Meister im wahrsten Sinne des Wortes.

Die vier Evangelien sind in Wirklichkeit vier alchemistische Texte der weißen Magie. Die Einweihung beginnt mit der Transmutation des Wassers des Lebens (Samenflüssigkeit) in den Wein des Lichtes der Alchemie. Dieses Wunder wurde bei der Hochzeit von Kanaan vollbracht. Immer in der Ehe. Mit diesem Wunder betritt man den Weg der Einweihung. Das ganze Drama des Lebens, der Passion und des Todes Jesu ist so alt wie diese Welt. Dieses Drama kommt von den alten archaischen Religionen der Vergangenheit und ist in allen Teilen der Welt bekannt. Dieses Drama kann auf Jesus und generell auf alle angewandt werden, die den Weg auf des Messers Schneide gehen. Dieses Drama ist nicht das persönliche Leben eines Menschen. Dieses Drama ist das esoterische Leben aller, die den geheimen Pfad gehen. Dieses Drama bezieht sich auf Jesus, aber auch auf jeden anderen christifizierten Eingeweihten. Das Drama des Lebens, des Leidens, des Todes und der Auferstehung Jesu ist ein kosmisches Drama, das bereits lange vor der Existenz dieser Welt bestand. Dieses Drama ist in allen Welten des unendlichen Raumes bekannt.

Die vier Evangelien können nur mithilfe des Schlüssels der Sexualmagie und der Perfekten Ehe verstanden werden. Die vier Evangelien wurden nur als Richtlinien für die wenigen geschrieben, die den Weg auf des Messers Schneide gehen. Die vier Evangelien wurden niemals für die Massen geschrieben. Die Arbeit, dieses kosmische Drama dem Neuen Zeitalter anzupassen, war etwas Wunderbares. Bei dieser Arbeit halfen geheime Gruppen von Eingeweihten. Sie erschufen ein großartiges Werk.

Wenn die Profanen die Evangelien studieren, interpretieren sie sie falsch.

Jesus verfügte über das Heldentum, die christische Substanz in allen seinen inneren Vehikeln zu assimilieren. Dies gelang ihm durch die Arbeit mit INRI (Feuer). So konnte der Hierophant mit dem Vater Eins werden. Jesus verwandelte sich zu einem Christus und stieg zum Vater empor. Jeder, der die christische Substanz im physiologischen, biologischen, seelischen und geistigen Bereich assimiliert, verwandelt sich zu einem Christus. So ist Christus kein menschliches oder göttliches Individuum. Christus ist eine kosmische Substanz, die im ganzen unendlichen Raum enthalten ist. Wir müssen den Christus in uns bilden. Das ist nur durch INRI (Feuer) möglich.

Ohne die Schlange kann Christus nichts machen. Die Schlange entwickelt sich und steigt nur durch die Sexualmagie empor.

Wer den Christus bildet, verwandelt sich zu einem Christus. Nur Christus kann zum Vater aufsteigen. Christus ist kein menschliches oder göttliches Individuum. Der Vater, der Sohn und der Heilige Geist sind Substanzen, Kräfte, transzendentale Energien schrecklich göttlicher Natur. Das ist alles. Leider haben die Menschen eine ausgeprägte Tendenz, diese höheren Kräfte zu anthropomorphisieren.

Jesus lebte das Drama der Passion, aber er ist nicht der Einzige. Vor ihm durchlebten es bereits andere Eingeweihte wie Hermes, Quetzalcoatl, Krishna, Orpheus, Buddha, usw. Nach ihm durchlebten es noch einige andere. Das Drama der Passion ist ein kosmisches Drama.

Die Synthese aller Religionen, Schulen und Glaubensrichtungen ist Christus und die Sexualmagie. Die Perfekte Ehe schadet niemandem. Die Priester aller Religionen, die Lehrer aller Schulen, die

Anbeter Christi, die Weisheitsliebenden, sie alle können den Weg der Perfekten Ehe gehen. Die Synthese schadet niemandem und nützt allen. Dies ist die Lehre der Synthese. Dies ist die Lehre des neuen Zeitalters.

Die Mitglieder aller Schulen, Religionen, Sekten, Orden, usw. können mit uns sicherlich übereinstimmen, dass die Perfekte Ehe die Grundlage für die Bildung einer neuen Zivilisation auf der Basis der Weisheit der Schlange darstellt. Wir brauchen eine neue Zivilisation, deren Grundlage die Perfekte Ehe ist. Die ganze Welt steckt in einer Krise und nur durch die Liebe können wir uns retten.

Wir Gnostiker sind gegen keine einzige Religion, dies wäre absurd. Alle Religionen sind notwendig. Alle Religionen sind unterschiedliche Manifestationen der unendlichen, universalen kosmischen Religion.

Ein Volk ohne Religion wäre etwas Bedauernswertes. Wir glauben, dass alle Schulen und Sekten ihre Mission erfüllen, indem sie lehren, studieren, diskutieren, usw. Das Wichtigste, und dies ist eine grundlegende Tatsache, ist, dass die Menschen dem Weg der Perfekten Ehe folgen. Liebe schadet niemandem, benachteiligt kein einziges Wesen. Die Gnosis ist die Flamme, aus der alle Religionen, Schulen und Glaubensrichtungen entspringen. Gnosis ist Weisheit und Liebe.

Wer glaubt, die Christifikation mit der Zeit und durch Evolution zu erreichen, indem er immer wieder geboren wird, Erfahrungen sammelt, usw. befindet sich im Irrtum. Alle, die so denken, schieben das Korrigieren der Fehler vor sich her, verschieben es von Jahrhundert zu Jahrhundert, von Leben zu Leben. Die Wirklichkeit ist, dass sie sich letztendlich im Abgrund verlieren.

Wir Gnostiker verneinen keineswegs das Gesetz der Evolution; wir stellen nur fest, dass dieses Gesetz niemanden christifiziert. Die Gesetze der Evolution und Involution sind ausschließlich mechanische Gesetze der Natur, die gleichzeitig im großen Laboratorium der Natur ablaufen. Viele Organismen, viele Arten sind Produkte der Involution, während andere Organismen und Arten Resultate der Evolution sind. Schlimm ist es, der Evolution Dinge, Tugenden oder Eigenschaften zuzuschreiben, die ihr nicht zustehen. Die Evolution christifiziert niemanden. Wer die Christifikation will, benötigt die Revolution des Bewusstseins. Dies ist nur möglich durch die Arbeit mit dem Samen.

Wir müssen klarstellen, dass die Arbeit mit dem Samen drei ganz genau definierte Phasen aufweist: erstens Geburt, zweitens Tod und drittens Opfer für die leidende Menschheit. Geboren werden ist ein rein sexuelles Problem. Sterben ist eine Frage der Heiligkeit. Opfer für die Menschheit ist Christus-Zentrismus.

Der Engel muss in uns selbst geboren werden. Er wird aus dem sexuellen Keim geboren. Der Satan muss sterben, und dies ist eine Frage der Heiligkeit. Wir müssen das Leben hingeben, damit andere leben. Das ist Christus-Zentrismus.

Der Hierophant Jesus durchlebte das ganze Drama seines Leidensweges, so wie es geschrieben steht. Obwohl wir nur miserable Erdenwürmer sind, müssen auch wir das ganze Passionsdrama durchleiden.

Jesus war der Sohn eines römischen Soldaten und einer Hebräerin. Der große Hierophant war von mittlerer Statur, von weißer Hautfarbe, etwas sonnengebräunt. Der große Meister hatte schwarzes Haar und einen Bart gleicher Farbe. Seine Augen ähnelten einer unaussprechlichen Nacht.

Das Wort Nazarener stammt von Nazar, Mann mit gerader Nase. Jesus hatte keine gekrümmte jüdische Nase. Der große Meister hatte eine gerade Nase. Dies ist ein Merkmal der weißen Rasse Europas. Jesus war nur seitens seiner Mutter Maria ein Jude, seitens seines Vaters gehörte er der weißen, keltischen Rasse an. Sein Vater war ein römischer Soldat. Die Priester-Gattin des Meisters Jesus war ebenfalls von weißer Rasse und verfügte über große esoterische Kräfte. Dies zeigte sich besonders während ihrer Reise mit dem Nazarener durch die Länder des europäischen Mittelmeerraumes.

Jesus war ein ganzer Mann. Jesus war nicht der Kastrierte, wie er in vielen Religionen dargestellt wird. Jesus ging den Weg der Perfekten Ehe. Jesus erschuf den Christus in sich durch die Sexualmagie mit seiner Frau. Unsere Feststellungen werden die Fanatiker schockieren. Sobald aber die Wissenschaftler imstande sein werden, die Aufzeichnungen der Akasha-Chronik der Natur zu lesen, wird man uns recht geben, da sie dann selbst das Leben Jesu mithilfe ultramoderner Elektronikgeräte wie einen Film betrachten können (der Name, den man diesen Apparaten geben wird, ist völlig gleichgültig).

Die Akasha-Chronik enthüllt die gesamte Geschichte der Welt, das Leben aller großen Männer, die vollständige Geschichte von Kleopatra und Marcus Antonius, usw. Die Zeit schreitet fort und die Tatsachen werden unsere Feststellungen beweisen.

In diesen Tagen, in denen wir diese dreiunddreißig Kapitel der Perfekten Ehe fertigstellen, erhielten wir die Information, dass der große Meister Jesus sich im Westen der Vereinigten Staaten aufhält. Der große Meister geht durch die Straßen völlig anonym und unbekannt, er kleidet sich ganz gewöhnlich und niemand erkennt ihn. Ein enormes Fließen christischer Energie geht von ihm aus und verbreitet sich über ganz Amerika. Der große Meister bewahrt noch immer den gleichen Körper, den er im Heiligen Land besaß. Der große Hierophant Jesus stand am dritten Tage von den Toten auf und lebt noch immer mit seinem gleichen physischen Körper. Jesus erreichte die Auferstehung mittels des Elixiers des langen Lebens. Jesus empfing das Elixier des langen Lebens, weil er sich christifizierte. Jesus hat sich christifiziert. Jesus christifizierte sich, weil er den Weg der Perfekten Ehe ging.

Wir schließen diese dreiunddreißig Kapitel mit der Feststellung, dass sich im Zentrum der vier Wege, genannt Religion, Wissenschaft, Kunst und Philosophie, die höchste Synthese befindet. Diese höchste Synthese ist die Perfekte Ehe.

Nachwort

„Meine lieben Brüder und Schwestern der gnostischen Bewegung. Wir haben diesen Lehrgang esoterischer Unterweisungen abgeschlossen und ich dachte daran, unsere Zusammenkünfte auszusetzen und mich für eine Weile zurückzuziehen. Aber ich sehe, dass diese Zusammenkünfte eine geistige Notwendigkeit für uns alle darstellen und deshalb glaube ich, dass es am besten ist, wenn wir uns weiterhin jeden 27. im Monat treffen."

Ich habe diese Worte am 27. Juli 1961 im Hause eines angesehenen Wissenschaftlers gesprochen. In jenen Tagen hatte ich das Buch „Die Perfekte Ehe" fertiggestellt und gleichzeitig einen Kurs über esoterische Sexualkunde beendet, den ich für eine Gruppe von gnostischen Schülern der Rosenkreuzer gegeben habe.

Der Grund, warum ich daran dachte, die esoterischen Zusammenkünfte in Mexiko auszusetzen lag darin, dass ich enttäuscht war. Anfangs waren die Säle voller Menschen. Alle wollten die Mysterien der Sexualität und den Pfad der Perfekten Ehe studieren. Dann aber verloren die Leute ihr Interesse an der Perfekten Ehe und an der Sexualmagie.

Nach zwei Jahren konnte man die Schüler der Esoterik, die den Zusammenkünften noch beiwohnten, an den Fingern beider Hände abzählen. Unter diesen Umständen fand ich es nutzlos, weiterhin Vorträge zu halten. Meine Absicht war, an jenem Abend mit allen Vorträgen und Zusammenkünften aufzuhören. An jenem Abend aber passierte etwas Außergewöhnliches. Ich fühlte mich erfüllt von einer sublimen, grandiosen Liebe.

Mein Herz füllte sich mit Schmerz bei dem Gedanken, diese Menschen allein zu lassen. So entschloss ich mich, die Zusammenkünfte und die Vorträge nicht aufzugeben und die Arbeit mit den Wenigen fortzusetzen. Als ich nach Hause zurückkehrte, empfing ich eine telepathische Nachricht aus dem Tempel von Chapultepec. Ich wurde angewiesen, mein Haus unverzüglich zu verlassen und mich in den Wald von Chapultepec zu begeben.

Ich befolgte die Anweisung und begab mich sofort in jenen wundervollen Wald, den Meister Huiracocha in seinem Rosenkreuzerroman beschreibt.

Das Schloss von Chapultepec erstrahlte im Glanz von Tausenden von Lichtern. Die Straßen und die Haupttribüne lagen verlassen und die Tore waren hermetisch verschlossen. Es ist sehr schwer, den Wald von Chapultepec um Mitternacht zu betreten, da die Parkwächter und die Polizei äußerst wachsam sind und es einem Schüler der gnostischen Rosenkreuzer passieren kann, für einen Dieb gehalten zu werden, wenn er es wagt, in den Wald einzudringen.

Die Parkwächter sind äußerst wachsam, da sich im Schloss von Chapultepec große Reichtümer befinden. Denken wir nur an das Tafelgedeck und an das Geschirr von Kaiser Maximilian aus purem Gold und an die Schätze aus der Kolonialzeit in den Palasträumen. Chapultepec ist der großartigste Palast Mexikos.

Es ist nicht so wichtig, wie es mir gelang, zu mitternächtlicher Stunde den Park zu betreten. Ich gelangte hinein. Das ist alles.

Ich ging auf einer Straße rund um den Hügel von Chapultepec in Richtung der Springbrunnen, die von Präsident Madero erbaut worden waren. Der Weg war völlig verlassen und die Nacht dunkel. Ich wartete eine Weile auf ein bestimmtes Signal. Die Zeit wurde lang, aber schließlich kam jemand, der für mich sprach und alles kam in Ordnung.

Der höchste Adept des Tempels befahl mir einzutreten und ich trat ohne weitere Umstände ein.

Der Tempel befindet sich im Innern des Hügels von Chapultepec. Dieser Tempel war früher für die Azteken sichtbar, aber mit der Ankunft der Spanier wurde er in den Jinas-Zustand versetzt. In diesem Tempel befindet sich das Imperium des Lichtes und des Glaubens der Nahua.

Zwei Wächter mit gezückten Schwertern bewachen den Eingang und niemand kann ohne höheren Befehl dort eintreten.

Jene Nacht brachte mir unendlich viel Freude. Der Tempel war in ein makelloses, weißes, strahlendes Licht getaucht. Es war ein Licht voll des Lebens und des Geistes. Ein Licht, das in keiner Richtung einen Schatten warf. Dieses Licht ging von einem dort aufbewahrten Kelch aus. In diesem Licht fühlt sich die Seele voll unbeschreiblichem Glück.

Ein Engel begleitete mich in den Tempel und nahm Platz. Der höchste Adept des Tempels zeigte uns einige wunderbare Gemälde voller Leben und Bewegung. Diese Bilder finden sich vielfach in den Weißen Logen. Bereits Franz Hartmann beschreibt diese Art von Gemälden in seinem Buch „Unter Adepten und Rosenkreuzern", die er im Rosenkreuzer-Tempel in Böhmen sah. Die Figuren dieser Gemälde sind voller Leben und Bewegung. Dies wird die „königliche Kunst" der Natur genannt.

Als der höchste Adept des Tempels unsere Bewunderung für diese Gemälde gewahrte, sprach er zum Engel und zu mir: „Es ist euch verboten, diese Gemälde zu berühren."

Der Engel gehorchte widerspruchslos; ich fühlte eine große Versuchung, sie zu berühren. Sie waren so wunderschön ... Aber eine strenge, rechtzeitige Ermahnung des Meisters genügte: „Ich habe Ihnen gesagt, Herr, dass das Berühren dieser Bilder verboten ist."

„Ja, gewiss, ich habe nicht die Absicht, sie zu berühren", erwiderte ich.

In jener Nacht erstrahlte der Tempel in unsagbarer Schönheit. So viel Schönheit liegt jenseits menschlicher Worte. Die Decke, die Wände, alles war aus purem Gold. Aber etwas überraschte mich ... Ich hatte so viel von Theosophie, Rosenkreuzern, Hermetismus, Yogismus, usw. gehört, aber hier, in der Mitte des gnostischen Rosenkreuzertempels in der vierten Dimension gab es nur eine kleine Gruppe von Damen und Herren, die wie ich zu der Versammlung im Tempel geladen worden waren.

Ich erinnerte mich der Klassenzimmer einiger Professoren des Okkultismus, die immer überfüllt waren, ich gedachte der Tempel der Welt voller Menschen; ich dachte an die sogenannten Logen der Rosenkreuzer mit ihren Millionen von Mitgliedern und hier, inmitten des Tempels der Weißen Loge konnte man die wenigen Anwesenden an den Fingern der Hände abzählen. Jetzt verstand ich alles. Anfangs kam eine große Zahl von Interessenten zu unseren esoterischen Versammlungen. Im Laufe der Zeit wurde die Zahl der Teilnehmer immer weniger, und zum Schluss blieben nur einige wenige übrig, die nach Weisheit und Liebe dürsteten. Als ich dies begriff, rief ich spontan aus: „Die Tempel, Logen und Schulen der Welt sind stets voller Leute, denn sie wurden von Satan verführt, aber nur ganz wenige kommen in den Tempel der wahren göttlichen Weisheit.“

So sprach ich mit einer Stimme, deren Klang mich selbst überraschte. Während ich so sprach, nickte der Höchste des Tempels zustimmend. Schließlich sagte er: „So ist es, Satan hat sie verführt.“

Nachdem der Meister meine Worte so bestätigt hatte, wies er den Engel an, zum Chor der Musikanten hinaufzugehen und mitzusingen. Der Engel gehorchte und sang von oben die Geschichte der Jahrhunderte in Form einer Oper.

Aus der Sicht der Lehre versetzte sich der Engel dann mental in die Zeiten der zukünftigen fünften Runde der planetaren Evolution. In jenen Tagen wird die Erde physisch und chemisch ein Kadaver sein, ein neuer Mond. Das gesamte evolutionäre Leben wird sich auf der ätherischen Ebene oder in der Region des Äthers unserer Erde entwickeln. Die sieben menschlichen Rassen werden nicht länger existieren, sie werden ausgelöscht sein.

Der Engel sang mit einer wunderschönen Stimme voll Sanftmut, ähnlich der Zauberflöte von Mozart. Mein ganzes Wesen geriet in Ekstase. Den Gesang eines Engels vergisst man nie mehr in seinem Leben.

Der Engel, der sich mental in der zukünftigen Erde der fünften Runde befand, erläuterte in Gesängen die Geschichte der irdischen Evolution. Er erinnerte an alle Propheten, die auf die Erde gesandt worden waren. Mit seiner melodischen Stimme erzählte er die Geschichte der sieben Rassen der Welt, die Apokalypse der gegenwärtigen fünften Rasse, sang von den Kontinenten, die in der Vergangenheit existierten und zerstört wurden, von den großen irdischen Kataklysmen, den großen Kriegen, den übermenschlichen Anstrengungen der großen Avatare zur Rettung der Menschheit, der Kreuzigung des Märtyrers von Golgatha, usw. Dann beklagte er voll Schmerz, dass sich nur so wenige retteten. Nur einige wenige erreichten, als Engel geboren zu werden. Die anderen, die große Mehrheit der Menschen verschlang der Abgrund. Von den Millionen und Abermillionen von Seelen, die in die Evolution oder Involution auf dem Planeten Erde eintraten, konnte nur eine Handvoll den Zustand eines Engels erreichen. „Denn viele sind berufen, aber wenige sind auserwählt."

Als der Engel diese Stelle seiner gesungenen Erzählung erreichte, fühlte ich mich zutiefst bewegt und schockiert. Ich hatte immer geglaubt, der Fall von nur so wenigen Geretteten und einer großen, verlorenen Mehrheit wäre nur auf der Erde im vergangenen Mahanvantara der Mond-Erde geschehen, dass aber in den anderen Welten die Dinge anders wären. Der Engel klärte diesen Punkt und sagte: „Das, was auf der Erde geschah, wiederholt sich immer wieder in allen Welten des unendlichen Raumes."

Als der Engel seinen so wunderbaren Gesang beendete, verstand ich auch, warum so viele Menschen meinen Versammlungen beigewohnt hatten und warum von den vielen, die begonnen haben, nur so wenige bei mir blieben. Jetzt bin ich bereit, auch mit den Wenigen fortzufahren. Es interessiert mich nicht mehr, den Saal voller Zuhörer zu sehen. Viele beginnen, nur Wenige kommen ans Ziel. Die Perfekte Ehe ist der Pfad auf des Messers Schneide. Sich irgendeiner Schule, einer Loge, einem Orden, usw. anzuschließen, ist ganz leicht. Das Studium des Yoga, des Hermetismus, der Philosophie, der Astrologie, usw. ist wunderschön und problemlos, aber als Engel geboren zu werden ist unglaublich schwierig.

Der Engel muss aus dem sexuellen Samen geboren werden. Und gerade dies ist der schwierige Teil. Der Samen des Weizens keimt leicht. Sicherlich gehen viele Samenkörner verloren, aber der große Teil keimt und reift zu Ähren, deren Korn vielen Menschen zur Nahrung dient.

Auch Mais zu pflanzen ist nicht schwierig. Viele Samen gehen verloren, aber der Großteil keimt und schenkt uns Mais. Am schwierigsten ist die Saat der Engel. Diesen Samen trägt der Mensch in seinen Sexualdrüsen, aber nur ganz selten keimt er.

Wir schließen dieses Buch mit der absoluten Feststellung, dass wir nur durch die Perfekte Ehe das Keimen des Samens und die Geburt der Frucht erreichen können. Diese Frucht ist der Engel. Hier ist das Problem, die Schwierigkeit.

Die Menschen glauben, dass sie durch Zugehörigkeit zu dieser oder jener Glaubensrichtung, zu dieser oder jener Sekte bereits gerettet sind. Das ist natürlich nicht richtig. Niemals keimt ein Samen dadurch, dass ein Mensch glaubt oder nicht, niemals wird ein Insekt dadurch geboren, dass ein Mensch denkt oder nicht denkt. Niemals wird ein Mensch durch den toten Buchstaben einer Theorie geboren ... Es ist ein sexuelles Problem, und auch die Geburt des Engels bildet keine Ausnahme.

Die Mitglieder aller Religionen, Schulen, Sekten und Glaubensrichtungen sagen: „Denn viele sind berufen, aber wenige sind auserwählt."

Alle wiederholen das Gleiche und glauben, zu den Auserwählten zu gehören. Niemand glaubt, er sei verloren. Alle glauben, dass sie durch ihre Glaubensrichtung, durch ihre Theorie, ihre Studien, usw. bereits gerettet sind. Dies ist falsch und absurd, denn das Problem der Geburt kann nicht das Ergebnis von Glauben, Theorien oder Konzepten sein. Die Wirklichkeit ist anders. Geboren werden ist ein rein sexuelles Problem.

Im esoterischen Bereich der großen Religionen wird die Sexualmagie gelehrt. Leider gehen die Menschen den Dingen nicht auf den Grund, forschen nicht nach. Das ist das Problem.

Die Menschen mögen die Sexualmagie nicht, da sie bedeutet, sich selbst, seine eigenen animalischen Leidenschaften zu opfern. Nur ganz selten bleibt jemand standhaft bei der Sexualmagie. Viele beginnen aus Neugierde, aber schon nach wenigen Tagen halten sie es nicht mehr aus und verfallen wieder der Unzucht. Sie sind die Schwachen, die dann behaupten, die Sexualmagie sei schädlich. Sie sind die degenerierten Samen, die nicht keimen.

Die Sexualität ist der Weg, der die Menschen zur endgültigen Befreiung führt. Wenn jemand glaubt, es gäbe noch einen anderen Pfad zur Selbstverwirklichung, so ist er völlig im Irrtum. Das Gesetz gilt für alle Kontinente, Welten und Räume.

Sprechen wir auch noch ein wenig über Selene. Der Mond ist heute sicherlich ein toter Körper, aber vor seinem Tod war er eine Welt mit wunderschönen Meeren, mit üppiger Vegetation, mit aller Art von Menschen, usw. Bedauerlicherweise wurde die Masse der

Mondbewohner zu Dämonen und nur ganz wenige menschliche Wesen erreichten die praktische Adeptschaft.

Auf unserer Erde wird das Ergebnis genauso sein. Nur eine kleine Gruppe von Personen wird als Engel geboren werden. Wir können, ohne Angst uns zu irren, feststellen, dass die Menschheit der Erde vom Abgrund verschlungen wird.

Die Theosophen irren sich, wenn sie sagen, dass alle Menschen die Befreiung erreichen werden. Dieses Konzept wird von der Weißen Loge abgelehnt, da es nicht richtig ist.

Auch jene befinden sich im Irrtum, die meinen, dass durch den Glauben an dies oder jenes eine Rettung möglich sei. Dieses Konzept ist falsch. Es täuschen sich auch jene, die glauben, sich durch das Blasbalg System des Pranayama oder die Philosophie retten zu können.

Niemand kann sich retten, ohne geboren zu werden, und niemand kann geboren werden ohne Sexualität.

Ich schließe dieses Buch voll des Schmerzes und Mitleids für die arme Menschheit. Es ist bedauerlich, dass der Abgrund so viele Menschen verschlingen wird. Ich schreibe schmerzerfüllt, denn ich weiß, dass die Menschen die Perfekte Ehe nicht akzeptieren. Ich schließe dieses Buch in der Überzeugung, dass nur einige wenige es tatsächlich nutzen werden.

Den Menschen gefallen diese Dinge nicht. Sie alle glauben, sich durch ihren persönlichen Glauben, ihre Religion, ihren Orden oder ihre Schule retten zu können und es gibt keinen Weg, sie von ihrem Irrtum zu überzeugen. In der zukünftigen fünften Runde werden alle, die die Perfekte Ehe nicht akzeptieren, Dämonen und Bewohner des Abgrundes sein. In der zukünftigen fünften Runde werden jene, die die Perfekte Ehe akzeptieren, Engel sein.

Das Ende der arischen Rasse steht vor der Tür, die Apokalypse des Johannes nimmt ihren Anfang und Millionen von Menschen werden in den Abgrund geworfen. Diese armen Wesen treten in den Abgrund ein und sind dabei völlig überzeugt, das Richtige getan zu haben, zu den Auserwählten zu gehören und dass ihr Glaube sie gerettet habe. Sie glauben das und es gibt keinen Weg, sie vom Gegenteil zu überzeugen. So versinken sie im Abgrund, in dem sie sich in Jahrmillionen langsam auflösen und zu kosmischem Staub zerfallen. Dies ist der zweite Tod.

Wir schließen dieses Buch mit den Worten: Nur wer sich zu einem Engel wandelt, kann gerettet werden. Der Engel muss in uns geboren werden. Die Frage der Geburt ist ein absolut sexuelles Problem und der einzige Weg ist die Perfekte Ehe.

Samael Aun Weor